Die vedische Literatur

in ihrem eigenen Licht

SATSVARŪPA DĀSA GOSWAMI

THE BHAKTIVEDANTA BOOK TRUST

Readings in Vedic Literature (German)

Für Informationen über den Inhalt dieses Buches wenden Sie sich bitte an eine der folgenden Adressen:

Deutschland
ISKCON
Postfach 1172, 55759 Birkenfeld
Tel./Fax: 06782 5957
hkd@pamho.net
www.iskcon.de

Schweiz
Sankirtan-Verein
Bergstrasse 54, 8032 Zürich
Tel.: 044 262 37 90
Fax: 044 262 31 14
sa-ve@pamho.net
www.sa-ve.ch

Österreich
hka@pamho.net

Text und Layout: Helmut Kunkel

Vollständige, überarbeitete Ausgabe 2007

www.krishna.com

ISBN 978-91-7149-497-9

evaṁ paramparā-prāptam ...

Diese höchste Wissenschaft wurde durch die
Traditionsfolge der spirituellen Meister überliefert...
– *Bhagavad-gītā* 4.2

Für meinen spirituellen Meister,
Śrī Śrīmad
A.C. Bhaktivedanta Swami Prabhupāda

Inhalt

Leseproben

Anhang

Vorwort

Es ist nur gerecht, im karmischen Sinne, dass ein akademischer Gelehrter gebeten wird, ein Vorwort für ein Buch zu schreiben, das die Betrachtungsweisen der meisten akademischen Gelehrten in Bezug auf die historische Entwicklung der Veden ablehnt. Um meinen eigenen akademischen Status zu schützen (und vielleicht weiteres schlechtes *karma* anzuhäufen), möchte ich gleich zu Beginn sagen, dass ich als Gelehrter die Ansichten Satsvarūpa Dāsa Gosvāmīs über den Ursprung der Veden nicht teile. Auch stelle ich seinen Versuch in Frage, den Epen und Purāṇas, die ich als nichtvedisch betrachte, aufgrund von Zitaten aus ebenjenen Quellen vedische Autorität zuzusprechen. Gleichzeitig gestehe ich ein, dass solche Einwände, vom Standpunkt der lebendigen Tradition aus betrachtet, bloße Pedanterie sind. Vieles im Bereich der akademischen Gelehrsamkeit gleicht dem sprichwörtlichen medizinischen Beispiel: Operation gelungen – Patient tot. Gesunde Traditionen nehmen gelehrte Diagnosen niemals sehr ernst, und sie bleiben lebendig, indem sie sich vom Operationstisch fernhalten.

Allerdings geht es in diesem Buch um viel mehr als um eine Ablehnung akademischer oder empirischer Gelehrsamkeit: Es wird ein in sich geschlossener Standpunkt herausgearbeitet, der – im Rahmen der dabei vertretenen Hypothesen – durchaus akademischen Ansprüchen gerecht wird. Trotz meiner fachlichen Vorbehalte möchte ich nicht verschweigen, dass ich insgesamt von Satsvarūpa Dāsa Gosvāmīs Abhandlung beeindruckt bin. Sein einleitendes Kapitel ist eines der besten mir bekannten Essays über die Bedeutung des *guru* bei der Übermittlung spirituellen Wissens. Seine Kapitel „Grundelemente des vedischen Denkens", „Die vedische Literatur – *siddhānta* und Geschichte", „Die Lehren der *ācāryas*" und „Unpersönlichkeitslehre kontra Theismus" sind ausgezeichnete Zusammenfassungen der traditionellen hingebungsvollen Theologie Indiens, und sein Kapitel „Die vedische Gesellschaftsordnung" vermittelt eine eindrucksvolle Vision der „gottzentrierten Gesellschaft".

Die besten Textgrundlagen für den Standpunkt, der das gesamte Werk wie ein roter Faden durchzieht, sind die *Bhagavadgītā* und das *Bhāgavata Purāṇa.* Dieser Standpunkt ist in einer späteren Hinzufügung zum *Bhāgavata Purāṇa,* dem *Bhāgavata Mahātmya,* bildlich dargestellt, wo Bhakti (Hingabe) als eine junge Frau mit zwei Söhnen porträtiert wird – Jñāna (Wissen) und Vairāgya (Freisein von Wünschen) –, die widersinnigerweise alt und schwach geworden sind und von ihrer immer noch jungen und kräftigen Mutter gesund gepflegt werden müssen. Wissen und Loslösung allein, so wird erklärt, werden im gegenwärtigen verderbten Zeitalter schwinden; Hingabe allein hat die Kraft, ihnen Jugend und Vitalität zurückzugeben. Auf eine Theorie vedischen Wissens übertragen, führt diese Auffassung unmittelbar zur These Satsvarūpa Dāsa Gosvāmīs, dass die Wahrheit und der Impuls, sich die spirituelle Disziplin der Veden aufzuerlegen, nur dann aufrechterhalten werden können, wenn sie durch die vitale Kraft der Hingabe an den Persönlichen Gott umgewandelt werden.

Diesen Standpunkt anhand des im Westen weitgehend unbekannten sanskritisch-theologischen Fachvokabulars den Lesern zu vermitteln ist natürlich keine leichte Aufgabe, doch der Standpunkt an sich ist bei uns durchaus nicht unbekannt; man könnte sogar sagen, dass die Lebenskraft der westlichen religiösen Tradition gleichermaßen von einer fortgesetzten Erneuerung alter Autorität auf der Grundlage neuer spiritueller Einsichten abhänge. Alle christlichen Kirchen anerkannten in dieser oder jener Form eine fortgesetzte Offenbarung, und alle heiligen Reformatoren, Päpste, Theologen, Evangelisten und charismatischen

Heiler erheben einen Anspruch auf ein neues Verständnis der unwandelbaren Wahrheit der Schriften durch die Kraft des Heiligen Geistes. Talmudische Kommentare, rabbinische Interpretationen, Reformbewegungen und die chassidische Mystik haben in ähnlicher Weise der traditionellen Torah neues Leben und neue Bedeutung verliehen.

Eine religiöse Tradition ohne Heilige und Mystiker, ohne neue Offenbarungen, ohne die Erfahrung des Heiligen, die den alten Lehren neue Bedeutung verleiht – eine solche Tradition ist spirituell tot, ganz gleich, wo in der Welt sie angesiedelt sein mag. Satsvarūpa Dāsa Gosvāmī zeigt uns im vorliegenden Buch, dass die vedische Tradition, wie sie in ihrem dynamischen hingebungsvollen Aspekt übermittelt wird, dieser Gefahr nicht ausgesetzt ist.

Dr. Thomas J. Hopkins
Institut für Religionswissenschaft
Franklin and Marshall College

Einleitung

Den Plan, dieses Buch zu schreiben, fasste ich auf Anregung von Professoren, in deren Vorlesungen ich als Gastsprecher auftrat, während ich im Auftrag des *Center for Vedic Studies* (Los Angeles) verschiedene Universitäten besuchte. Im November 1973 erhielt ich eine Einladung von Dr. Alton Becker, vor den Studenten des *Center for South and Southeast Asian Studies* an der Universität Michigan zu sprechen. In meinem Referat vertrat ich eine neue, unvoreingenommene Herangehensweise an die vedischen Schriften: das vedische Wissen für sich genommen zu betrachten und zu versuchen, es so zu verstehen, wie es ist – weitab von den Interpretationen empirischer westlicher Gelehrsamkeit. Dr. Becker fand diese Art der Betrachtung interessant und riet mir, sie weiter zu entwickeln. Durch Gespräche mit Studenten, die nur die gängigen vedischen Lehrbücher kannten, kam ich zu der Überzeugung, dass Indologiestudenten mehr Freude an ihrem Fach hätten, wenn sie sähen, dass die Literatur, mit der sie sich befassen, nicht eine bloße Zusammenwürfelung von Mythen ist, sondern ihnen tatsächlich ein neues, kohärentes Verständnis vom Leben vermitteln kann. Auf meinen Reisen traf ich vedische Gelehrte wie Dr. Edward Dimock (Universität Chicago), Dr. Thomas Hopkins (Franklin and Marshall College) und Dr. Joseph O'Connell (Universität Toronto). All diese Herren sahen mein Manuskript durch und bestätigten, dass dieses Buch eine nützliche Grundlage für vedische Studien wäre.

Mein eigenes Interesse an der vedischen Tradition wurde 1966 erweckt. Damals begegnete ich Śrī Śrīmad A.C. Bhaktivedanta Swami Prabhupāda, der ein Jahr zuvor in die Vereinigten Staaten gekommen war, um vedische Kultur zu lehren. Ich hatte am Brooklyn College einen BA-Abschluss in englischer Literatur erworben und arbeitete auf eine Karriere als Schriftsteller hin. Stattdessen jedoch beschloss ich, mein Leben dem Studium der Veden zu widmen, und im September 1966 nahm mich Śrīla Prabhupāda als seinen *śiṣya* (Schüler) an. 1970 wurde ich Śrīla Prabhupādas persönlicher Sekretär, und 1972 empfing ich die Einweihung in den *sannyāsa*-Lebensstand (der für Gelehrsamkeit und Entsagung verliehen wird). Die letzten zehn Jahre habe ich die vedische Literatur studiert, Artikel darüber verfasst und im Auftrag des *Center for Vedic Studies* an Universitäten in den Vereinigten Staaten Vorträge gehalten.

Das vorliegende Buch soll es dem Studenten ermöglichen, die vedische Tradition für sich selbst sprechen zu hören.

Śrī Śaṅkara (788–820)

Śrī Rāmānuja (1018–1137)

Śrī Madhva (1239–1319)

Śrī Kṛṣṇa Caitanya (1486–1533)

1
Was sind die Veden?

Madhva, einer der namhaftesten Lehrer der vedischen Philosophie, zitiert in seinem Kommentar zum *Vedānta-sūtra* (2.1.6) das *Bhaviṣya Purāṇa* wie folgt:

ṛg-yajuḥ-sāmārtharvāś ca
bhārataṁ pañcarātrakam
mūla-rāmāyaṇaṁ caiva
veda ity eva śabditaḥ

purāṇāni ca yānīha
vaiṣṇavāni vido viduḥ

„Der *Ṛg Veda,* der *Yajur Veda,* der *Sāma Veda,* der *Atharva Veda,* das *Mahābhārata* [das die *Bhagavad-gītā* beinhaltet], das *Pañcarātra* und das ursprüngliche *Rāmāyaṇa* gelten als vedische Literatur. Die von Vaiṣṇavas verfassten *Purāṇas* sind ebenfalls vedische Literatur." Des Weiteren können wir auf den Veden aufbauende Schriften, wie die Saṁhitās, und die Kommentare der großen Lehrer, die den Lauf der vedischen Denkweise jahrhundertelang bestimmt haben, hinzuzählen. Einige Gelehrte sagen, nur die ursprünglichen vier Veden – *Ṛg, Atharva, Yajur* und *Sāma* – seien echte vedische Schriften.[1] Die Veden selbst jedoch teilen diese Ansicht nicht, und auch nicht die bedeutendsten vedischen Lehrer, wie Śaṅkara, Rāmānuja und Madhva. In der *Chāndogya Upaniṣad* (7.1.4) werden die Purāṇas und Itihāsas, die so genannten Chroniken, als „fünfter Veda" bezeichnet: *itihāsa-purāṇaḥ pañcamaḥ vedānāṁ vedaḥ.* Und das *Bhāgavata Purāṇa* (1.4.20) bestätigt: „Die historischen Aufzeichnungen und die authentischen Geschichten, die in den Purāṇas erwähnt werden, gelten als der fünfte Veda."[2]

Um als vedisch zu gelten, muss eine Schrift den gleichen Sinn und Zweck vertreten wie die ursprünglichen vedischen Texte. Die vedischen Schriften *(śāstras)* beinhalten ein harmonisches Ganzes mit einer harmonischen Schlussfolgerung *(siddhānta).* Infolgedessen können wir jedes Werk als echte vedische Schrift akzeptieren, das den vedischen *siddhānta* weiter ausführt, ohne seine Bedeutung zu ändern, selbst wenn das Werk nicht eine der ursprünglichen Schriften ist. In der Tat macht die vedische Tradition weitere autoritative Werke notwendig, die die vedische Botschaft gemäß Zeit und Ort vermitteln. Um jedoch als authentisch gelten zu können, müssen sich diese Ergänzungen der vedischen Literatur streng an die Lehren der Veden, der Purāṇas und des *Vedānta-sūtra* halten.

Die vedische Literatur ist weder tot noch archaisch. Dessen ungeachtet muss jede Schrift – sei sie alt oder modern – als nichtvedisch eingestuft werden, wenn sie vom vedischen *siddhānta* abweicht. Somit werden Buddhismus, Jainismus und Sikhismus, obwohl zweifellos auf der Grundlage der vedischen Literatur entstanden, als nichtvedisch betrachtet. Selbst der Begriff „Hinduismus" hat innerhalb des Rahmens der vedischen Schlussfolgerung keinen Platz, wie wir später sehen werden.

Die vedischen Schriften sind inhaltlich weit gefächert und sehr umfangreich. Allein der *Ṛg Veda* enthält 1017 Hymnen, das *Mahābhārata* besteht aus 110 000 Verspaaren, und die achtzehn Haupt-Purāṇas enthalten Hunderttausende von Versen. Wir mögen fragen: „Warum existieren diese Schriften überhaupt? Wo sind sie hergekommen? Wer schrieb sie?“ Das vorliegende Buch sucht die Antworten auf unsere Fragen in den vedischen *śāstras* selbst.

Sinn und Zweck der vedischen Literatur

Der Hauptzweck der vedischen Literatur besteht darin, Wissen von der Selbsterkenntnis und damit Befreiung *(mokṣa)* vom Leid zu vermitteln. Im Allgemeinen sind sich die Gelehrten einig, dass das Ziel des indischen Denkens darin besteht, die Wahrheit zu erreichen, „deren Erkenntnis zur Freiheit führt“.[3] „Jede indische Geistesschule sucht nach Wahrheit, nicht als akademisches Wissen um seiner selbst willen, sondern um die Wahrheit zu erlernen, die alle Menschen befreien kann.“[4] In der Tat strebt das indische Denken nicht nach Information, sondern nach Transformation.[5] Die *Bhagavad-gītā* beschreibt dieses Wissen als „die Einsicht in die Wichtigkeit der Selbsterkenntnis und die philosophische Suche nach der Absoluten Wahrheit“.[6] Wenn die Menschen jedoch glauben, sie machten Fortschritte auf dem Pfad materiellen Glücks, werden sie nicht danach streben, sich zu ändern. Hieraus ergibt sich eine weitere wichtige Erkenntnis – *janma-mṛtyu-jarā-vyādhi-duḥkha-doṣānudarśanam:* „das Erkennen des Übels von Geburt, Tod, Alter und Krankheit“ (*Bhagavad-gītā* 13.9). Kompromisslos betont die vedische Literatur, dass materielles Leben trotz seiner offensichtlichen Freuden Leid bedeutet. Das vedische Wissen hat den Zweck, den aufrichtig Fragenden von diesem Leid zu befreien.

In der *Bhagavad-gītā* (8.16) heißt es: „Alle Planeten in der materiellen Welt, vom höchsten bis hinab zum niedrigsten, sind Stätten des Leids, wo sich Geburt und Tod wiederholen.“ Abgesehen von den wiederholten Leiden der Geburt, des Alters, der Krankheit und des Todes, beschreiben die vedischen Schriften drei weitere Arten von Leiden: Leiden, die aus dem Körper selbst entstehen, Leiden, die durch andere Lebewesen hervorgerufen werden, und Leiden, die aus natürlichen Störungen (wie extreme Kälte, Hitze, Flut, Erdbeben oder Dürre) entstehen. Vedische Lehrer wenden ein, dass selbst dann, wenn all diese Leiden nicht wären, niemand in der materiellen Welt Glück finden könnte, denn die Kräfte von Zeit und Tod zwängen letztlich jeden zu gehen. Ein Name der Erde in der Sanskritsprache ist sogar Mṛtyuloka, Ort des Todes. Sie ist auch *duḥkhālayam* (ein Ort der Leiden) und *aśāśvatam* (vergänglich) (*Bg.* 8.15).

Als Albert Schweitzer diese drastische Analyse des Lebens in der materiellen Welt hörte, bezeichnete er die vedische Philosophie als „Welt- und Lebensverneinung".[7] Andere meinten, die Veden lehrten Pessimismus und fatalistische Resignation. Aber wenn wir die Veden ein wenig näher betrachten, werden wir feststellen, dass sie genau das Gegenteil lehren; sie geben uns zu verstehen, dass der Sinn und Zweck des menschlichen Lebens nicht darin besteht, sich mit einer vergänglichen und leidvollen Welt abzufinden, sondern nach beständigem Glück zu streben. Für Menschen, die dem vedischen Rezept folgen, bedeutet das Leben eine Gelegenheit, den Tod zu besiegen. Der vedischen Auffassung zufolge negiert man das Leben genau dann, wenn man die sterbliche Hülle mit dem Selbst gleichsetzt und die vergängliche Welt für das ein und alles hält. Wer so denkt, versäumt die Gelegenheit, die uns Menschen geboten wird – nämlich die Gelegenheit, nach dem Höchsten zu forschen.

Der erste Vers des *Vedānta-sūtra (athāto brahma-jijñāsā)* ist sowohl eine Deklaration als auch eine Einladung für jeden: „Lasset uns jetzt nach der Absoluten Wahrheit fragen!"[8] Die Veden fordern die Menschen dazu auf, sich dem Pfad der Befreiung zuzuwenden. In einem bengalischen Lied heißt es: „Gaurāṅga ruft: ‚Wacht auf, schlafende Seelen! Wie lange noch wollt ihr im Schoß der Hexe Māyā [materielle Illusion] schlafen?'"[9]

Die Veden beschreiben die Befreiung als ein besonderes Vorrecht des Menschen, das den niederen Lebensformen nicht gegeben ist. Aus diesem Grund wird der menschliche Körper mit einem Boot verglichen, mit dessen Hilfe man das Meer der Seelenwanderung überqueren kann. Ein guter vedischer Lehrer, der die Veden studiert und ihren Sinn erkannt hat, gleicht einem fähigen Kapitän, und die vedischen Hymnen sind wie günstige Winde. Wenn jemand es versäumt, dieses Meer zu überqueren und ewige

Befreiung zu erreichen, gilt er als unintelligent, denn die vedische Philosophie verneint die Bedeutsamkeit jeder Art von Wissen, das nicht zur Beendigung der Leiden führt. Die *Bṛhad-āraṇyaka Upaniṣad* weist uns an: „Wer die Probleme des Lebens nicht löst, wie es dem Menschen gebührt, sondern die Welt wie eine Katze oder ein Hund verlässt und die Wissenschaft von der Selbsterkenntnis nicht versteht, ist wahrlich zu bedauern.“[10]

Der Ursprung der Veden

In der *Bṛhad-āraṇyaka Upaniṣad* (2.4.10) wird erklärt: „Der *Ṛg Veda,* der *Yajur Veda,* der *Sāma Veda,* der *Atharva Veda* und die Itihāsas [geschichtliche Aufzeichungen wie das *Mahābhārata* und die Purāṇas] sind allesamt von der Absoluten Wahrheit ausgeatmet worden. Ebenso wie unser Atem leicht geht, entstanden diese Schriften aus dem Höchsten Brahman ohne dessen Bemühung.“[11] Der vedischen Tradition zufolge sind die Veden absolut und in sich selbst autoritativ. Ihre Aussagen brauchen also nicht durch externe Quellen belegt zu werden. Dieses Prinzip wird auch von Śrī Kṛṣṇa in der *Bhagavad-gītā* (3.15) erklärt: *brahmākṣara-samudbhavam.* „Die Veden sind unmittelbar vom unfehlbaren Höchsten Persönlichen Gott hervorgebracht worden.“

Der Kommentator Śrīdhara Svāmī weist darauf hin, dass die Veden in höchstem Maße autoritativ sind, weil sie von Nārāyaṇa selbst stammen (*Bhavārta-dīpikā* 6.1.40). Jīva Gosvāmī schreibt, dass die vedische Schrift *Madhyandina-śruti* alle Veden (*Sāma, Atharva, Ṛg* und *Yajur*) sowie die Purāṇas und Itihāsas auf den Atem des Höchsten Wesens zurückführt. Schließlich heißt es im *Atharva Veda,* dass Kṛṣṇa, der am Anfang Brahmā unterwies, in der Vergangenheit das vedische Wissen verbreitete.

Wie wir gesehen haben, legen die vedischen Schriften selbst ihren eigenen Ursprung dar. Die Schriften beschreiben sich selbst als *apauruṣeya,* was bedeutet, dass sie nicht von irgendeiner materiell bedingten Person stammen, sondern vom Höchsten (einer Quelle, die transzendental zu weltlicher Dualität ist). Das vedische Wissen wurde zu Beginn der Schöpfung Brahmā übermittelt. Brahmā unterwies darauf Nārada, dessen Erkenntnisse und Weisheiten in der vedischen Literatur immer wieder auftauchen.

Das vedische Wissen gilt als ewig, doch weil der materielle Kosmos in ständigem Wandel begriffen ist, müssen die vedischen Lehren in gewissen Abständen erneut dargelegt werden. Obwohl der materielle Kosmos ebenfalls als ewig betrachtet wird, durchläuft er Stufen der Schöpfung, Erhaltung und Vernichtung. Vormals wurden die Veden mündlich überliefert, doch später legte der Weise Vyāsadeva alle vedischen *śāstras* schriftlich nieder. In einem gesonderten Kapitel werden wir Śrīla Vyāsadevas Rolle und die Geschichte der Zusammenstellung der Veden untersuchen. Wir werden auch darauf eingehen, wie Gelehrte die Ursprünge und die Geschichte der vedischen Literatur durch die empirische Methode zu verstehen suchen.

Der vedische Lernprozess

Wir können in den vedischen Versen eine unübersehbare Verbindung feststellen zwischen dem vedischen Wissen selbst und dem Mittel, es zu empfangen (mit anderen Worten: zwischen der vedischen Botschaft und dem vedischen Medium). Im Gegensatz zu westlichen Vorstellungen wird in der vedischen Epistemologie von drei möglichen Vorgängen des Wissenserwerbs der des *śabda* (Hören aus Quellen der vedischen Literatur) bevorzugt.

Beim ersten Vorgang, *pratyakṣa* (empirische Sinneswahrnehmung), ist man auf Korrektur von externen Quellen angewiesen. Zum Beispiel mag unseren Augen die Sonne nicht größer als eine Münze erscheinen, doch aufgrund wissenschaftlicher Berechnungen wissen wir, dass unsere Sinne sich täuschen – die Sonne ist viele Male größer als die Erde.

Der zweite Vorgang des Wissenserwerbs, *anumāna* (Schlussfolgerungen auf der Grundlage von als erwiesen geltenden Beobachtungen), kann kein Wissen vermitteln, das jenseits der Möglichkeit einer empirisch gearteten Beweisführung liegt. Charles Darwins Theorien und viele andere Thesen im Bereich der Archäologie und Anthropologie verlassen sich auf solche induktiven Mutmaßungen

(„Es mag so gewesen sein, oder vielleicht war es so"). Den Veden zufolge kann *anumāna* allein nicht zu vollkommenem Wissen führen. Die Veden erklären, dass Dinge jenseits der materiellen Natur nicht auf experimentellem, empirischem Wege erkannt werden können. Diese Dinge werden als *acintya* bezeichnet. Das, was *acintya* ist, kann nicht durch Spekulation oder Argumentation, sondern nur durch *śabda,* den Vorgang des Hörens aus der vedischen Literatur, erkannt werden.

Śabda, der dritte Vorgang des Wissenserwerbs, gilt als der verlässlichste und wichtigste. Denn weil Menschen begrenzt und unvollkommen sind, können ihre Wahrnehmung, ihre Theorien und ihre Spekulationen nicht vollkommen sein. Die Veden gehen davon aus, dass alles Wissen – *śabda* ausgenommen – in vierfacher Weise mit Fehlern behaftet ist. Erstens: Egal wie intelligent oder gewissenhaft jemand ist, die Veden bekräftigen, dass er unweigerlich Fehler macht („Irren ist menschlich"). Zum Zweiten unterliegt ein Mensch der Illusion. Zum Beispiel stellen die *śāstras* fest, dass jedes materiell bedingte Wesen fälschlich glaubt, der Körper sei das Selbst. Jeder, der denkt, er gehöre zu einer bestimmten Nationalität, Religion, Rasse oder Familie, befindet sich in Illusion. Den Veden zufolge liegt daher für jeden der erste Schritt im transzendentalen Wissen darin, seine Identität jenseits des vergänglichen materiellen Körpers zu erkennen. Drittens hat jeder begrenzte, unvollkommene Sinne. Zum Beispiel kann man in einem dunklen Zimmer nicht einmal die Hand vor Augen sehen. Und schließlich erklären die Veden, dass jeder die Neigung hat zu betrügen. Wenn zum Beispiel jemand vorgibt, andere unterweisen zu können, obwohl er selbst voller Fehler ist, betrügt er im Grunde, weil sein Wissen unvollkommen ist.

Vedisches Wissen ist *śabda,* Wissen durch Hören von höherer Autorität, und wird daher als vollkommen betrachtet. Der indische Gelehrte Mysore Hiriyanna schreibt: „Der *Vedānta* kommt niemals ohne Vernunft aus, und die *Upaniṣaden* sind selbst voller logischer Argumente. Was in Frage gestellt wird, ist lediglich die endgültige Verlässlichkeit des menschlichen Verstands bei Dingen, die außerhalb seiner Reichweite liegen."[12] Um ein traditionelles

Beispiel anzuführen: Wenn ein Kind wissen möchte, wer sein Vater ist, sollte es seine Mutter fragen. Es kann natürlich umherlaufen und jeden Mann im Lande fragen, doch viel einfacher ist es, wenn das Kind seine Mutter, die natürliche Autorität, fragt. Mit anderen Worten: Wenn jemand bereit ist, von einer Autorität kommende Auskünfte anzunehmen, braucht er sich nicht die Mühe zu machen, unabhängig nachzuforschen. Die *śabda*-Methode, durch die wir Autorität anerkennen, ist unverzichtbar, wenn wir nach Dingen fragen, die jenseits der Reichweite von Sinnen und Vernunft liegen. Es mag in diesem Zusammenhang die Bemerkung gestattet sein, dass in der vedischen Weltsicht „Autorität" keine negativen Assoziationen auslöst, wie es im Westen üblich ist. Der Begriff bezieht sich nicht auf einen Diktator, sondern einen Überlieferer grundsätzlichen Wissens. So ist beispielsweise Shakespeare fraglos die Autorität par excellence hinsichtlich der Werke William Shakespeares.

Transzendentales Wissen von einer Autorität durch das Ohr zu empfangen ist die vedische Norm. Während sich materielles Wissen auf Dinge innerhalb des materiellen Universums bezieht, bezieht sich transzendentales Wissen auf Dinge jenseits dieses Universums. Die Veden sprechen von einer höchsten ursprünglichen Wahrheit, die weder durch unmittelbare Wahrnehmung *(pratyakṣa)* noch durch die induktive Methode *(anumāna)* erkennbar ist. Wenn jemand durch Hören von einer Autorität transzendentales Wissen empfängt, wird er vollkommen erfüllt und glücklich. Er transzendiert die Dualität der materiellen Welt. Wenn er hingegen der empirischen Tradition folgt, gelangt er dahin, alles außerhalb sinnlicher Wahrnehmung oder Induktion als Glauben, Dogma, Intuition oder Ideologie abzutun. Er kommt zu der gleichen Schlussfolgerung wie A. B. Keith: „Wissen, das nicht empirisch ist, ist bedeutungslos und sollte nicht als Wissen bezeichnet werden."[13]

Die vedischen Philosophen vertreten die Ansicht, dass *śabda* (das Hören von einer Autorität) einen Wissensbereich jenseits wissenschaftlicher Methodologie erschließt. Sie sagen, *śabda* sei der einzige Vorgang, das zu erkennen, was in unserem gegenwärtigen bedingten Zustand nicht erkennbar ist. Um seinen Vater kennen zu lernen, hat ein Kind keine andere Möglichkeit, als seine Mutter zu fragen. Das hat nichts mit Glauben, Dogma oder Gefühl zu tun, sondern einfach damit, dass man von jemandem hört, der Wissen hat. Wenn jemand das Glück hat, von einer Person zu lernen, die vollkommenes Wissen empfangen hat, kann er von allem Elend frei werden. „Versuche die Wahrheit zu erfahren, indem du dich an einen spirituellen Meister wendest", lehrt die *Gītā* (4.34). „Stelle ihm in ergebener Haltung Fragen und diene ihm. Die selbstverwirklichten Seelen können dir Wissen offenbaren, weil sie die Wahrheit gesehen haben." In der vedischen Tradition kann nur derjenige, der „die Wahrheit gesehen hat", ein idealer Lehrer oder *guru* sein. Außerdem heißt es in der *Muṇḍaka Upaniṣad* (1.2.12), dass ein aufrichtiger Schüler sich an einen idealen *guru* wenden muss, um transzendentales Wissen und Erleuchtung zu empfangen.

Der Guru und die Paramparā

Um mehr über *śabda* zu lernen, wollen wir die vedische Auffassung von Lehrer *(guru)* und Schüler *(śiṣya)* betrachten. Der Schüler muss sich nicht nur der vedischen Literatur zuwenden, um vollkommenes Wissen zu empfangen, sondern er muss das Wissen auch persönlich von einem qualifizierten Lehrer empfangen, zu dem er eine besondere Beziehung hat. Wörtlich bedeutet *guru* „schwer", und der qualifizierte *guru* muss mit Wissen beladen sein. Jeder, der durch die Probleme der Existenz verwirrt ist, muss sich an einen spirituellen Meister wenden, um Wissen zu empfangen. Daher führt uns die *Bhagavad-gītā* die ideale Lehrer-Schüler-Beziehung vor Augen. Angesichts des Problems, in einer Schlacht gegen Freunde und Verwandte zu kämpfen, erleidet Arjuna einen Zusammenbruch. Ein namhafter Psychologe kommentierte, Arjuna habe „ontologische Angst" erfahren und seine Sicht für seine Identität und seine Pflicht verloren. Deshalb wendet er sich an seinen *guru,* Kṛṣṇa (der überall in den Veden als die Höchste Person und der Kenner und Verfasser der Veden anerkannt ist). „Ich habe die Fassung verloren", sagt Arjuna. „Bitte unterweise mich“ (*Bg.* 2.7). Später sagt Kṛṣṇa zu Arjuna, dass jeder einen echten spirituellen Meister annehmen soll.

In der *Muṇḍaka Upaniṣad* (1.2.12) heißt es: *tad-vijñānārthaṁ sa gurum evābhigacchet samit-pāṇiḥ śrotriyaṁ brahma-niṣṭham.*

> Um die transzendentale Wissenschaft zu erlernen, muss man sich unterwürfig an einen echten spirituellen Meister wenden, der der Schülernachfolge angehört und in der Absoluten Wahrheit gefestigt ist.[14]

Hiriyanna schreibt, die vedische Ansicht sei nicht schwer zu verstehen. „Was eigene Anstrengung betrifft – wie wertvoll sie auch sein mag –, so ist sie doch kein geeignetes Mittel, eine so tiefgründige Wahrheit zu begreifen. ... Die lebendige Stimme eines Lehrers, der fest an das glaubt, was er lehrt, hat gewiss eine bessere Möglichkeit, Überzeugung zu bewirken, als das geschriebene Wort.“[15]

Die Botschaft der Veden kommt also durch den spirituellen Meister herab. Wie wir erwähnt haben, erklären die Veden, dass durch sinnliche Wahrnehmung oder Spekulation gewonnenes Wissen den Schüler niemals befähigen kann, das höchste Ziel zu erlangen. Vedische Wahrheit erreicht den Schüler durch den herabsteigenden Vorgang, ausgehend von den Veden und durch das Medium des *guru.* Diese Kette der Übermittlung wird als *guru-paramparā* (Schülernachfolge) bezeichnet.

In der *Bhagavad-gītā* (4.2) sagt Kṛṣṇa zu Arjuna: *evaṁ paramparā-prāptam.* „Diese höchste Wissenschaft [*bhakti-yoga,* Wissen aufgrund von hingebungsvollem Dienst] wurde so durch die Kette der Schülernachfolge empfangen.“ Somit hat der Schüler nicht nur zu seinem eigenen spirituellen Meister eine Beziehung, sondern auch zum spirituellen Meister seines spirituellen Meisters sowie zum spirituellen Meister von dessen Meister und so fort. Die Kette der Meister, in der ein bestimmter *guru* die Wahrheit hört und spricht, wird als *sampradāya* bezeichnet. Zum Beispiel kommt das vedische Wissen im Brahma-sampradāya von Brahmā und im Kumāra-sampradāya von den Kumāra-Ṛṣis herab. Der vedischen Ansicht zufolge begannen diese *sampradāyas* zurzeit der Schöpfung des Universums und bestehen bis zur heutigen Zeit in der Person des *guru* für den jeweiligen Schüler fort. Dank der stetigen, zuverlässigen Übermittlung sind alle vorangegangenen *gurus* in den Lehren des gegenwärtigen spirituellen Meisters präsent. Der Schüler empfängt die reine vedische Botschaft genauso, wie jemand eine Mango von einer Kette von Männern empfangen mag, die auf den Ästen eines Mangobaumes sitzen. Der Mann im Wipfel des Baumes pflückt die Frucht und gibt sie vorsichtig an den Mann unter sich weiter. So kommt die Frucht von Mann zu Mann herunter und erreicht schließlich heil und unverändert den Mann am Boden.

Man mag fragen, ob eine Reihe von Lehrern überhaupt die Botschaft ohne Änderung oder Zusatz ganz genau von einem zum anderen weitergeben kann. Aber nicht jeder kann sich anmaßen zu sagen, er verkünde vedisches Wissen in der Nachfolge der vergangenen Lehrer – nur ein vollkommener *guru.* Die Reinheit der Übermittlung wird dadurch sichergestellt, dass die Qualifikation des Übermittlers festgelegt ist.

Die Qualifikationen des Guru

Da der *guru* die Wahrheiten des vedischen Wissens in vollendeter Form übermitteln muss, spielt er eine entscheidende Rolle. Folglich ermahnen die Veden den angehenden Schüler, sich mit den Qualifikationen eines echten *guru* vertraut zu machen. Leider haben in den letzten Jahren viele indische und westliche Lehrer im Widerspruch zur vedischen Version die Glaubwürdigkeit des *guru* untergraben. Heutzutage gibt es kommerzielle *gurus,* die sich geheime *mantras* bezahlen lassen und ihren Schülern erlauben, alle vedischen Regeln und Restriktionen zu missachten; die *yoga* als Gymnastikübungen lehren und behaupten, das Ziel des *yoga* sei materielles Wohlbefinden; die die Veden verleugnen, indem sie sich selbst oder jeden als Gott erklären, und so fort. Es ist daher kaum verwunderlich, dass wir skeptisch sind, wenn wir das Wort *guru* hören.

Dessen ungeachtet ist in der vedischen Tradition die *guru-śiṣya*-Beziehung eine ewige Grundwahrheit, die nur jemand erkennen kann, der sich aufrichtig an einen echten *guru* wendet. Es ist daher notwendig, zunächst die Merkmale eines echten *guru* zu verstehen, das heißt, eines spirituellen Meisters, der reines Wissen empfangen hat und weitergeben kann. Rūpa Gosvāmī, ein vedischer Philosoph und Schüler Kṛṣṇa Caitanyas aus dem 16. Jahrhundert, führt in seinem *Upadeśāmṛta* sechs Merkmale eines *guru* auf: „Ein besonnener Mensch, der den Drang zu sprechen, das Begehren des Geistes, die Auswirkung des Zornes und die Triebe der Zunge, des Magens und der Genitalien unter Kontrolle hat, ist geeignet, auf der ganzen Welt Schüler anzunehmen."[16]

Der spirituelle Meister wird auch *ācārya* genannt, jemand, der durch sein persönliches Vorbild lehrt. Trotz eines brillanten Intellekts kann ein Mann zweifelhaften Charakters, der der Sinnenbefriedigung und selbstischem Denken verhaftet ist, kein spiritueller Meister sein. Śrī Kṛṣṇa Caitanya sagte: *āpani ācari' bhakti karila pracāra.* „Zunächst werde vollkommen, dann kannst du lehren."[17] Mit anderen Worten: Der *guru* muss ein *svāmī,* ein Meister der Sinne, sein, nicht ihr Sklave. Niemand sollte die Titel *guru, svāmī* und *sannyāsī* (entsagungsvoller Mönch) annehmen, ohne die entsprechenden Eigenschaften vorweisen zu können.

Laut Definition gibt der *guru* Unterweisungen weiter, die mit den Lehren der vedischen Literatur übereinstimmen. Weder weicht er durch gedankliche Spekulation von den vedischen Lehren ab, noch ist er ein Atheist, ein weltlicher Politiker oder ein Humanist. Er vertritt die Ansicht, dass spirituelles Wissen der Menschheit zum wahren Wohl verhilft; deshalb führt er selbst ein Leben der Loslösung von materiellen Freuden. Mit anderen Worten: Er muss auf glückselige Weise mit dem Höchsten vereint sein. Die vedischen Schriften räumen ein, dass eine solche Person *sudurlabha* (sehr selten) ist (*Bg.* 7.19).

Der *guru* muss selbst ein *śiṣya* (Schüler) eines echten spirituellen Meisters in der Schülernachfolge sein. Es gibt auch ein System der gegenseitigen Kontrolle, das *guru–śāstra–sādhu* genannt wird.[18] Die Lehren des *guru* müssen mit den Lehren der *sādhus* (der vorangegangenen spirituellen Meister in der Schülernachfolge) übereinstimmen, die ihrerseits alle mit der unmittelbaren Bedeutung der *śāstras* (offenbarte Schriften) übereinstimmen müssen.

Die Qualifikationen des Schülers

Ein Schüler muss ebenfalls qualifiziert sein, und seine Grundeignungen werden in der *Bhagavad-gītā* beschrieben. Der Schüler muss „dem *guru* in ergebener Haltung Fragen stellen und ihm dienen". (*Bg.* 4.34)

Der Glaube an den *guru* ist von größter Bedeutung und verleiht dem Schüler die Eignung zur Einweihung. In der *Śvetāśvatara Upaniṣad* (6.23) heißt es:

yasya deve parā bhaktir
yathā deve tathā gurau
tasyaite kathitā hy arthāḥ
prakāśante mahātmanaḥ

„Nur jenen großen Seelen, die unerschütterlichen Glauben an den Höchsten und an den spirituellen Meister haben, werden alle Bedeutungen des vedischen Wissens von selbst offenbart."[19]

Der Glaube an den *guru* ist auch das Thema einer Erzählung über Śrī Kṛṣṇa aus dem *Bhāgavata Purāṇa* (10.80). Als Kṛṣṇa Seiner Kindheitsspiele gedachte, erinnerte Er sich daran, dass Er einst für Seinen *guru* Holz gesammelt hatte. Er und Seine Freunde verliefen sich während eines heftigen Unwetters im Wald und irrten die ganze Nacht umher. Als am Morgen der *guru* und andere Schüler Kṛṣṇa schließlich fanden, war der *guru* sehr erfreut und segnete Kṛṣṇa:

> Es ist großartig, dass Du so viele Schwierigkeiten für mich durchstanden hast. Jeder denkt zunächst daran, für sich selbst zu sorgen, aber Du bist so gut und Deinem *guru* so treu, dass Du, ohne Dich um körperliche Annehmlichkeiten zu kümmern, so viele Schwierigkeiten

> auf Dich genommen hast, um Deinen spirituellen Meister zufrieden zu stellen. Es ist die Pflicht des Schülers, sein Leben dem Dienst des spirituellen Meisters zu weihen. Mein lieber Schüler, ich bin mit Deinem Verhalten sehr zufrieden, und ich segne Dich: Mögen all Deine Wünsche und Bestrebungen in Erfüllung gehen! Möge das Verständnis von den Veden, das Du von mir gelernt hast, immer in Deinem Gedächtnis wohnen, sodass Du Dich in jedem Augenblick an die Lehren der Veden erinnern und ihre Unterweisungen ohne Schwierigkeiten zitieren kannst! So wirst Du weder in diesem noch im nächsten Leben eine Enttäuschung erleben.[20]

Kṛṣṇa erinnerte sich an diesen Vorfall so:

> Ohne die Segnungen des spirituellen Meisters kann niemand glücklich sein. Durch die Gnade des spirituellen Meisters und durch seine Segnungen kann man Frieden und Wohlstand erlangen und die Fähigkeit bekommen, die Mission des menschlichen Lebens zu erfüllen.[21]

Offensichtlich ist der hier beschriebene Glaube nicht nur eine intellektuelle Übereinkunft über irgendeine theologische Angelegenheit. Vielmehr muss sich der Schüler körperlich und geistig völlig dem *guru* als Diener ergeben und die Unterweisungen des *guru* als die Mission seines Lebens ansehen. Es ist daher keine Übertreibung, wenn es heißt, dass die Wahl eines *guru* wichtiger sei als die Wahl des Ehepartners.[22]

Die Veden betonen die Notwendigkeit einer solch vorbehaltlosen Bindung. Immerhin handelt der *guru* als der Retter des Schülers. Er allein kann vedisches Wissen und damit Befreiung geben. Der Schüler steht daher in der Schuld seines *guru,* der ihn persönlich aus der Unwissenheit gehoben und mit der Vollkommenheit von Ewigkeit, Glückseligkeit und Wissen gesegnet hat. Der *guru* muss seinerseits seine Pflichten demütig als ein Diener des Höchsten und seines eigenen *guru* in der Schülernachfolge verrichten.

Wenn jemand seinen *guru* durch aufrichtigen Dienst zufrieden stellt und tatsächlich die vedische Schlussfolgerung versteht, empfängt er die Einweihung als *brāhmaṇa.* Ein *brāhmaṇa* ist ein Gelehrter, der die Verantwortung auf sich nimmt, andere zu erleuchten. In Indien gibt es viele *smārta-brāhmaṇas* (kastenbewusste *brāhmaṇas*), die darauf beharren, dass man in den brahmanischen Stand nur dann erhoben werden kann, wenn man in einer *brāhmaṇa*-Familie geboren wurde. Diese Auffassung ist zweifellos unvedisch. Ein vedischer Gelehrter schreibt: „In der *Śrīmad-Bhagavad-gītā-parvādhyāyāḥ* des *Mahābhārata* sagt Vāsudeva-Kṛṣṇa ganz eindeutig, dass die Einteilung der Menschen in vier *varṇas* (Kasten) auf *guṇa-karma,* das heißt auf spirituellen Eigenschaften und persönlichen Wesenszügen, beruht.“[23]

Es gibt eine bekannte Geschichte in der *Chāndogya Upaniṣad* von einem Knaben namens Satyakāma, der sich an einen *guru* wandte, um erleuchtet zu werden. „Bist du der Sohn eines *brāhmaṇa*?“, fragte der *guru.* Der Knabe antwortete, dass er nicht wisse, wer sein Vater sei. Der *guru* bat ihn darauf, seine Mutter zu fragen, doch die Mutter des Jungen bekannte freimütig, dass sie sich nicht sicher sei, wer der Vater war, da sie viele Männer gehabt habe. Der Knabe kehrte darauf zu dem *guru* zurück und sagte: „Meine Mutter weiß es nicht.“ Erfreut über die Ehrlichkeit des Jungen, kam der spirituelle Meister zu dem Schluss: „Du bist ein *brāhmaṇa.*“[24]

Nach der vedischen Lehre kann jeder durch Schulung erhoben werden. Im *Hari-bhakti-vilāsa* von Sanātana Gosvāmī heißt es, dass jemand, der vorschriftsmäßig eingeweiht ist, zweifellos zu einem *brāhmaṇa* wird, ebenso wie Glockenmetall in Gold verwandelt werden kann, wenn man es mit Quecksilber vermischt. Im Siebten Canto des *Bhāgavata Purāṇa* (7.11.35) teilt Nārada dem König Yudhiṣṭhira mit, dass jemand als *brāhmaṇa* anerkannt werden muss, wenn er die Eigenschaften eines *brāhmaṇa* hat. Demzufolge ist die Geburt in einer bestimmten Familie, einer bestimmten Rasse oder Religion keine wesentliche Qualifikation für einen *śiṣya.*

Die wichtigsten Eignungen eines Schülers sind Glaube, Dienst und ergebenes Fragen. Andererseits sollte der Schüler seinem *guru* aber auch nicht blind folgen. In der *Bhagavad-gītā* stellt Arjuna eine Reihe forschender Fragen, und Śrī Kṛṣṇa antwortet mit philosophischer Schlüssigkeit und Bezugnahme auf *śāstra* und *sādhu.*

Der vedischen Tradition zufolge kann die Bedeutsamkeit der *guru-śiṣya*-Beziehung gar nicht genug hervorgehoben werden. So erklärt das *Padma Purāṇa* mit Nachdruck, dass es unmöglich ist, ohne einen *guru* spirituelles Wissen zu bekommen: „Sofern man nicht durch einen echten spirituellen Meister in der Schülernachfolge eingeweiht ist, hat das *mantra,* das man erhalten hat, keinerlei Wirkung." Immer wieder betonen die *śāstras* den unschätzbaren Wert der Gemeinschaft mit einem Heiligen. Ein Augenblick solcher Gemeinschaft wird als wertvoller erachtet als Tausende von Leben ohne solche Gemeinschaft. Der Eifer des Schülers, von dem *guru* zu hören, ist in sich selbst eine große Qualifikation. Wenn der Schüler, nachdem er gehört hat, die Anweisung des spirituellen Meisters gehorsam ausführt, macht er Fortschritt über die Befreiung hinaus bis hin zur höchsten Stufe, der Liebe zu Gott.

Es ist notwendig, dass sowohl der *śiṣya* als auch sein *guru* den hohen moralischen Ansprüchen gerecht werden, die in den *śāstras* gefordert werden. Śaṅkara sagt, dass ein Schüler der Philosophie die folgenden essenziellen Bedingungen erfüllen muss: Er muss den starken Willen haben, den Unterschied zwischen materieller und spiritueller Natur herauszufinden; er muss allen persönlichen Bedürfnissen und allem Eigennutz entsagen, und er muss seinen Geist und seine Sinne zügeln.[25]

Ohne sich von allen materiellen Freuden und darüber hinaus auch von Leid zu lösen, kann er für transzendentales Leben nicht geeignet sein. Kṛṣṇa bestätigt dies in der *Bhagavad-gītā* (2.41): „Diejenigen, die diesen Pfad beschreiten, sind entschlossen in ihrem Vorhaben, und ihr Ziel ist eins. … Die Intelligenz der Unentschlossenen ist vielverzweigt." Traditionsgemäß muss ein Schüler die „vier Säulen der Sünde" aufgeben: Fleischessen, unzulässigen Sex, Glücksspiel und Berauschung.[26]

Zusammenfassung

In diesem Kapitel wurden der Zweck, der Ursprung und die Wirkungsweise des vedischen Wissens in Übereinstimmung mit den Aussagen der Veden beschrieben. Die Anhänger der Veden anerkennen die *śāstras* als die Worte der Höchsten Person (*īśvara,* Nārāyaṇa) und damit als axiomatische Wahrheiten. Mit anderen Worten: Es ist nicht notwendig, die von den Veden bereits als richtig anerkannten Wahrheiten zu verifizieren. Darüber hinaus sollte der Anhänger der Veden die Ursache aller Ursachen nicht durch materielles Wissen oder Spekulation zu verstehen suchen, sondern indem er vertrauensvoll von einem autorisierten spirituellen Meister hört. Die erhabenen Geheimnisse spirituellen Lebens, die vom *guru* an den *śiṣya* weitergegeben werden, stehen jedem offen, ungeachtet seiner sozialen Kaste oder Geburt. Um ein Anwärter für spirituelles Wissen zu werden, muss der Adept die vom *guru* geforderten Regeln zur Läuterung beachten. Das sind die Grundvoraussetzungen, die die Veden hinsichtlich des Erwerbs transzendentalen Wissens fordern.

2

Die empirische Betrachtungsweise der vedischen Literatur

Im ersten Kapitel haben wir einige Grundsätze des vedischen Lernvorgangs erörtert, wie er durch die Schülernachfolge vedischer Lehrer überliefert wird. Wir sollten ebenfalls zur Kenntnis nehmen, dass sich in den letzten zweihundert Jahren praktisch alle westlichen Universitäten eine geschichtskritische oder empirische Betrachtungsweise zu Eigen gemacht haben. Hinduismus und indische Philosophie sind an vielen Hochschulen beliebte Fächer geworden, und es hat sich ein Kreis anerkannter Sanskritgelehrter und Indologen gebildet. Ein Vergleich der empirischen Darstellung des vedischen Wissens mit der Darstellung der Veden selbst zeigt jedoch, dass oft konträre Standpunkte vertreten werden. Empirische Gelehrte erörtern diesen Konflikt nur selten. Sie gehen, gewöhnlich zu Recht, davon aus, dass die Leser die empirische Darstellung anerkennen werden, weil die akademischen Autoren für tief greifende Forschung und Analyse bekannt sind. Bei offensichtlichen Unstimmigkeiten mit der vedischen Sichtweise stellen die empirischen Gelehrten gewöhnlich ihren eigenen Standpunkt als das objektive Bild von der vedischen Zivilisation dar.

Trotzdem werfen diese Konflikte eine Reihe von Fragen auf: Warum lehnen einige Indologen die Erklärungen der vedischen

Schriften und der traditionellen vedischen Gelehrten in Bezug auf den Ursprung, den Sinn und das transzendentale Wesen jener Schriften ab? Warum ist die Beschreibung, die die vedische Literatur von sich selbst gibt, so unakzeptabel? Ist es einfach so, dass die empirischen Gelehrten bezweifeln, dass die Veden oder die *ācāryas* das sind, was sie zu sein behaupten? Die Veden erheben den Anspruch, göttlichen Ursprungs zu sein, und die Gelehrten halten ihren Ursprung für mythologisch. Die Veden möchten den Menschen vom Leid befreien und sichern ihm Erlösung zu; die Gelehrten meinen, das Studium der Veden um spiritueller Ziele willen sei unwissenschaftlich. Die Veden betonen, dass die vedischen Lehren sich materiellen Untersuchungen entziehen, die Gelehrten jedoch lehnen solche Warnungen als esoterische Tabus ab und gehen daran, die Veden in einem empirischen Geist zu analysieren. Sie bezeichnen die Veden offen als Mythologie und stellen sich die Aufgabe, sie zu entmythologisieren.

Die Veden betonen, dass vedisches Wissen von einem spirituellen Meister in der Schülernachfolge gehört werden muss. Doch der Akademiker, der Bücher über die Veden schreibt, ist weder ein *guru* noch gestattet ihm seine wissenschaftliche Geisteshaltung, in der geforderten Weise an die vedischen Schriften heranzutreten, ganz abgesehen davon, dass er den *guru* von einer, wie er meint, höheren, objektiveren und akademischen Warte aus betrachtet. Die Veden betonen, man müsse strenge moralische Maßstäbe beachten und Entsagung üben, bevor man die vedische Literatur verstehen könne; doch Gelehrte halten solche Dinge für unnötig.

Was ist nun der beste Weg, die Veden zu studieren? Sollten wir letzten Endes doch dem, was die Veden über sich selbst sagen, Glauben schenken? Bevor wir eine Entscheidung treffen, sollten wir etwas über die Stichhaltigkeit empirischer vedischer Gelehrsamkeit wissen.

Empirische Hilfsmittel

Die von empirischen Indologen gebrauchten Hilfsmittel sind die wissenschaftlichen Maßstäbe von Geschichte, Anthropologie, Archäologie, Philologie und verwandten Bereichen. Seit dem Beginn der indologischen Studien im 18. Jahrhundert ist die Forschung auf jedem Gebiet in zunehmendem Maße verfeinert worden. Die Gelehrten sind sich jedoch einig, dass ihre Rekonstruktion des Ursprungs und des Wesens der vedischen Kultur höchst unsicher ist.

Geschichte

Empiriker legen im Allgemeinen großen Wert auf ein Verständnis der geschichtlichen Entwicklung, doch für die vedische Zeit gibt es keine geschichtlichen Aufzeichnungen, abgesehen von den *śāstras.* Jahrtausendelang machten die Inder keine solchen Geschichtsaufzeichnungen. O. L. Chavarria-Aguilar schreibt in seinem Buch *Traditional India:* „Es wäre schwierig, ein unhistorischeres Volk zu finden.“[1]

In *A Sourcebook in Indian Philosophy* heißt es: „Eine historische Untersuchung der indischen Philosophie ist von den großen indischen Denkern selbst nicht vorgenommen worden.“[2] Das alte Rom hatte seinen Livius und das alte Griechenland seinen Herodot, aber Indien hatte keinen großen Historiker, der die vedische Zeit festhielt. Moderne Indologen vertreten die Ansicht, das mangelnde Interesse der Inder an der Geschichte habe seine Ursache nicht in einer primitiven Unfähigkeit, Aufzeichnungen zu machen; vielmehr habe ihnen die historische Version der *śāstras* genügt.

Geschichtskundler ziehen es vor, die historische Gültigkeit der *śāstras* nicht anzuerkennen; ihre Alternative besteht darin, die offizielle Geschichte Indiens mit dem Tod Buddhas im Jahre 483 v. Chr. beginnen zu lassen. Jedenfalls ist dies das früheste empirisch nachweisbare Datum. Gelehrte räumen ein, dass die vedische Epoche Jahrtausende vor Christus begann, aber wenn es darum geht, sie auch nur annähernd zu datieren, heißt es bloß: „Überall bewegen wir uns auf unsicherem Boden.“[3] Nichtsdestoweniger haben Gelehrte verschiedene historische Epochen rekonstruiert, die sie theoretisch den Tausenden von historisch nicht belegten Jahren zuschreiben. Max Müller, einer der ersten

Indologen, entwarf ein System, die vedische Zivilisation in Epochen zu gliedern, die er als „Chandas, Mantra, Brāhmaṇa und Sūtra“ bezeichnete, und eine Reihe von Gelehrten hat sich dieser Meinung angeschlossen.[4] Andere haben ihre eigenen Unterteilungen vorgenommen. Dr. Radhakrishnan zum Beispiel unterteilt die vedische Geschichte in die groben Epochen „vedisch“, „episch“, „*sūtra*“ und „scholastisch“.[5]

Handbücher über vedische Geschichte unterscheiden sich bei bestimmten Daten um nicht weniger als zweitausend Jahre. Ja, Moritz Winternitz, einer der renommiertesten Chronisten, wendet ein, jeder Versuch, die vedische Zeit zu rekonstruieren, sei unwissenschaftlich. Er schreibt: „Die Chronologie der Geschichte der indischen Literatur ist in wahrhaft erschreckende Dunkelheit gehüllt.“[6] Winternitz bemerkt etwas spöttisch, es sei sicher angenehm und praktisch – besonders wenn man ein Handbuch über vedische Literatur vorbereite –, die altindische Literatur in drei oder vier Perioden zu gliedern und ihr Daten und Kategorien zuzuordnen. „Aber jeder Versuch dieser Art ist bei dem jetzigen Wissensstand zum Scheitern verurteilt, und der Gebrauch hypothetischer Daten wäre nur eine Irreführung, die mehr Schaden anrichten als Gutes tun würde.“[7]

Seiner Meinung nach ist es sogar besser, der ältesten Periode der indischen Literaturgeschichte gar kein Datum zuzuweisen. Nachfolgende Generationen von Historikern fahren fort, weitere Bilder der vedischen Vergangenheit zu entwerfen, wobei sie sich auf Forschungsergebnisse verwandter wissenschaftlicher Disziplinen oder auf weitere Textforschungen berufen. Winternitz jedoch zitiert einen der ersten amerikanischen Sanskritgelehrten, der seinerzeit sagte: „Alle in der indischen Literaturgeschichte angegebenen Daten gleichen aufgestellten Kegeln, denen es bestimmt ist, wieder umgeworfen zu werden“[8]

Winternitz stellt fest: „Größtenteils gilt das noch heute.“[9] Wir können somit den Schluss ziehen, dass es schlicht und einfach keine Geschichte der ursprünglichen vedischen Zivilisation in Indien gibt, zumindest keine, die im strengen Sinne empirischer Geschichte akzeptabel ist.

Archäologie

Archäologie ist natürlich besonders gut geeignet, etwas über alte Kulturen herauszufinden; aber was für vedische historische Aufzeichnungen gilt, trifft auch auf archäologische Funde zu, die uns bis heute noch kein klares Bild der vedischen Zivilisation zu geben vermögen. Freilich sind viele der in den Schriften erwähnten Orte noch heute bekannt, und traditionsgemäß sind viele Tempel in Indien jahrtausendelang erhalten worden, aber diese Orte haben bis jetzt noch keine fundierten archäologischen Belege jener fernen Zeit geliefert.

Archäologen und Anthropologen können nicht akzeptieren, dass die vedische Zivilisation in Indien, wie es in den *śāstras* heißt, schon vor fünfzigtausend Jahren blühte – ein Datum, das die Wissenschaftler dem frühestmöglichen Erscheinen des *Homo sapiens* auf Erden zuordnen. Die *śāstras* erklären eindeutig, dass die vedische Literatur zu Beginn des Kali-Zeitalters, das heißt etwa vor fünftausend Jahren, niedergeschrieben wurde und dass Philosophen, *yogīs* und *ṛṣis* bereits vor Millionen von Jahren lebten. Obwohl Empiriker die Vorstellung einer solchen geistigen Hochentwicklung der präantiken Menschheit meistens belächeln, räumen sie ein: „Neue Datierungsmethoden und erstaunliche Funde in aller Welt haben dazu geführt, dass die Geschichte der menschlichen Rasse zurzeit umgeschrieben wird."[10]

Hierbei ist allgemein zu beobachten, dass das theoretische Datum des Anfangs der fortgeschrittenen menschlichen Zivilisation immer weiter in die so genannte Urgeschichte zurückgeschoben wird. Was die archäologischen Funde in Indien betrifft, so haben die Ausgrabungen von Städten und Tempeln keine schlüssigen empirischen Daten über das erste Erscheinen der vedischen Kultur zu Tage gefördert.

Die westliche Archäologie nahm in Indien ihren Anfang im frühen 19. Jahrhundert, als Verwaltungsbeamte der East India Company zahlreiche Tempel und Schreine sowie alte Münzen und Inschriften fanden. Um 1830 wurden die Erlasse des Kaisers Aśoka entziffert, und so datierte man den Beginn der indischen

Zivilisation auf etwa 300 v. Chr. Im 20. Jahrhundert begann die Arbeit auf einer breiten Basis. Die berühmtesten archäologischen Entdeckungen, die sich auf die frühgeschichtliche Zeit beziehen, fanden unter der Leitung des Archäologen Sir John Marshall statt, der um 1920 die Städte Harappa und Mohenjo-Daro entdeckte, die im heutigen Pakistan liegen. Diese Städte zeugen von einer nachhaltigen urbanen Gesellschaft, heute als „Indus-Zivilisation" bekannt, deren Blütezeit auf 3000 v. Chr. datiert wurde.[11]

Zwar war die Entdeckung Harappas für die Archäologie ein sagenhafter Fund, doch hat sie nur wenig zu unserem Verständnis der alten vedischen Zeit beigetragen. Es war die Hoffnung aufgekommen, dass die Entdeckungen in Harappa und Mohenjo-Daro ein wenig Licht auf die Veden werfen würden, doch diese Hoffnung hat sich nicht erfüllt. Unter den in Harappa gefundenen Geräten gab es eine kleine Figur eines sitzenden Mannes, der Śiva sein könnte, doch ist diese Erkenntnis nicht gesichert.

Linguistische Forschungen und die Interpretation des *Ṛg Veda* haben zu einer Hypothese geführt, die die Indus-Zivilisation mit dem Ursprung der Veden in Verbindung bringt. Es wird die Geschichte erzählt, dass die friedlichen Draviden (der Name der ursprünglichen Bewohner von Harappa) von den arischen Barbaren überfallen wurden, die ihre Legenden von Indra *(Ṛg Veda)* mit sich brachten. Diese Darstellung erfreut sich in Büchern großer Beliebtheit, doch handelt es sich dabei keineswegs um eine wissenschaftliche Schlussfolgerung.[12] Vielmehr wurde diese Hypothese erstellt, um das zu erklären, was sonst unerklärlich wäre. Über die Indus-Zivilisation schrieb ein Indologe den folgenden Kommentar: „Wir wissen nicht mit Gewissheit, wer die Begründer dieser bemerkenswerten Zivilisation waren; dies ist ein weiteres jener Geheimnisse, die das Leben des Gelehrten einerseits interessant, aber andererseits auch etwas frustrierend machen."[13]

Was die Theorie betrifft, dass die Draviden unter Indras Horden plündernder Arier den Tod fanden, so schreibt H. P. Rowlinson: „Eine Reihe von Gelehrten hat gegen die Arier den Finger der Anklage gehoben … aber die Schuld dieser Einwanderer ist alles andere als erwiesen."[14]

Obwohl also Gelehrte verschiedene Theorien vertreten, haben archäologische Funde wie die der Indus-Zivilisation bis heute nur unzureichende Beweise geliefert, um die Zeit zu rekonstruieren, in der die vedischen Schriften verfasst wurden.

Die Archäologie gewinnt beträchtlich an wissenschaftlicher Glaubwürdigkeit, wenn sie andere Fachbereiche (wie die Atomphysik, die die Karbon-14-Datierung hervorbrachte) zu Rate zieht. Werden Archäologen eines Tages etwas finden, was tatsächlich die vedischen Rätsel ein für alle Male löst? Der Anthropologe Julian H. Steward schreibt: „Fakten existieren nur so weit, wie sie mit Theorien verbunden sind, und Theorien werden nicht durch Fakten zerstört – sie werden durch neue Theorien ersetzt, die die Fakten besser erklären."[15] Mit anderen Worten: Wir können sagen, dass die Archäologen zwar die Absicht haben, viel mehr herauszufinden, dass sie aber wahrscheinlich niemals etwas mit Sicherheit wissen werden.

Welche Fakten und Theorien auch immer die Zukunft bringen mag, die Archäologie, die größte Hoffnung der Empiriker, hat es bislang nicht vermocht, die Dunkelheit zu durchdringen, die die vedische Epoche umhüllt. Das Hauptzeugnis der vedischen Kultur ist natürlich die mündliche Überlieferung, und daher können wir gerade in dem Bereich, in dem die Archäologie allein dem Empiriker Wissen vermitteln kann, ernsthaft die Frage stellen, ob die Archäologie da überhaupt relevant ist. „Religion ist ein geistiges oder spirituelles Phänomen, bei dem das heilige oder übernatürliche Wort eine bedeutende Rolle spielt. Es ist offensichtlich, dass dieses essenzielle Ausdrucksmittel der Religion nicht archäologisch untersucht werden kann – archäologische Funde sind wortlos."[16]

Sprachforschung

Wie zu erwarten, hat sich die Forschung auch auf andere Bereiche ausgedehnt. Zu den wichtigsten Mitteln bei der indologischen Forschung ist das Studium der Sprachen avanciert. Im späten 18. Jahrhundert nahmen Sprachforscher in Indien eine vergleichende

Studie von Sanskrit, Griechisch und Latein vor und kamen zu dem Schluss, diese Sprachen seien sich in Vokabular und Grammatik so ähnlich, dass sie von einer gemeinsamen Muttersprache stammen müssten. 1786 stellte Sir William Jones die Theorie auf, dass Sanskrit und andere Sprachen „ihren Ursprung in einer gemeinsamen Quelle haben, die vielleicht nicht mehr existiert".[17] Diese Sprache wurde als Proto-Indoeuropäisch bezeichnet. Obwohl es keinen klaren Beweis dafür gibt, dass diese Sprache überhaupt jemals gesprochen wurde, rekonstruierten Sprachforscher eine proto-indoeuropäische Sprache mit Hilfe von Archäologen, die Beweise für die Theorie liefern sollten, wer sie gesprochen haben könnte und wo.

Stuart Piggot schreibt: „Die Ortsbestimmung eines möglichen indoeuropäischen Heimatlandes und die Identifizierung der Kultur, die durch den linguistischen Nachweis zusammen mit einem vergleichbaren archäologischen Phänomen vorausgesetzt wurde, ist Diskussionsgegenstand gewesen, seitdem die Idee das erste Mal im letzten Jahrhundert formuliert wurde."[18]

Aus einer hypothetischen Sprache ging ein hypothetisches Volk hervor, dessen Mitglieder als Indoeuropäer bezeichnet wurden. Weil Wörter wie „Pferd" und „Vater" im Vokabular der Proto-Indoeuropäer häufig waren, konstruierten die Gelehrten eine Gemeinschaft von Bauern, die das Pferd domestiziert hatten und in deren Gesellschaft der Vater dominierend war.[19] Auch schrieben ihnen die Gelehrten eine Religion und Riten zu, obwohl niemand mit Sicherheit sagen kann, wo sie überhaupt gelebt haben. In einem kürzlich veröffentlichten Werk über die Geschichte Indiens finden wir folgende Feststellung:

> Die ursprüngliche Heimat der Arier [die Indoeuropäer gelten als die Vorläufer der Arier, die in Indien eindrangen] ist erneut Gegenstand eines Meinungsstreits, und angesichts des hoffnungslosen Chaos widersprüchlicher Ansichten scheint es unmöglich, zu einer endgültigen Schlussfolgerung zu gelangen. Die wahrscheinlichste Theorie ist wohl die, dass die Arier von außen nach In-

> dien einwanderten, wobei das genaue Gebiet, aus dem sie kamen, noch Diskussionsgegenstand ist.[20]

Der Linguistikprofessor Ward Goddenaugh wies darauf hin, dass sich in die europäische Diskussion des Ursprungs der Indoeuropäer zweifelsohne Chauvinismus und Rassismus einschlichen. So stellten Gelehrte willkürlich Daten zusammen, um zu beweisen, dass die arischen Vorväter aus Europa kamen.[21]

Trotz begrenzter Informationen neigen Sprachforscher dazu, Hypothesen aufzustellen. Der namhafte Sanskritforscher A.B. Keith bemerkte einmal, dass man, wenn man die linguistische Methode zu wörtlich nähme, zu dem Schluss kommen könnte, dass die ursprünglichen Indoeuropäer Butter kannten, jedoch keine Milch, dass sie etwas von Schnee und Füßen wussten, aber nichts von Regen und Händen.[22]

Der Fachbereich der „linguistischen Paläontologie“ hat bei Gelehrten inzwischen stark an Beliebtheit eingebüßt. 1971 erklärte der Sprachwissenschaftler Dr. Winifred Lehmann: „Es ist klar, dass sich die linguistischen Paläontologen völlig übernommen und sich dabei ihr eigenes Grab geschaufelt haben.“[23] Dr. Lehmann betont, dass eine Sprache nicht als Hauptquelle dienen kann, wenn es darum geht, eine frühere Kultur zu rekonstruieren. Trotzdem nehmen linguistische Theorien über den Ursprung und den kulturellen Hintergrund der Veden in akademischen Abhandlungen über die vedische Zeit immer noch einen großen Raum ein.

Um alte Sprachen zu datieren, hat sich in den letzten Jahrzehnten Morris Swadesh eine linguistische Methode einfallen lassen, die als Glottochronologie bekannt geworden ist. Diese Methode entstand aus der Theorie, dass sich im Laufe der Jahrtausende im Vokabular einer Sprache in regelmäßigen, messbaren Zeitabständen Veränderungen ergeben. Gelehrte haben diese Methode benutzt, um die mündliche Überlieferung der Veden sowie das Entstehungsdatum bestimmter Schriftwerke zu datieren. Sprachwissenschaftler selbst geben jedoch zu bedenken: „Ganz gleich, wie sehr diese Datierungstechnik verfeinert wird, man wird dabei nicht über grobe Schätzungen hinauskommen.“[24]

Glottochronologen haben Schaubilder erstellt, die zum Beispiel zeigen, wo mit einer neunzigprozentigen Wahrscheinlichkeit einer bestimmten Sprachgattung ein richtiges Datum zugeordnet werden kann. Je größer der Zeitraum ist, in dem das Schriftwerk entstanden sein könnte (Tausende von Jahren für die vedische Literatur), desto größer ist die Variable für die Festlegung des ungefähren Datums. Die Variable kann zu einer solchen Größe heranwachsen, dass sie nicht mehr zu sein scheint als eine reine Vermutung. Sprachkritiker Charles Hockett schreibt: „Natürlich ist es frustrierend zu erfahren, dass ein Ereignis, das höchstwahrscheinlich vor vierzigtausend Jahren stattfand, aufgrund der Neun-Zehntel-Aussagewahrscheinlichkeit auf eine Zeitspanne von vor neunzigtausend Jahren bis zu zehntausend Jahren in der Zukunft angesetzt werden muss.“[25]

Die Glottochronologie gilt zwar als höchst unvollkommen, sie ist aber das beste Arbeitsmittel, das heute bekannt ist, um alte Sprachen zu datieren. Allerdings hat sie nichts Definitives über den Ursprung und den wahren Sinn der vedischen Literatur enthüllt.

Zusammenfassung

Wie wir festgestellt haben, sind die empirischen Beweismittel für die vedische Zeit recht dürftig und bruchstückhaft. Die Gelehrten haben nur wenige wirkliche Fakten, auf die sie ausgereifte oder verlässliche Schlussfolgerungen stützen können. Folglich erscheint ihr Bild von der vedischen Geschichte recht hypothetisch. So wie es gezeichnet ist – als ein Ergebnis mühsamer historischer, archäologischer und linguistischer Forschung –, verdient das hypothetische Bild natürlich zweifellos Beachtung, doch Indologen täten gut daran, sich zu erinnern, dass ein offizielles Foto eine Sache ist, ein hypothetisches Bild dagegen durchaus eine andere.

Im Grunde haben sich westliche Gelehrte niemals mit den vedischen *śāstras* auf der Grundlage ihrer eigenen Aussagen beschäftigt. Die ersten Studien der Veden zum Beispiel waren durch nicht gerade objektive Motivationen getrübt. Im 18. und frühen 19. Jahrhundert gingen die ersten Indologen wie Sir

William Jones, Horace H. Wilson, Theodor Goldstücker und Sir M. Monier-Williams an die vedische Kultur mit der Absicht heran, sie durch die christliche Kultur zu ersetzen.[26] Dieser Beweggrund wirkte sich natürlich massiv auf ihre Untersuchung der vedischen Literatur aus. Während das missionarische Motiv dann allmählich wieder nachließ, wurde von der amerikanischen Transzendentalistenschule (Henry David Thoreau, Ralph Waldo Emerson u. a.) ein Versuch unternommen, die Veden so zu verstehen und zu achten, wie sie sind. Dabei sollte jedoch nicht unerwähnt bleiben, dass die empirisch-historische Methode ihre Bemühung überschattete, bevor diese richtig zur Blüte kommen konnte. Und weil das vedische System sich nun einmal tatsächlich empirischen Untersuchungen entzieht, haben auch die modernen Indologen es nicht vermocht, die Veden in ihrem eigenen Licht zu betrachten. Es mag daher an dieser Stelle interessant sein zu hören, was die Veden über sich selbst zu sagen haben.

Im Gegensatz zu den bruchstückhaften, höchst theoretischen oder bestenfalls partiellen Beurteilungen der Veden seitens westlicher Gelehrter wird uns diese Herangehensweise helfen, das weite Spektrum der vedischen Schriften als ein sublimes und kohärentes Ganzes zu verstehen.

3
Grundelemente des vedischen Denkens

Auch wenn man beim Einstieg in das Studium der vedischen Literatur mit der Sanskritsprache nicht vertraut sein mag, muss man viele Sanskritbegriffe verstehen. Nur Wörter aus einem Glossar auswendig zu lernen kann diese Lücke nicht füllen. Nach Aussage der Veden muss der Schüler, um die Bedeutung von Begriffen wie Bhagavān, Paramātmā und Brahman zu verstehen, mit transzendentaler Erkenntnis ausgestattet sein. Er muss aus eigener Erfahrung den Unterschied zwischen materieller Natur *(jaḍa)* und spiritueller Natur (Brahman) kennen sowie das Wesen der Illusion *(māyā)* und des höchsten Herrschers *(īśvara)*. Da es für einige Begriffe, wie *dharma* und *rasa,* in den meisten Sprachen keine direkte Übersetzung gibt, wird die Notwendigkeit für die persönliche Erfahrung und Erkenntnis des Schülers umso größer.

Um ein klares Verständnis zu bekommen, sollte der Student zunächst die direkte, wörtliche Bedeutung der Sanskritbegriffe lernen. Indem er sich von Spekulationen und allegorischen Interpretationen fernhält, kann er unnötige Verwirrung vermeiden. Mit anderen Worten: Der Student macht leichter Fortschritt, wenn er die in den *śāstras* gegebene unmittelbare Bedeutung akzeptiert, als wenn er sich an die von unvollkommenen Kommentatoren gegebenen indirekten Bedeutungen hält. Die vedische Literatur ist nicht schwer zu verstehen, wenn der Student die Begriffe der *śāstras* in ihren ursprünglichen Bedeutungen lernt.

Die drei Aspekte des Absoluten

Die vedischen Schriften sprechen von drei Aspekten der Absoluten Wahrheit: Brahman, Paramātmā und Bhagavān. Die Upaniṣaden konzentrieren sich auf das Brahman, die *yoga*-Systeme auf den Paramātmā und die *Bhagavad-gītā* und die Purāṇas auf Bhagavān. Im *Bhāgavata Purāṇa* (1.2.11) heißt es, dass alle drei Aspekte im Grunde eins sind, nur werden sie von verschiedenen Standpunkten aus gesehen: „Gelehrte Transzendentalisten, die die Absolute Wahrheit kennen, nennen diese nichtduale Wesenheit Brahman, Paramātmā oder Bhagavān.“[1]

1) Brahman

Brahman bezieht sich auf den unpersönlichen, alldurchdringenden Aspekt der Absoluten Wahrheit. Die vielfältigen Manifestationen des Kosmos – belebte und unbelebte Materie, Atome, Körper, Planeten, Raum – existieren weder aus sich selbst heraus noch sind sie ewig. Sie alle kommen vom ewigen Brahman. Im *Vedānta-sūtra* (1.1.2) heißt es eindeutig: *janmādy asya yataḥ*. „Das Höchste Brahman ist der Ursprung aller Dinge.“[2] Die *Muṇḍaka Upaniṣad* (2.2.10–12) erklärt hierzu:

> Strahlend ist Es, das Licht der Lichter –
> Das Licht, das die Kenner der Seele kennen!
> Weder Sonne, Mond noch Sterne scheinen dort;
> Keine Blitze gibt es dort, kein irdisch Feuer!
> Im Gegenteil: Aller Glanz hier kommt von Ihm.
> Die ganze Welt ist von Seinem Licht erhellt.
> Ob vorn, ob hinten, rechts oder links,
> Ob oben oder unten – Sein Licht ist überall.[3]

Radhakrishnan schreibt: „Das Brahman kann nicht durch logische Formeln oder sprachliche Symbole definiert werden. Es ist das unbegreifliche *nirguṇa* [„eigenschaftslose"] Brahman, das reine Absolute."[4] Die *Bṛhad-āraṇyaka Upaniṣad* (3.9.26) beschreibt die Brahman-Philosophen als diejenigen, die nach den Wurzeln der Existenz in den Elementen der Materie suchen, jedoch nur *neti, neti* („das Selbst ist nicht dieses und nicht jenes") finden.[5] Brahman-Erkenntnis offenbart den unpersönlichen Geist in allen Dingen.

2) Paramātmā

Ātmā bedeutet „Selbst". Thomas Hopkins schreibt: „Der *ātman* wurde vom physischen Körper unterschieden; er wurde als das *innere* Selbst verstanden, das Prinzip oder die Energie, die dem Menschen sein essenzielles Wesen verleiht."[6] Die vedische Philosophie betrachtet das Selbst als ewig und individuell; es wird nicht zerstört, wenn der Körper zerstört wird. Auf dem Schlachtfeld von Kurukṣetra ermutigt Kṛṣṇa Seinen Freund und Geweihten Arjuna:

> Nie gab es eine Zeit, als Ich, du oder all diese Könige nicht existierten, und auch künftig wird keiner von uns je aufhören zu sein. ... Für die Seele *[ātmā]* gibt es weder Geburt noch Tod. Da sie einmal war, hört sie niemals auf zu sein. Sie ist ungeboren, ewig, immerwährend, unsterblich und uranfänglich. Sie wird nicht erschlagen, wenn der Körper erschlagen wird.[7]

Der *ātmā,* die individuelle Seele, ist vom Paramātmā (der Überseele, einer Identität jenseits des *ātmā*) verschieden. Das Wort *parama* bedeutet „absolut und transzendental", und in der *Kaṭha Upaniṣad* (1.2.20) werden Paramātmā und *ātmā* mit zwei Vögeln verglichen, die auf einem Baum sitzen: „Die Überseele [Paramātmā] und die individuelle atomische Seele *[jīva-ātmā]* sitzen auf dem gleichen Baum des Körpers im gleichen Herzen des Lebewesens; nur jemand, der von allen materiellen Wünschen und Klagen frei geworden ist, kann durch die Gnade des Höchsten die Herrlichkeit der Seele verstehen."[8]

Die Erkenntnis der ewigen Beziehung zum Paramātmā ist das Ziel des mystischen *aṣṭāṅga-yoga,* das von Patañjali (dem Verfasser des *Yoga-sūtra*) gelehrt wird. In der *Bhagavad-gītā* heißt es: „Diese Überseele [Paramātmā] wird von einigen durch Meditation erkannt.“[9] Die Vollkommenheit in der Meditation führt zur *yoga*-Trance, die man als *samādhi* bezeichnet:

> Auf der Stufe der Vollkommenheit, die Trance oder *samādhi* genannt wird, ist der Geist durch das Praktizieren von *yoga* vollständig von allen materiellen mentalen Tätigkeiten gelöst. Diese Vollkommenheit ist dadurch charakterisiert, dass man die Fähigkeit erlangt, durch den reinen Geist das Selbst zu sehen und im eigenen Selbst Freude und Zufriedenheit zu genießen. In diesem freudvollen Zustand erfährt man grenzenloses transzendentales Glück, das durch transzendentale Sinne wahrgenommen wird. Auf dieser Stufe weicht man nie von der Wahrheit ab, denn man ist überzeugt, dass es keinen größeren Gewinn gibt. Nicht einmal inmitten der größten Schwierigkeiten gerät man dann mehr ins Wanken. Dies ist in der Tat wirkliche Freiheit von allen Leiden, die aus der Berührung mit der Materie entstehen.[10]

Diese Erkenntnis tritt ein, wenn der Mystiker die transzendentale Gestalt Gottes in seinem Herzen sieht. Obwohl nur echte Mystiker die Überseele sehen können, wohnt der Herr in dieser Form im Herzen aller Lebewesen, ob sie Ihn erkennen oder nicht. „Ich weile im Herzen eines jeden, und von Mir kommen Erinnerung, Wissen und Vergessen.“[11] Der Paramātmā leitet die verkörperte Seele, ist Zeuge ihrer Tätigkeiten und lässt ihr die Ergebnisse ihrer Handlungen zukommen. „Die Überseele tritt in den Körper der geschaffenen Wesen ein, die von den Erscheinungsweisen der materiellen Natur beeinflusst werden, und veranlasst sie, deren Auswirkungen durch den Geist zu genießen.“[12]

In dem Wissen, dass die Überseele zusammen mit jeder Seele in jedem materiellen Körper gegenwärtig ist, sieht der *yogī* auf der Stufe der Paramātmā-Erkenntnis alle Lebewesen als gleich an. „Die demütigen Weisen sehen aufgrund von wahrem Wissen einen gelehrten und edlen *brāhmaṇa,* eine Kuh, einen Elefanten, einen Hund und einen Hundeesser [Kastenlosen] als gleich an."[13] Die nicht unterscheidende Sicht eines solchen *yogī* erstreckt sich sogar auf alle Bereiche des Daseins: „Ein solcher Mensch ist selbstbeherrscht und in der Transzendenz verwurzelt. Er sieht alles – Kiesel, Steine oder Gold – als gleich an. ... Ein vollkommener *yogī* ist, wer durch Vergleich mit seinem eigenen Selbst die wahre Gleichheit aller Wesen sieht – sowohl in ihrem Glück als auch in ihrem Leid, o Arjuna."[14]

3) Bhagavān

Bhagavān-Erkenntnis ist die theistische Schau der Absoluten Wahrheit als die Höchste Person, die unbegreifliche Eigenschaften besitzt.[15] Parāśara Muni definiert Bhagavān als die Höchste Person, die unendliche Schönheit, unendliches Wissen, unendliche Stärke, unendlichen Ruhm, unendlichen Reichtum und unendliche Entsagung besitzt. Wenngleich der Begriff Schöpfung das Mitwirken vieler großer Persönlichkeiten (oder Halbgötter) impliziert, ist das Wort *bhagavān* in seinem ganzen Umfang nur auf das Höchste Wesen, Gott selbst, anwendbar.

Bhagavān ist der höchste Aspekt des Absoluten. Er ist das Höchste Brahman (Parabrahman) und der Ursprung des Paramātmā. Wie bereits erwähnt, heißt es im *Vedānta-sūtra* (1.1.2), dass die Absolute Wahrheit die Quelle aller Emanationen ist *(janmādy asya yataḥ).* Weiter heißt es im *Vedānta* und in den Purāṇas, dass die Absolute Wahrheit als Ursprung aller Dinge Intelligenz und Bewusstsein haben muss. Diese Eigenschaften implizieren eine Persönlichkeit, und der höchste, persönliche Aspekt der Absoluten Wahrheit wird als Bhagavān bezeichnet. Während das Brahman keine materiellen Eigenschaften aufweist, besitzt Bhagavān transzendentale Eigenschaften. Alle Wesen ruhen im Brahman, und das Brahman ruht in der Höchsten Person, Die Veden betrachten das Brahman als den Glanz *(brahmajyoti)* des transzendentalen Körpers des Höchsten Persönlichen Gottes. Die *Brahma-saṁhitā*

(5.1) postuliert, dass Bhagavān *sac-cid-ānanda-vigrahaḥ* ist, die Personifikation der Ewigkeit, des vollkommenen Wissens und der vollkommenen Glückseligkeit.[16] Das unpersönliche Brahman offenbart nur den *sat*-(Ewigkeits-)Aspekt des Absoluten. Das Brahman verhält sich zu Bhagavān so wie der Sonnenschein zur Sonne. Der Sonnenschein ist der Glanz der Sonne und hat keine von der Sonne unabhängige Existenz. Der Paramātmā offenbart neben *sat* auch den *cit*-(Wissens-)Aspekt des Absoluten, aber Bhagavān allein offenbart in vollem Umfang die Aspekte *sat, cit* und *ānanda* (Glückseligkeit). Folglich ist Bhagavān die vollendete Verkörperung *(vigraha)* von *sac-cid-ānanda.*

Jeder Aussage Śrī Kṛṣṇas in der *Bhagavad-gītā* geht *śrī-bhagavān uvāca* – „Der Höchste Persönliche Gott sprach" – voraus. Weiter stellt die *Gītā* fest, dass Bhagavān, Kṛṣṇa, die höchste Wahrheit ist: „Es gibt keine höhere Wahrheit als Mich."[17] Auch die *Brahma-saṁhitā* bekundet: *īśvaraḥ paramaḥ kṛṣṇaḥ sac-cid-ānanda-vigrahaḥ.* „Der höchste Herrscher ist Kṛṣṇa, der eine transzendentale Gestalt von Ewigkeit, Glückseligkeit und Wissen hat."[18] Das *Bhāgavata Purāṇa* (1.3.28) erklärt, dass alle *avatāras* vom Höchsten Bhagavān (Kṛṣṇa) kommen.[19] In gewissem Sinne hat Gott (Bhagavān) keinen Namen; aber Seine Taten und Spiele haben Ihm viele Namen eingebracht. Der Name Kṛṣṇa (der „Allanziehende") ist besonders wichtig, da nach Parāśara Munis Definition die Höchste Person allanziehend, d.h. mit aller Pracht und Herrlichkeit ausgestattet sein muss. Um vielfältige Spiele *(līlā)* zu Seiner Freude zu entfalten und um zu erschaffen und zu erhalten, erweitert sich Kṛṣṇa in Formen wie Nārāyaṇa, Vāsudeva und Mahā-Viṣṇu. Der Name Kṛṣṇa (derjenige, der auf alles anziehend wirkt) schließt auch den Namen Viṣṇu (der Alldurchdringende) mit ein. Der Name Bhagavān (der Besitzer aller Pracht) beinhaltet die Namen *īśvara* (der Weltenlenker) und *puruṣa* (der höchste Genießer). Rūpa Gosvāmīs *Laghu-bhāgavatāmṛta* hat über die Namen, die dem Absoluten gegeben wurden, Folgendes zu sagen:

> Je nach den vertraulichen Beziehungen zwischen Kṛṣṇa, dem urersten Herrn, und Seinen Geweihten beschrei-

> ben die Purāṇas Ihn unter verschiedenen Namen. Mal wird Er Nārāyaṇa genannt, mal Upendra [Vāmana], der jüngere Bruder Indras, des Himmelskönigs *[upa-indra]*, und mal Kṣīrodakaśāyī Viṣṇu. Mal nennt man Ihn den tausendköpfigen Śeṣa Nāga und ein anderes Mal den Herrn von Vaikuṇṭha.[20]

Wenn der Suchende Bhagavān, den Höchsten Persönlichen Gott, erkennt, erkennt er gleichzeitig Brahman und Paramātmā. Wie wir bereits gehört haben, sind diese drei Aspekte des Absoluten nicht voneinander getrennt, sondern alle in Bhagavān vorhanden.

Die drei Energien des Absoluten

1) Cit

Cit-śakti ist die spirituelle Energie der Absoluten Wahrheit. Bhagavān, die Höchste Person, ist die Energiequelle, und Seine innere *cit*-Kraft ist die existenzielle Grundlage des ewigen Gottesreiches und Seiner ewig befreiten Gefährten. „So wie *māyā* das materielle Universum mit den fünf materiellen Elementen hervorbringt, hat die spirituelle *(cit)* Kraft die spirituelle Welt hervorgebracht."[21]

Die spirituelle Welt wird Vaikuṇṭha genannt, „der Ort ohne Angst". Die *Bhagavad-gītā* beschreibt dieses gesonderte Universum als das ewige Reich, das selbst nach der Vernichtung des materiellen Universums bestehen bleibt.

> Jedoch gibt es noch eine andere, unmanifeste Natur, die ewig und zur manifesten und unmanifesten Materie transzendental ist. Sie ist über alles erhaben und vergeht niemals. Wenn alles in der Welt vernichtet wird, bleibt dieser Teil, wie er ist. Das, was die Vedāntisten als unmanifest und unvergänglich beschreiben und was als der höchste Bestimmungsort bezeichnet wird – der Ort, von dem man, hat man ihn einmal erreicht, nie wieder zurückkehrt –, dies ist mein höchstes Reich.[22]

Die spirituelle Welt, Vaikuṇṭha, ist ewig, das heißt, sie ist von den strengen Gesetzen der materiellen Welt ausgenommen, wo alle Lebewesen Geburt, Alter, Krankheit und Tod erleiden. Wenn Bhagavān das materielle Universum als Inkarnation *(avatāra)* betritt, ist Er keinesfalls den materiellen Gesetzen unterworfen, sondern ruht nach wie vor in Seiner inneren spirituellen Kraft *(cit)*.

2) Jīva

Die Verbalwurzel *jīv* bedeutet „leben“, „sein“ oder „lebendig bleiben“, und das Substantiv *jīva* bezieht sich auf das individuelle Lebewesen, die Seele. Nach vedischer Analyse ist das Lebewesen *(jīva)* vom Körper getrennt, und doch wohnt innerhalb jedes einzelnen Körpers (ob Mensch, Tier, Vogel oder Pflanze) eine individuelle Seele. Das individuelle Bewusstsein ist das Merkmal der Gegenwart des *jīva*.

Der Körper ist zwar vergänglich, doch der *jīva* ist ewig. „Wisse, das, was den ganzen Körper durchdringt, ist unvergänglich. Niemand ist imstande, die unvergängliche Seele zu töten.“[23] In der *Śvetāśvatara Upaniṣad* wird die Größe des *jīva* beschrieben: „Es gibt unzählige Partikel spiritueller Atome, die alle ein Zehntausendstel einer Haarspitze messen.“[24] Es ist klar, dass sich der *jīva* der Wahrnehmung durch die materiellen Sinne entzieht.

Nach vedischem Verständnis entsteht Bewusstsein nicht aus einer materiellen Verbindung; es ist das Merkmal der Gegenwart des *jīva* im Körper. Wenn der *jīva* den Körper verlässt, geht das Bewusstsein mit ihm, und der Körper stirbt. Dieser *jīva* ist das wahre Selbst, doch durch den Kontakt mit der Materie ist er bestimmten Bedingungen unterworfen. „Das empirische Individuum, der *jīva*, ist durch den Körper und die Sinne begrenzt.“[25] Ursprünglich ist der *jīva* ein spiritueller Teil des Höchsten Bhagavān und hat in winzigem Ausmaß Anteil an Seinen Eigenschaften *sac-cid-ānanda*. Der *jīva* ist von Natur aus Bhagavān untergeordnet. Bhagavān gerät niemals unter die Herrschaft der materiellen Natur, doch aufgrund von Täuschung und wegen Missbrauch seines freien Willens fällt der *jīva* unter die Herrschaft der materiellen Energie und vergisst seine Beziehung zu Bhagavān. Mit dem Wunsch, ein unabhängiger Genießer zu sein, kommt der *jīva* in die materielle Welt. Der Sturz des *jīva* von seiner wesensgemäßen Stellung lieferte Stoff für westliche Erzählungen wie Miltons *Das verlorene Paradies.*

Obwohl der *jīva* in der materiellen Welt in vieler Hinsicht leidet, verbleibt er unter dem Zauber der materiellen Natur *(māyā).* Im Grunde hat die *jīva*-Seele nichts mit der materiellen Welt zu tun, doch aufgrund von *māyā* (Illusion) handelt sie, um sich durch die materiellen Sinne zu befriedigen. Wenn die Seele zurzeit der kosmischen Vernichtung noch nicht aus dem materiellen körperlichen Gefangenendasein befreit ist, kehrt sie in den Körper Viṣṇus zurück und wird in der nächsten Schöpfung erneut geboren, um ihren Wünschen gemäß zu handeln *(karma).* Wenn der *jīva* Befreiung erlangt, geht er zum *brahmajyoti* oder sogar nach Vaikuṇṭha, den spirituellen Planeten, auf denen der Höchste in Seiner vollendeten persönlichen Gestalt residiert. Wahre Befreiung für den *jīva* heißt, die ursprüngliche spirituelle Identität *(svarūpa)* zu erreichen, denn in seiner ewigen Form kann der *jīva* mit Bhagavān, dem Höchsten Persönlichen Gott, zusammen sein.

3) Māyā

Die materielle Illusion wird *māyā* genannt. *Māyā* bedeutet „Unwirklichkeit, Täuschung, Vergesslichkeit" – „das, was nicht ist". Unter dem Einfluss *māyās* denkt der Mensch, er könne in der vergänglichen materiellen Welt glücklich sein. Als die täuschende Energie des Höchsten wirkt *māyā* nicht unabhängig, sondern unter Seiner Leitung. „Nur durch Illusion *(māyā)* wird der andere *(jīva)* gefangen. Man sollte wissen, dass die Natur Illusion *(māyā)* und dass der mächtige Herr der Illusionsmacher ist."[26]

Māyās Macht ist dergestalt, dass ein Mensch denkt, er sei glücklich, obwohl er vielfache Leiden ertragen muss. „Die Ursache der Leiden und der Ohnmacht des Menschen ist *māyā,* unter deren Einfluss er sein göttliches Wesen vergisst."[27] Wenn sich der *jīva* mit dem Körper identifiziert, entwickelt er Tausende von Wünschen, die er sich dann zu erfüllen trachtet. Und je mehr der *jīva* versucht, die materielle Welt zu genießen, desto mehr verfängt er sich in den Maschen *māyās*. Das ist das Wesen der materiellen Welt. Indem der *jīva* unter dem Einfluss *māyās* handelt, unterwirft er sich dem Gesetz des *karma* (Ursache und Wirkung).

Was den Ursprung *māyās* betrifft, so sagt Bhagavān Kṛṣṇa: „Diese Meine göttliche Energie *[māyā]*, die aus den drei Erscheinungsweisen der materiellen Natur besteht, ist sehr schwer zu überwinden.“[28]

In den Veden heißt es weiter: „*Māyā* ist zwar eine Illusion, d. h. vergänglich, doch der Ursprung *māyās* ist der höchste Magier, der Persönliche Gott, der Maheśvara ist, der höchste Herrscher.“[29]

Zusammenfassend kann man sagen, dass *māyā* eine Täuschung, ein Gaukelbild, eine Fata Morgana ist, die einen Menschen verwirrt, sodass er denkt, Ewigkeit und Glück wären in den Tätigkeiten der materiellen Welt zu finden (welche in Wirklichkeit vergänglich und leidvoll ist). Sogar ein hoch gebildeter, intelligenter Mensch kann in den Bann *māyās* geraten. Die *Bhagavad-gītā* bezeichnet solch einen Menschen als *māyayāpahṛta-jñānā*, d. h. „jemand, dessen Wissen von *māyā* gestohlen ist“.[30] Der Zweck der vedischen Literatur besteht darin, alle Wesen aus den Klauen *māyās* zu befreien. „Befreit zu sein aus dieser Illusion, die auf irgendeine Weise die Herrschaft über die Rasse der Menschen erlangt hat, ist das Ziel aller Bemühungen.“[31] Laut *Bhagavad-gītā* ist es für den *jīva* sehr schwierig, sich aus der Knechtschaft *māyās* zu befreien: „Diese Meine göttliche Energie, die aus den drei Erscheinungsweisen der materiellen Natur besteht, ist sehr schwer zu überwinden. Doch diejenigen, die sich Mir ergeben haben, können sie sehr leicht hinter sich lassen.“[32]

Karma

Die westliche Wissenschaft und Philosophie vertritt im Allgemeinen die Auffassung, dass das Gesetz der Kausalität alle Aktionen und Ereignisse im Universum regelt und dass es keine Aktionen und kein Ereignis ohne entsprechende Ursachen geben kann, zumindest nicht auf der materiellen Ebene. Die vedische Literatur nennt dieses Gesetz von Ursache und Wirkung das Gesetz des *karma.* Seit unvordenklicher Zeit hat der *jīva* in der materiellen Welt gehandelt und die Reaktionen auf seine Handlungen genossen bzw. erlitten. Seine Handlungen führen zu einer Wanderung von einem materiellen Körper zum anderen. Mit anderen Worten: Der *jīva* legt Körper ab und nimmt neue an, ebenso wie man alte und nutzlose Kleider auszieht und neue anzieht. Wenn der *jīva* so durch verschiedene Körper wandert, erleidet oder genießt er die Ergebnisse seiner vergangenen Tätigkeiten *(karma).*

In gewissem Sinne ist alles *karma* Knechtschaft. Selbst fromme Tätigkeiten („gutes *karma*") binden einen Menschen an das Rad der Seelenwanderung. Man muss von allem *karma* frei sein, wenn man den Kreislauf des *saṁsāra* (die Wiederholung von Geburt und Tod) überwinden will. Durch seine Wünsche, diese Welt auf verschiedene Weise zu genießen, schafft der *jīva* sein eigenes *karma.* Folglich sind weder Bhagavān noch die materielle Natur für das *karma* des *jīva* verantwortlich; er formt sein eigenes Schicksal. Je nach den Tätigkeiten des *jīva* (und unter der Oberaufsicht des Höchsten) stellt die materielle Natur dem *jīva* einfach seinen nächsten Körper zur Verfügung, damit er sich seine Wünsche erfüllen kann. Freiheit von der Kette des *karma* kommt durch Wissen. „So wie ein loderndes Feuer Brennholz zu Asche verwandelt, o Arjuna, so verbrennt das Feuer des Wissens alle Reaktionen auf materielle Tätigkeiten *[sarva-karmāṇi]* zu Asche."[33]

Dieses „Feuer des Wissens" bezieht sich darauf, dass sich der *jīva* seiner wesensgemäßen Stellung als ewiger Diener des Höchsten bewusst wird. Wenn man sich Bhagavān ergibt, transzendiert man alles vergangene, gegenwärtige und zukünftige *karma.*

Der *jīva* kann nicht allein dadurch von *karma* frei werden, dass er sich von Tätigkeit fernhält. Die Veden stellen die Seele als ewig und unveränderlich aktiv dar: „Einem verkörperten Wesen ist es nicht möglich, alle Tätigkeiten aufzugeben. Deshalb heißt es, dass derjenige, der den Früchten des Handelns entsagt *(karma-phala-tyāgī)* wahrhaft entsagungsvoll ist."[34] Mit anderen Worten: Man muss die Kunst erlernen, tätig zu sein, ohne *karma* zu verursachen.

In der *Bhagavad-gītā* geht Bhagavān Kṛṣṇa detailliert auf diese Kunst des *karma-yoga* ein. Kurz gesagt, vermeidet jemand, der seine Tätigkeiten als ein Opfer für Bhagavān ausführt, *karma,* d.h. Knechtschaft in der materiellen Welt. Solch geläuterte Tätigkeit wird als *akarma* bezeichnet, das heißt Handlung ohne Reaktion. Im *Nārada-pañcarātra* wird erklärt, die Kunst des *karma-yoga* bestehe in *hṛṣīkena hṛṣīkeśa-sevanam,* d.h. darin, „dem Herrn der Sinne mit den eigenen Sinnen zu dienen". Es ist die Aufgabe des *guru,* seinen Schülern diese schwer fassbare Kunst des *akarma* (Aktion ohne Reaktion) beizubringen.

Saṁsāra

Saṁsāra bedeutet die Wiederholung von Geburt und Tod, auch Seelenwanderung genannt. Als Folge von *karma* mag jemand in einer Familie reicher Kaufleute oder in einer Familie von Insekten geboren werden. Im *Padma Purāṇa* wird beschrieben, dass es 8 400 000 Lebensformen gibt und dass der gefallene *jīva* in jeder von ihnen geboren werden muss. Nachdem er durch viele Tausende von Geburten hindurchgegangen ist, erreicht er schließlich die menschliche Lebensform und bekommt so eine Chance, Selbsterkenntnis zu kultivieren, um letztlich Befreiung aus dem Kreislauf des *saṁsāra* zu erlangen.

Die Guṇas

Wörtlich bedeutet das Wort *guṇa* „Seil". Es gibt drei *guṇas* (Erscheinungsweisen der materiellen Natur) – Tugend *(sattva),* Leidenschaft *(rajas)* und Unwissenheit *(tamas)* –, die einen wie drei starke Seile an die Natur binden. Folglich wird die materielle Welt *māyās* bisweilen auch als *tri-guṇa-mayī* bezeichnet.

Der *jīva* erhält seinen Körper in Entsprechung zu den *guṇas,* in denen er in der Vergangenheit gehandelt hat, und jeder Körper veranlasst ihn seinerseits, in Entsprechung zu seinem vorherrschenden *guṇa* zu handeln. Betrachten wir einmal einen Menschen, der unter dem Einfluss der Erscheinungsweise der Tugend steht (zum Beispiel ein Philosoph, ein Arzt oder ein Dichter). Im Leben eines solchen Menschen wird es Wissen und demzufolge auch Glück geben. Indem er Wissen von der materiellen Welt kultiviert, gestaltet er sein Leben angenehm, und durch das Seil weltlicher Tugend an dieses angenehme Gefühl gebunden, bemüht er sich nicht um spirituelle Erhebung. Solange jemand an solchem tugendhaften Glück haftet und nur danach trachtet, seine materielle Lage zu verbessern, kann er nicht Befreiung erlangen (wenngleich er weitere Körper in der Erscheinungsweise der Tugend erlangen mag). Welche materiellen Gaben er auch besitzen mag, er muss trotzdem den unausweichlichen vierfachen Leiden von Geburt, Alter, Krankheit und Tod ins Auge sehen.

Die Erscheinungsweise der Leidenschaft *(rajo-guṇa)* ist laut *Bhagavad-gītā* „aus unzähligen Wünschen und Begierden geboren".[35] Typisch für diesen *guṇa* ist die Begierde nach sexuellen Freuden. Der *jīva* sehnt sich nach Sex, und wenn er sich seine Wünsche erfüllt, bildet sich in seinem Herzen ein fester Knoten der Anhaftung an das materielle Leben. Allmählich erweitern sich seine groben Begierden in subtilere Wünsche nach Ehre, Familienglück, Geld und so fort. Der *jīva* muss ständig hart arbeiten, um diese Dinge zu erreichen und aufrechtzuerhalten. Der vedischen Analyse gemäß sind die Errungenschaften großer materialistischer Zivilisationen auf *rajo-guṇa* zurückzuführen.

Tamo-guṇa schließlich, die Erscheinungsweise der Unwissenheit, fesselt den *jīva* durch Trägheit und übermäßig viel Schlaf und führt gewöhnlich zu Schwermut und Abhängigkeit von Drogen. „Das Ergebnis dieser Erscheinungsweise ist Irrsinn."[36]

Zu jeder Zeit beeinflusst nicht nur eine Erscheinungsweise allein, sondern eine Verbindung der Erscheinungsweisen die Handlungen des *jīva*. Mal herrscht *rajas* über *tamas*, mal *sattva* über *rajas* oder auch *tamas* über *rajas* und so fort. Im Augenblick des Todes geht ein *jīva* in der Erscheinungsweise der Tugend in einen Körper auf den höheren Planeten ein; ein *jīva* in der Erscheinungsweise der Leidenschaft gelangt in einen Körper auf einem mittleren Planeten wie der Erde, und ein *jīva* in der Erscheinungsweise der Unwissenheit bekommt einen Tierkörper.[37]

Alles in der materiellen Welt entsteht aus den wechselwirkenden Mischungen der Erscheinungsweisen der Natur. „Die *guṇas* sind die grundlegenden Elemente dieser Welt, die sich in verschiedenen Verhältnissen miteinander verbinden und so das Formen aller Dinge in dieser Welt ermöglichen.“[38] Wie eine Puppe scheint der *jīva* zu tanzen, aber in Wirklichkeit hängt er an diesen drei Fäden, *tri-guṇa-mayī.* Die *śāstras* erklären alles in Beziehung zu den *guṇas* – einschließlich der verschiedenen Arten von Glauben, Entschlossenheit, Nahrungsmitteln und Spenden. Ein Transzendentalist ist jemand, der sich über diese Erscheinungsweisen erheben kann. Ein wichtiger Unterschied zwischen Bhagavān, der Höchsten Seele, und der *jīva*-Seele, der unendlich kleinen Seele, besteht darin, dass Bhagavān niemals unter den Einfluss der *guṇas* gerät. Zu jeder Zeit ist Er ihr Herr, wohingegen der *jīva* ihrem Einfluss unterworfen ist. Wenn der *jīva* nach den vedischen Unterweisungen lebt, kann er allmählich die drei Erscheinungsweisen der materiellen Natur hinter sich lassen und sein reines, transzendentales Bewusstsein erlangen. Deshalb fordert Kṛṣṇa in der *Bhagavad-gītā* Arjuna auf, sich „über diese Erscheinungsweisen zu erheben“, indem er sich dem Höchsten zuwendet.[39]

Puruṣa und Prakṛti

Puruṣa (ein Begriff, der sich auf Bhagavān, den Höchsten Herrn, bezieht) bedeutet höchster Herrscher, höchster Genießer. *Prakṛti* bedeutet die beherrschte Natur. Die Lebewesen *(jīvas)* und die materielle Energie *(māyā)* sind höhere bzw. niedere Formen von *prakṛti. Puruṣa* entspricht dem männlichen Prinzip (dem Genießer), und *prakṛti* entspricht dem weiblichen Prinzip (dem Genossenen). Selbstverständlich genießen beide ihre Beziehung.

Die *Śvetāśvatara Upaniṣad* (6.7) beschreibt den *puruṣa*-Aspekt der Absoluten Wahrheit wie folgt: „Wir kennen Ihn, der der höchste Herrscher aller Herrscher ist.“[40] Bhagavān Kṛṣṇa bestätigt: „Wisse, von allem, was materiell und spirituell ist in dieser Welt, bin Ich der Ursprung und die Auflösung.“[41] Der *puruṣa* ist die Ursache aller Ursachen, die Quelle aller Energien. Selbst wenn der *jīva* Befreiung erlangt, kann er nicht die Stellung des Ganzen, des *puruṣa,* einnehmen, denn der *jīva* ist ein ewiger fragmentarischer Teil des *puruṣa.* Im *Bhāgavata Purāṇa* (10.87.30) wird dies wie folgt zusammengefasst:

> O Höchster Ewiger! Wären die verkörperten Lebewesen ewig und alldurchdringend wie Du, dann gerieten sie nicht unter Deine Herrschaft. Aber wenn die Lebewesen als winzige Energien Deiner Herrlichkeit anerkannt werden, sind sie sogleich Deiner höchsten Herrschaft untergeordnet. Daher besteht wahre Befreiung darin, dass sich die Lebewesen Deiner Herrschaft ergeben, und diese Ergebenheit wird sie glücklich machen. In dieser wesensgemäßen Stellung allein können sie Herrscher sein. Menschen mit begrenztem Wissen, die die monistische Theorie vertreten, der Höchste und die Lebewesen seien in jeder Hinsicht gleich, führen daher sich selbst und andere in Wirklichkeit in die Irre.[42]

Da der höchste *puruṣa* die alleinige Oberhoheit über alles hat und der höchste Genießer ist, nennt man Ihn *asamaurdhva,* „den Größten von allen“. Indem der bedingte *jīva* lernt, über Puruṣottama (das höchste Lebewesen) in Seinen vielfältigen Formen als Nārāyaṇa, Kṛṣṇa, Vāsudeva und Viṣṇu zu meditieren, wird er Läuterung und die höchste Befreiung von der Seelenwanderung erreichen.

Parā Prakṛti und aparā Prakṛti

Es gibt zwei Arten von *prakṛti: parā prakṛti* und *aparā prakṛti.* Der *jīva* wird als *parā* (übergeordnete) *prakṛti* bezeichnet. Er steht über der untergeordneten Energie, der toten Materie, die man *aparā prakṛti* nennt. Der *jīva* wird auch als die marginale Energie bezeichnet, weil er, obwohl rein spirituell, mal unter den Einfluss von *aparā prakṛti (māyā)* und mal unter den Einfluss der spirituellen Energie gerät.

Bhagavān Kṛṣṇa beschreibt die Energien des Höchsten folgendermaßen:

> Erde, Wasser, Feuer, Luft, Äther, Geist, Intelligenz und falsches Ego – diese acht Elemente bilden zuammen Meine abgesonderten materiellen Energien *[prakṛti]*.Neben diesen niederen Energien, o starkarmiger Arjuna, gibt es eine andere Energie, Meine höhere Energie, welche die Lebewesen umfasst, die die Reichtümer der materiellen Natur ausbeuten und das Universum erhalten.[43]

Die *jīvas* „erhalten das Universum", denn sie sind die höhere Energie *(parā prakṛti)*, die durch die Materie *(aparā prakṛti)* hindurch wirkt. Die *jīvas* können die Materie für ihren Genuss benutzen. Aus sich selbst heraus hat die *aparā prakṛti* (Erde, Wasser, Feuer usw.) keine Kraft, die unzähligen Erscheinungsformen im Universum zu hervorzubringen. Die Aktivität des Universums ist auf die Aktivität der *jīvas* zurückzuführen, die die tote Materie bewegen. Die vedische Sicht des Kosmos steht also im Gegensatz zur Vorstellung eines Universums, das mechanisch, ohne jeden spirituellen Antrieb, abläuft. Weil die *jīvas* Teil der höheren spirituellen Energie sind, können sie viele Dinge erschaffen, aber keinesfalls sind sie der höchste *puruṣa.* Folglich sind sie nicht in der Lage, aus dem Nichts Materie zu erschaffen oder aus Materie Leben zu erschaffen. Sie können nur das umformen, was ihnen zur Verfügung gestellt wurde.

Der *jīva* ahmt nur den wahren *puruṣa* nach, der Bhagavān, der Höchste Persönliche Gott, ist. Weil der *jīva* in Wirklichkeit nicht der *puruṣa* ist, bringt er sich dadurch, dass er den *puruṣa* nachahmt, nur in endlose Schwierigkeiten. Im materiellen Leben denkt jeder *jīva:* „Ich bin der *puruṣa,* der Herr, der Genießer." Das wird Illusion *(māyā)* genannt. Der *jīva* verfügt über ein bestimmtes Maß an Macht, doch ist diese in allen Fällen begrenzt. Die vedischen Schriften fordern den *jīva* dazu auf, seinen vergeblichen Versuch, durch die Manipulation der *aparā prakṛti* Gott zu werden, aufzugeben.

Brahmā – Śiva – Viṣṇu

Es gibt viele Fehlvorstellungen über die „Hindutrinität" Brahmā, Śiva und Viṣṇu. Im Allgemeinen definieren Lexika Brahmā als „obersten Gott der Hindutrinität"[44]; andere Quellen hingegen beschreiben ein Gottestriumvirat, in dem alle Götter gleich sind. Schon der Begriff „Trinität" deutet auf einen Versuch hin, die christliche Theologie auf die vedische Literatur anzuwenden, gerade so, wie es die frühchristlichen Missionare taten. Sir William Jones, ein Pionier der westlichen Indologie, schrieb:

> Achtbare Ureinwohner haben mir versichert, dass manche Missionare in ihrem Eifer, die Heiden zu bekehren, so weit gingen, sie davon überzeugen zu wollen, dass die Hindus noch heute fast Christen seien, weil ihre Götter Brahmā, Viṣṇu und Maheśa (Śiva) niemand anders seien als die christliche Trinität – eine Ansicht, bei der man sich nur fragen kann, ob Dummheit, Unwissenheit oder Pietätlosigkeit vorherrscht.[45]

Jedenfalls unterstützen die Veden diese weit verbreiteten Theorien nicht. Alle drei Persönlichkeiten werden als *guṇa-avatāras,* als Lenker der Erscheinungsweisen der materiellen Natur, eingestuft. Brahmā erschafft das Universum und beherrscht die Erscheinungsweise der Leidenschaft; Viṣṇu erhält das Universum und beherrscht die Erscheinungsweise der Tugend, und Śiva zerstört das Universum und beherrscht die Erscheinungsweise der Unwissenheit.

Brahmā, ein sehr mächtiger *jīva,* ist das erste Lebewesen, das im Universum geboren wird. Sein Leben währt so lange, wie das Universum besteht, und wenn das Universum vernichtet wird, stirbt er. Verglichen mit den Menschen, ist seine Lebensdauer wahrhaft lang:

> Nach menschlicher Zeitrechnung entsprechen eintausend Weltalter zusammengenommen der Dauer von

> einem Tag Brahmās, und die Dauer seiner Nacht ist ebenso lang. Zu Beginn von Brahmās Tag tritt die Vielzahl der Lebewesen ins Dasein, und beim Einbruch seiner Nacht werden sie allesamt vernichtet.[46]

Nichtsdestoweniger vergleicht die *Brahma-saṁhitā* Brahmā mit einem Juwel, dessen Strahlen lediglich das Licht der Sonne reflektieren.[47] Brahmā erschafft den Kosmos unter der Führung und Inspiration Bhagavāns, des Höchsten Persönlichen Gottes.

Śiva ist für die Zerstörung des Universums zurzeit der Vernichtung verantwortlich. Er ist auch für *tamo-guṇa,* die Erscheinungsweise der Unwissenheit, zuständig, obgleich wir daraus nicht schließen sollten, er sei unwissend. Einer seiner Namen lautet Āśutoṣa, was darauf hindeutet, dass er sehr leicht zu erfreuen ist. Śiva nimmt von den niedrigsten Wesen Verehrung entgegen, sogar von Geistern und Dämonen, die ihn um materieller Segnungen willen verehren (welche sehr leicht zu erreichen sind). Im *Bhāgavata Purāṇa* (12.13.16) heißt es: *vaiṣṇavānāṁ yathā śambhuḥ.* „Śiva ist der größte Vaiṣṇava (Geweihte Viṣṇus).“ Im *Padma Purāṇa* sagt Śiva zu seiner Frau:

> Meine liebe Pārvatī, es gibt verschiedene Arten der Verehrung, und von allen ist die Verehrung der Höchsten Person [Bhagavān] die höchste. Aber noch höher als die Verehrung Bhagavāns ist die Verehrung Seiner Geweihten.[48]

Viṣṇu ist eine Erscheinungsform Bhagavān Kṛṣṇas, der Quelle aller Inkarnationen. Von Viṣṇu gehen zahlreiche Erscheinungsformen aus, und sie alle sind gleichermaßen die höchste Person, Bhagavān. Eine solche Erscheinungsform Viṣṇus sorgt für die Erhaltung des Universums und beherrscht *sattva-guṇa,* die Erscheinungsweise der Tugend. Von den drei *guṇa-avatāras* ist Viṣṇu der einzige, der Befreiung von *saṁsāra* gewähren kann *(hariṁ vinā naiva sṛtiṁ taranti).* Es ist daher nicht richtig zu glauben, Hingabe an Brahmā oder Śiva habe den gleichen Nutzen, denn von der

Ebene des *tamas* oder des *rajas* kann man die Absolute Wahrheit schwerlich erkennen. Die Erscheinungsweise der Tugend dient als Sprungbrett, von dem aus man den Einfluss aller Erscheinungsweisen überwinden und seine reine Beziehung zum Höchsten Transzendentalen Bhagavān erkennen kann. Da Brahmā und Śiva Erscheinungsformen Viṣṇus sind, hatte Louis Renous ganz Recht mit seiner Beobachtung: „Streng genommen kann Hinduismus fast mit Vishnuismus gleichgesetzt werden."[49]

Śruti und Smṛti

Vedische Autoritäten erkennen drei Quellen vedischen Wissens an, die man als *prasthāna-traya* bezeichnet. *Śruti-prasthāna* bezieht sich auf die vier Veden und die Upaniṣaden. *Nyāya-prasthāna* ist das *Vedānta-sūtra,* und zum *smṛti-prasthāna* gehören die Purāṇas, die *Bhagavad-gītā* und das *Mahābhārata.* Manche empirischen Gelehrten akzeptieren nur *śruti* als authentische vedische Quellen; *smṛti* lehnen sie ab. Sie glauben, die Veden *(śruti)* enthielten ursprüngliches Wissen, die Purāṇas *(smṛti)* hingegen seien spätere Zusammenstellungen erfundener Geschichten. Andere halten den *Vedānta* (*nyāya,* logische Argumentation) für eine zuverlässige Quelle, aber nicht die Purāṇas *(smṛti).* Sie bezweifeln sogar, ob der *smṛti*-Literatur – zu der auch die *Bhagavad-gītā* gehört – überhaupt vedische Autorität zuzugestehen sei.

Wir haben bereits darauf hingewiesen, dass der *ācārya* Madhva die Veden, den *Vedānta,* die Purāṇas und das *Mahābhārata* als vedische *śāstras* anerkannte und dass alles, was diese Schriften darlegen, gültige Beweiskraft hat. Auch der *ācārya* Śaṅkara anerkennt die *Bhagavad-gītā* und vergleicht sie mit einer Kuh, die die Essenz der Veden und der Upaniṣaden zu geben vermag. Jīva Gosvāmī zitiert in seinem *Kṛṣṇa-sandarbha* aus der *śruti,* dass *aitihāsya-purāṇa* (historische Purāṇas) insbesondere in unserem Zeitalter akzeptiert werden müssen. Rūpa Gosvāmī erklärt in seinem *Bhakti-rasāmṛta-sindhu* (1.2.101), dass jemand, der sich nur an die *śrutis* hält, nichts weiter tut, als die Worte der Schriften in den Mund zu nehmen, ohne sie zu verstehen oder zu praktizieren.

Es sind die empirischen Gelehrten, nicht die *ācāryas,* die die Autorität der *smṛti* in Frage stellen. Die vier ursprünglichen Veden sind *śruti* – sie kommen durch mündliche Überlieferung zu uns. (*Śruti* bedeutet „hören", und *smṛti* bedeutet „sich erinnern" [an das, was ursprünglich gesprochen wurde].) Während *śruti* mit der Mutter verglichen wird, vergleicht man die *smṛti* mit der Schwester. Nachdem ein Kind von seiner Mutter gehört hat, lernt es weiter von den Beschreibungen seiner Schwester. Man kann die Autorität der *Bhagavad-gītā* oder des *Bhāgavata Purāṇa* nicht verleugnen, nur weil sie *smṛti* sind. Der vedische Lehrer Vācaspati Miśra sagt in der *Bhāmatī,* eine solche Haltung sei *śruti-smṛti-virodhaḥ,* d.h., sie stehe im Konflikt mit der *śruti* und der *smṛti.* Śaṅkara, Rāmānuja und Madhva präsentierten die *smṛti* als gültige Quellen und schrieben Kommentare zur *Bhagavad-gītā.* Wie wir im nächsten Kapitel sehen werden, ist die vedische Literatur ein holistisches Ganzes, das für transzendentales Verständnis bestimmt ist. Wenn wir große Teile ablehnen, erscheinen die vedischen Schriften unvollständig, zusammenhanglos und nicht schlüssig. Folglich legt die vedische Tradition dem Studenten dieser Schriften dringend nahe, dieses *śāstra* von einem völlig selbstverwirklichten *ācārya (guru)* zu hören.

4

Die vedische Literatur: Siddhānta und Geschichte

Das Wort *siddhānta* bedeutet „Schlussfolgerung“. Wir mögen fragen, ob die vedische Literatur überhaupt einen *siddhānta* habe. Vereinigt ein umfassendes Thema all die Bücher? Wenn der Sinn letztlich nur einer ist, warum scheinen dann die *śāstras* viele verschiedene Philosophien darzubieten? Warum legen sie Nachdruck auf so mannigfaltige Formen der Verehrung und der Meditation? Finden wir in den *śāstras* selbst eine glaubhafte Geschichte der vedischen Literatur?

Im Allgemeinen stützen sich Gelehrte bei ihren Antworten auf diese Fragen auf die geschichtliche Reihenfolge, in der ihrer Meinung nach die Bücher erschienen sind. Folglich ist die Theorie entstanden, der *Ṛg Veda* sei vor den Upaniṣaden und den Purāṇas erschienen. Und im Laufe von Jahrtausenden, in denen sich die Haltung der Menschen änderte, scien verschiedene Philosophien und Sekten entstanden. Viele Gelehrte meinen, um 200 v. Chr. sei der Monotheismus entstanden. So betrachtet, liegt der Schluss nahe, die vedische Literatur könne nicht aus einer einzigen Quelle hervorgegangen sein.

Die vedische Literatur hat jedoch ihre eigene Darstellung vom vedischen *siddhānta* und der vedischen Geschichte. Um diese

Darstellung zu verstehen, müssen wir die Schriften einfach für sich selbst sprechen lassen.

Der vedische Siddhānta

Wo sollen wir nach dem vedischen *siddhānta* suchen? Gibt es ein Werk, das die verschiedenen thematischen Strömungen, ihre Standpunkte und Schlussfolgerungen in kurzen Zügen erklärt? Zweifellos müsste ein solches Handbuch der Veden autoritativ und für alle philosophischen Schulen annehmbar sein. Ohne Zweifel erfüllt die *Bhagavad-gītā* von allen Werken am besten diese Voraussetzungen. Aus diesem Grund allein ist die *Gītā* zum bekanntesten und meistübersetzten Text aller vedischen Schriften geworden. Hier haben wir tatsächlich einen Fall, über den sich die akademischen Gelehrten und die vedischen *ācāryas* einig sind. Śaṅkara beschrieb die *Gītā* als „einen Abriss der wesentlichen Gedanken der gesamten vedischen Lehren". Rāmānuja legte den Grundstein für seine Philosophie in seinem *Gītā-bhāṣya* (Kommentar zur *Bhagavad-gītā*). Śrīdhara Svāmī erklärte: „Die *Gītā,* die von den lotosgleichen Lippen Padmanābhas selbst [Bhagavān Kṛṣṇas] ausging, muss mit großer Sorgfalt und Achtung aufgenommen werden; was ist der Nutzen so vieler anderer Schriften?"[1] Thomas Hopkins schrieb: „Die Größe und fortgesetzte Bedeutsamkeit der *Gītā* liegt in ihrem Erfolg, eine komplexe und vielschichtige Synthese erreicht zu haben."[2] Der prominente *Gītā*-Kommentator Śrī Śrīmad A.C. Bhaktivedanta Swami Prabhupāda schreibt: „Die *Gītā* ist die Essenz des vedischen Wissens. Weil die *Gītā* vom Höchsten Persönlichen Gott gesprochen wurde, braucht man keine anderen vedischen Schriften zu lesen."[3] Er fügt hinzu, dass jemand, der das Glück habe, die *Gītā* ohne motivierte Interpretation zu lesen, das Studium der vedischen Weisheit und aller offenbarten Schriften hinter sich gelassen habe.

Louis Renou schreibt über dieses bedeutende Werk: „Für fast jeden ist die *Bhagavad-gītā* das Buch par excellence."[4] Ananda K. Coomerswamy kam zu dem Schluss: „Die *Gītā* ist eine Zusammenfassung der gesamten vedischen Lehren, die man in den früheren

Veden, Brāhmaṇas und Upaniṣaden findet, und da die *Gītā* somit die Grundlage aller späteren Entwicklungen ist, kann sie als das Kernstück aller indischen Religion betrachtet werden."[5] Vor etwa zweihundert Jahren erschienen Übersetzungen im Westen, und geistige Größen wie Immanuel Kant, Henry David Thoreau, Ralph Waldo Emerson und Aldous Huxley betrachteten die *Gītā* als ihre Einführung zur vedischen Weisheit.

In ihren siebenhundert Versen behandelt die *Bhagavad-gītā* die Grundthemen der vedischen Philosophie. Wenn man die *Gītā* im richtigen Geiste liest, kann man durch den natürlichen Vorgang des *śabda* vedisches Wissen empfangen. In der *Gītā* nimmt der in eine Krise geratene Arjuna Kṛṣṇa als seinen spirituellen Meister an. Arjuna ist ein Krieger, und sein Gespräch mit Kṛṣṇa findet statt, kurz bevor eine riesige Schlacht bei Kurukṣetra beginnen soll. Als Arjuna seine Freunde und Verwandten auf der anderen Seite sieht, verliert er plötzlich sein Verlangen zu kämpfen und ist sich nicht mehr über seine Pflicht im Klaren. Bhagavān Kṛṣṇa beginnt darauf mit Seinen Unterweisungen, die mit der Gesamtheit des vedischen Wissens übereinstimmen, ja Er verweist des Öfteren auf *śāstras* und zitiert sogar das *Vedānta-sūtra.*

Wenn wir die *Bhagavad-gītā* als einen Führer zum *siddhānta* aller *śāstras* benutzen – wenn sie, wie Śaṅkara sagt, „der Auszug alles Essenziellen" ist –, mögen wir als Nächstes fragen: „Was ist die Essenz der *Bhagavad-gītā*?" Keine schwere Frage, denn Kṛṣṇa erklärt wiederholt, dass der höchste *yogī* derjenige ist, der sich ausschließlich in Liebe Bhagavān, dem Höchsten Persönlichen Gott, weiht. Kṛṣṇa bestätigt, dass diese Lehre der Hingabe an und Liebe zum Höchsten „der vertraulichste Teil der vedischen Schriften" ist.[6] In den abschließenden Versen kommt Kṛṣṇa zu der Schlussfolgerung, dass Arjuna alle anderen Arten von *dharma* aufgeben und sich einfach Ihm ergeben soll. „Ich werde dich von allen sündhaften Reaktionen befreien. Fürchte dich nicht."[7]

Der Student sollte den Kṛṣṇa der *Bhagavad-gītā* nicht mit dem „ländlichen sektiererischen Gott" verwechseln, den viele Gelehrte vor Augen haben. Über den Bhagavān Kṛṣṇa der *Gītā* schreibt Hopkins: „Kṛṣṇa ist als der Höchste Herr offenbart worden [in der

Bhagavad-gītā], der mit dem vedischen Brahman, dem Puruṣa und der kosmischen Gestalt Viṣṇus identisch ist. Er ist der Gipfel aller religiösen Beschreibungen der Veden."[8] Ainslee Embree erklärt: „Die ganze *Gītā* hindurch wird davon ausgegangen, dass Hingabe an Kṛṣṇa als den Höchsten Herrn dadurch erreicht werden kann, dass man die Disziplin der Arbeit und des Wissens transzendiert und vervollständigt. Durch Hingabe zu Ihm finden Menschen das Endziel ihrer Suche – die Erkenntnis ihres wahren Selbst. Es ist dieser Nachdruck auf Hingabe, der die *Gītā* jene Schrift hat werden lassen, die am eindringlichsten das Herz des indischen Volkes anspricht."[9]

Wenn wir jetzt die Geschichte der Zusammenstellung der *śāstras* betrachten, werden wir sehen, wie die Themen der *Bhagavad-gītā* in der gesamten vedischen Literatur harmonisch wiederkehren.

Die vedische Geschichte

Wir haben bereits angedeutet, dass es für die mündliche Überlieferung der vedischen Literatur keinen empirischen Nachweis gibt. Moritz Winternitz schließt daraus: „Die vedische Literatur erstreckt sich von einer unbekannten Vergangenheit (sagen wir X) bis 500 v. Chr."[10] Im Allgemeinen geht man jedoch davon aus, dass die Lehren in der Tat sehr alt sind und erst Jahrhunderte nach ihrer eigentlichen Zusammenstellung schriftlich niedergelegt wurden. Dr. Radhakrishnan schreibt: „Eine historische Abhandlung über indische Philosophie ist noch nicht einmal von den großen indischen Denkern selbst vorgenommen worden."[11] Der Grund hierfür ist darin zu sehen, dass die vedischen *ācāryas* keine Veranlassung sahen, weitere Untersuchungen anzustellen, da die offenbarten Schriften die grundlegende Geschichte ihres Ursprungs selbst darlegen, und zwar wie folgt: 1) Die mündliche Überlieferung begann gleichzeitig mit der kosmischen Schöpfung, als das Höchste Wesen das vedische Wissen dem ersten Lebewesen, Brahmā, verkündete.[12] 2) Vyāsadeva, eine mächtige literarische Inkarnation Bhagavāns, zeichnete die Veden zu Beginn des Kali-Zeitalters, etwa vor 5000 Jahren, auf.

Das *Bhāgavata Purāṇa* (1.4.17–25) beschreibt den Weisen Vyāsadeva wie folgt:

> Der große Weise, der vollkommen mit Wissen ausgestattet war, erkannte mit seiner transzendentalen Sicht die durch den Einfluss des Zeitalters [Kali-yuga] bedingte Verschlechterung alles Materiellen. Er sah auch, dass die ungläubigen Menschen im Allgemeinen eine kürzere Lebensdauer haben und durch mangelnde Tugend ungeduldig sein würden. ... Er sah, dass die in den Veden erwähnten Opfer Mittel waren, durch die die Tätigkeiten der Menschen geläutert werden konnten. Und um den Vorgang zu vereinfachen, unterteilte er den einen Veda in vier, denn er wollte sie unter den Menschen bekannter machen. ... Die in den Purāṇas beschriebenen historischen Aufzeichnungen und authentischen Geschichten werden als der fünfte Veda bezeichnet. Nachdem die Veden in vier Teile gegliedert worden waren, wurde Paila Ṛṣi die Autorität des *Ṛg Veda,* Jaimini die Autorität des *Sāma Veda,* und Vaiśampāyana wurde durch den *Yajur Veda* ruhmreich. Dem Sumantu Muni Āṅgirasa ... wurde der *Atharva Veda* anvertraut ... und Romaharṣaṇa wurde mit den Purāṇas und den geschichtlichen Aufzeichnungen betraut. All diese großen Gelehrten gaben ihrerseits die ihnen anvertrauten Veden an ihre vielen Schüler, Großschüler und Urgroßschüler weiter, und so entstanden die diversen Zweige der Anhänger der Veden. Der große Weise Vyāsadeva ... veröffentlichte also die Veden, damit sie auch von einfacheren Menschen aufgenommen werden konnten. Aus Mitleid hielt es der große Weise für klug, die Veden zu unterteilen, um so den Menschen die Gelegenheit zu geben, das höchste Ziel des Lebens zu erreichen. Er verfasste deshalb auch noch die als *Mahābhārata* bekannte große historische Erzählung für Frauen, Arbeiter und Freunde der Zweimalgeborenen [unqualifizierte Verwandte von *brāhmaṇas*].[13]

Nach dieser Version sind die *śāstras* nicht das Werk vieler Hände im Verlauf von Jahrtausenden. Natürlich lehnen Gelehrte diese Darstellung ab, weil sie unserer modernen Vorstellung von alten Zivilisationen widerspricht, aber die Anhänger der Veden akzeptieren die Aussagen der *śāstras* als richtig. Doch welche Version man auch akzeptiert, eine Frage bleibt offen: Wenn die *śāstras* harmonisch sind, warum scheinen sie dann verschiedene Aspekte der Absoluten Wahrheit hervorzuheben? Mit dieser Frage im Hinterkopf betrachten wir jetzt verschiedene Teile der Veden.

Die vier Veden

Das Wort *veda* bedeutet „Wissen", insbesondere göttliches Wissen. Die Veden sind hauptsächlich Hymnen, die von Priestern zu Ehren der Götter gesungen werden. Viele Jahrhunderte lang wurden diese Hymnen nicht niedergeschrieben. Der *Ṛg Veda,* „der Veda der Ruhmpreisung", besteht aus 1017 Hymnen, die in zehn Büchern zusammengestellt sind. Die meisten Verse lobpreisen Agni, den Gott des Feuers, und Indra, den Gott des Regens und des Himmels. Ihr Gebrauch ist jenen vorbehalten, die in den Disziplinen des spirituellen Lebens geschult sind. Der *Yajur Veda* („Opfer-Veda") enthält Anweisungen zur Darbringung von Opfern. Der *Sāma Veda* ist der „Veda der Gesänge" und besteht aus 1549 Versen, von denen viele auch in anderem Zusammenhang im *Ṛg Veda* erscheinen. Der *Sāma Veda* preist insbesondere den himmlischen Trank *soma.* Der *Atharva Veda* enthält Gesänge und Riten, oft zur Heilung von Krankheiten. Obwohl die vedischen Rituale erstaunlich kompliziert sind, tun viele Gelehrte sie als Beschwörungsformeln Eingeborener ab. Mit der Absicht, diese Betrachtungsweise zu berichtigen, schreibt Ainslee Embree: „Veden bedeutet ‚Hymnen'. Sie sind daher keine spirituellen Herzensergüsse primitiver Menschen in der Morgendämmerung der Geschichte, wie manchmal angenommen wird, sondern die Errungenschaft eines hoch entwickelten religiösen Systems."[14]

Im Allgemeinen sind die Menschen vom *karma-kāṇḍa*-Teil der Veden angetan, der sich hauptsächlich mit karmischen Werken befasst, durch die man auf himmlische Planeten erhoben werden kann. Es heißt, dass man die vedischen Opfer darbringen muss, wenn man solchen materiellen Reichtum begehrt. Aus Unwissenheit über den tatsächlichen vedischen *siddhānta* haben viele Menschen gedacht, der *karma-kāṇḍa*-Teil sei das Endgültige.

Die vier Veden ermuntern zur Befriedigung materieller Wünsche durch die Verehrung von Halbgöttern. Wer zum Beispiel sexuellen Genuss begehrt, sollte den Himmelskönig Indra verehren, und wer sich gute Nachkommenschaft wünscht, sollte die großen Vorfahren, die man Prajāpatis nennt, verehren. Wer Glück ersehnt, sollte Durgādevī verehren, und wer nach Macht strebt, sollte den Feuergott Agni verehren. Wer nach Geld trachtet, sollte die Vasus verehren, und wer einen starken Körper haben möchte, sollte die Erde verehren. Auf jeden Fall schildert die vedische Literatur die Halbgötter nicht als Phantasiegebilde, sondern als ermächtigte Vertreter des höchsten Willens, die mit der Kontrolle der kosmischen Kräfte betraut sind. Die Funktionen der Natur gehen nicht zufällig vonstatten; für jeden Aspekt gibt es eine verantwortliche Gottheit. Indra zum Beispiel sorgt für Regen, und Varuṇa regiert über die Meere.

Wir sollten jedoch zur Kenntnis nehmen, dass keiner dieser Götter – es sind etwa dreiunddreißig Millionen an der Zahl – jemals Bhagavān, dem Höchsten, gleichgestellt ist. An die Halbgötter gerichtete Opferhymnen schließen meist mit den Worten *oṁ tat sat.* Im *Ṛg Veda* (1.2.22.20) heißt es: *oṁ tad viṣṇoḥ paramaṁ padaṁ sadā paśyanti sūrayaḥ.* „Die Halbgötter haben stets das höchste Reich Viṣṇus vor Augen."[15] Die *Bhagavad-gītā* bestätigt:

oṁ-tat-sad iti nirdeśo
brahmaṇas tri-vidhaḥ smṛtaḥ
brahmaṇās tena vedāś ca
yajñāś ca vihitāḥ purā

Seit Beginn der Schöpfung wurden die drei Silben *oṁ tat sat* verwendet, um auf die Höchste Absolute Wahrheit [das Brahman] hinzuweisen. Diese drei Klangsymbole

> wurden von *brāhmaṇas* artikuliert, während diese die Hymnen der Veden sangen und Opfer zur Zufriedenstellung des Höchsten ausführten.[16]

Die Worte *oṁ tat sat* deuten auf die Absolute Wahrheit, Bhagavān (Viṣṇu), hin. Sie werden ausgesprochen, um die Vollkommenheit eines Opfers zu gewährleisten. Einige Gelehrte stellen mit Überraschung fest, dass die Purāṇas Viṣṇu (oder Kṛṣṇa) als den höchsten Aspekt der Absoluten Wahrheit beschreiben, da ihrer Ansicht nach die Veden diese Tatsache nicht hervorheben. Folglich sind viele Gelehrte zu dem Schluss gekommen, Viṣṇu habe im Laufe der Jahrhunderte an Popularität gewonnen. Aber im Grunde betonen die Veden gerade die Worte *oṁ tat sat, oṁ tad viṣṇoḥ*. Immer wenn jemand einen Halbgott (Indra, Varuṇa oder wen auch immer) verehrte, brachte er seine Ehrerbietung Viṣṇu dar, um erfolgreich zu sein. In der *Bhagavad-gītā* versichert Kṛṣṇa, dass die Segnungen der Halbgötter im Grunde „von Mir allein gewährt werden".[17] Weil sich die vier Veden hauptsächlich mit materieller Erhebung befassen und weil Viṣṇu der Herr der Befreiung aus der materiellen Illusion ist, gelten die meisten Opfer den Halbgöttern, und nicht Viṣṇu. Und doch erkennen sogar die Anhänger des *karma-kāṇḍa* Viṣṇu als den höchsten Nutznießer an, wenn sie *oṁ* und *oṁ tad viṣṇoḥ* artikulieren.

In der *Bhagavad-gītā* kritisiert Kṛṣṇa die vier Arten von Anhängern der Veden, die den eigentlichen Sinn von Opferdarbringungen nicht kennen – *veda-vāda-ratāḥ pārtha nānyad astīti vādinaḥ:*

> Unwissende Menschen hängen sehr an den blumigen Worten der Veden, die vielerlei karmische Werke zur Erhebung auf die himmlischen Planeten empfehlen, mit einer besseren Geburt, Macht und so fort. Da sie Sinnenbefriedigung und ein Leben in Hülle und Fülle begehren, sagen sie, es gebe keinen anderen Weg.[18]

Der in der *Bhagavad-gītā* aufgestellte vedische *siddhānta* stimmt mit dem der vier Veden überein, wenngleich er in den Veden nicht so weit entwickelt ist. Dennoch gibt es in den vier Veden viele Hinweise auf die Oberhoheit Bhagavāns. Im *Atharva Veda* findet man folgende Feststellung: „Die Höchste Person hatte den Wunsch, Lebewesen zu erschaffen, und so kreierte Nārāyaṇa alle Lebewesen. Von Nārāyaṇa wurde Brahmā geboren. Nārāyaṇa erschuf alle Prajāpatis [die Patriarchen]. Nārāyaṇa erschuf Indra."[19] Auch heißt es: *yo brahmāṇaṁ vidadhāti pūrvaṁ yo vai vedāṁś ca gāpayati sma kṛṣṇaḥ.* „Es war Kṛṣṇa, der am Anfang Brahmā im vedischen Wissen unterwies und der in der Vergangenheit das vedische Wissen verbreitete."[20] Die Veden geben noch genauere Auskunft: *brahmaṇyo devakī-putraḥ.* „Der Sohn Devakīs, Kṛṣṇa, ist die Höchste Person."[21] Weiter finden wir dort folgende Aussage: „Zu Beginn der Schöpfung gab es nur die Höchste Person, Nārāyaṇa. Es gab keinen Brahmā, keinen Śiva, kein Feuer, keinen Mond, keine Sterne am Himmel und keine Sonne. Es gab nur Kṛṣṇa, der alles erschafft und alles genießt."[22]

Bhagavān Kṛṣṇa beurteilt die vier Veden so:

> Die Veden handeln hauptsächlich von den drei Erscheinungsweisen der materiellen Natur. O Arjuna, transzendiere diese drei Erscheinungsweisen. Sei frei von aller Dualität und aller Sorge um Gewinn und Sicherheit, und sei im Selbst verankert.[23]

In den *karma-kaṇḍa*-Teilen der Veden findet man zwar Anweisungen für materielle Erhebung, doch letztlich sind die Veden für die Erhebung zu transzendentalem Leben bestimmt. Wenn die *karma-kāṇḍa*-Tätigkeiten der Sinnenbefriedigung beendet sind, wird in Form der Upaniṣaden die Möglichkeit für spirituelle Erkenntnis angeboten.

Die Upaniṣaden

Die Upaniṣaden sind eine Sammlung von 108 philosophischen Abhandlungen. Das Wort *upa-ni-ṣat* bedeutet „Sitz in der Nähe" und bezieht sich auf den Schüler, der nah bei seinem *guru* sitzt, um transzendentale vedische Weisheit zu empfangen. Somit kennzeichnen die Upaniṣaden den Beginn transzendentalen Lebens.

Der Hauptbeitrag der Upaniṣaden besteht darin, dass sie das Absolute als nichtmateriell definieren. Die Upaniṣaden beschreiben das Brahman als ewige, unmanifeste Realität, von der alle Manifestationen ausgehen und in der sie ruhen. Da das Brahman den materiellen Sinnen unzugänglichlich ist, wird es als *nirguṇa* (ohne Eigenschaften) und *ārūpa* (formlos) beschrieben. Den Worten der *Bṛhad-āraṇyaka Upaniṣad* (3.9.26) zufolge ist das Brahman „unfassbar, denn es entzieht sich jeder Vorstellung“.[24] Somit geht die Weisheit der Upaniṣaden eindeutig über die *karma-kāṇḍa*-Teile der vier Veden hinaus, denn „das religiöse Ziel ist nicht länger der Gewinn irdischen und himmlischen Glücks, indem man den Göttern Opfer darbringt, sondern die Befreiung – als ein Ergebnis wahren Wissens – von der Wiedergeburt durch Vertiefung in das Brahman.“[25] Obwohl die Upaniṣaden die Meditation über das unpersönliche Brahman betonen, widersprechen sie nicht dem in der *Bhagavad-gītā* herausgearbeiteten *siddhānta;* die Upaniṣaden bestreiten nicht, dass die Absolute Wahrheit persönlich ist. Sie bestreiten zwar, dass Gott eine materielle Person ist, sprechen aber positiv von Gott als einer spirituellen Person. Zum Beispiel erklärt die *Śvetāśvatara Upaniṣad* (3.19) eindeutig, dass die Absolute Wahrheit keine materiellen Beine und Hände hat, sondern spirituelle Hände, mit denen Sie alles annimmt, was Ihr geopfert wird, und dass in ähnlicher Weise Bhagavān keine materiellen Augen hat, sondern spirituelle Augen, die alles sehen. Weiter heißt es, dass der Herr, obwohl Er keine materiellen Ohren hat, alles hört und dass Er Vergangenheit, Gegenwart und Zukunft kennt, da Er allvollkommene spirituelle Sinne besitzt.

Es gibt viele ähnliche vedische Hymnen, die die Höchste Absolute Wahrheit als eine Person jenseits der materiellen Welt beschreiben. Zum Beispiel erklärt das *Hayaśīrṣa-pañcarātra,* dass in jeder Upaniṣad zwar zunächst das Höchste Brahman auf unpersönliche Weise beschrieben wird, dass aber am Ende eindeutig von einer persönlichen Form Bhagavāns die Rede ist. Wie die *Īśa Upaniṣad* andeutet, ist die Höchste Absolute Wahrheit ewiglich sowohl unpersönlich als auch persönlich. In der Invokation der *Bṛhad-āraṇyaka Upaniṣad* heißt es: „Jenes [Höchste Wesen] ist das Ganze – dieses [das Universum] ist das Ganze. Aus dem Ganzen kommt das Ganze hervor.“[26] Die *Śvetāśvatara Upaniṣad* (3.8) erklärt: „Ich kenne den großen Puruṣa, der leuchtend ist wie die Sonne und jenseits von aller Dunkelheit weilt.“[27] Die *Aitareya Upaniṣad* (1.1.2) beschreibt den höchsten Herrscher als die energetische Ursache der Schöpfung: „Er erschuf diese Welten ...“[28] Die *Praśna Upaniṣad* (6.3) bestätigt dies. Die *Kaṭha Upaniṣad* erklärt: „Der Ewige unter den Ewigen, das Bewusstsein unter allen Formen des Bewusstseins ... gewährt die Früchte [der Tätigkeiten allen] *jīvas* ...“[29]

Zusätzlich zur Brahman- und Bhagavān-Erkenntnis sprechen die *Upaniṣaden* auch von der Erkenntnis der dazwischen liegenden, lokalisierten Form des Paramātmā (der Überseele). Die *Muṇḍaka, Śvetāśvatara* und *Kaṭha Upaniṣad* beschreiben, dass im Herzen eines jeden Lebewesens sowohl der individuelle atomische *jīva* als auch die Überseele, der Paramātmā, weilen. Sie gleichen zwei Vögeln, die im Baum des Körpers sitzen. Einer der Vögel (der individuelle *jīva*) frisst die Früchte des Baumes (das heißt, er genießt die Sinne), und der andere Vogel (der Paramātmā) ist einfach nur Zeuge. Dass der *jīva* seine Beziehung zum Paramātmā vergessen hat, führt dazu, dass er von einem Baum zum anderen wechseln muss (der Vorgang der Seelenwanderung). Sowohl in der *Kaṭha* als auch in der *Śvetāśvatara Upaniṣad* findet man außerdem folgende Ausführung: Die beiden Vögel sitzen zwar im gleichen Baum, doch der Vogel, der frisst, ist als der Genießer der Früchte des Baumes völlig in Anspruch genommen. Wenn er sich auf irgendeine Weise seinem Freund, der der Herr ist, zuwendet und dessen Herrlichkeit erkennt, wird er sogleich von aller Angst befreit.[30]

Überall in den Upaniṣaden sehen wir, dass der individuelle *jīva* und der Paramātmā, die Überseele, ihre gesonderte Individualität bewahren, obwohl sie eine Art Einheit erreichen, wenn sich der *jīva* bereit erklärt, dem Willen des Paramātmā gemäß zu handeln. Doch weder der Höchste Paramātmā noch der individuelle *jīva* verliert jemals seine Individualität. Das ist wichtig, denn wie wir später sehen werden, ginge die in der *Bhagavad-gītā* betonte Idee der *bhakti* verloren, wenn der *jīva* mit dem Höchsten Brahman in jeder Hinsicht eins werden könnte. Auf dem Pfad der *bhakti* entwickelt sich eine liebevolle Beziehung zwischen dem individuellen *jīva* und der Höchsten Person, Bhagavān. Niemals sollten wir den *jīva* mit dem höchsten *puruṣa* verwechseln. Wenn man diese beiden verwechselt oder versucht, sie zu einem zu verschmelzen, verliert man den endgültigen *siddhānta* der vedischen Literatur.

Indem die Upaniṣaden die antimaterielle Eigenschaft *(nirguṇatva)* des Absoluten beschreiben, ebnen sie den Weg für ein rechtes Verständnis der höchsten transzendentalen Person (Bhagavān), die mit aller spirituellen Herrlichkeit ausgestattet ist und die das wahre Objekt aller Meditation und *bhakti* (Hingabe) ist.

Das Vedānta-sūtra

Das *Vedānta-sūtra* besteht aus Aphorismen, die die Methode enthüllen, wie man das vedische Wissen verstehen kann, und es ist zugleich die bündigste Form allen vedischen Wissens. Im *Vāyu Purāṇa* und im *Skanda Purāṇa* heißt es: „Ein *sūtra* ist ein Aphorismus, der die Essenz allen Wissens mit einem Mindestmaß an Worten zum Ausdruck bringt. Es muss universal anwendbar und in seiner linguistischen Präsentation fehlerlos sein.“[31]

Gelehrte kennen das *Vedānta-sūtra* unter einer Vielzahl von Namen wie zum Beispiel 1) *Brahma-sūtra,* 2) *Śārīraka,* 3) *Vyāsa-sūtra,* 4) *Bādarāyaṇa-sūtra,* 5) *Uttara-mīmāṁsā* und 6) *Vedānta-darśana.* Es gibt vier Kapitel *(adhyāyas)* im *Vedānta-sūtra* und vier Abschnitte *(padas)* in jedem Kapitel. Demzufolge ist das *Vedānta-sūtra* als *ṣoḍaśa-pada* bekannt, weil es sechzehn Abschnitte von Aphorismen enthält. Das Thema jeder Unterteilung wird durch fünf Glieder *(adhikaraṇas),* genannt *pratijñā, hetu, udāharaṇa, upanaya* und *nigamana,* umfassend beschrieben, und jedes Thema muss mit einem so genannten *pratijñā* (einer feierlichen Erklärung) über den Sinn der Abhandlung erläutert werden. Zu Beginn des *Vedānta-sūtra* finden wir eine solche einleitende Erklärung zum

Sinn des Werkes: *athāto brahma-jijñāsā.* „Jetzt ist es an der Zeit, über die Absolute Wahrheit Fragen zu stellen." Gründe *(hetu)* müssen genannt werden; faktische Beispiele *(udāharaṇa)* müssen gegeben werden; das Thema *(upanaya)* muss allmählich vertieft werden, und schließlich muss es durch autoritative Zitate *(nigamana)* aus den vedischen *śāstras* untermauert werden.

Dem großen Lexikographen Hemacandra (auch als Kośakāra bekannt) zufolge umfasst der *Vedānta* die Bedeutung der Upaniṣaden, die selbst Teile der Brāhmaṇa-Abschnitte der Veden sind.[32] Wie Professor Apte in seinem Wörterbuch erklärt, sind im Brāhmaṇa-Teil die Regeln enthalten, wie man bei verschiedenen Opfern Hymnen anwendet, und es werden auch detaillierte Beschreibungen über die Ursprünge der Hymnen gegeben.[33] (Der *mantra*-Teil hingegen enthält die Hymnen selbst.) Hemacandra sagt nun, dass das *Vedānta-sūtra* die Veden ergänzt. Da *veda* „Wissen" bedeutet und *ānta* „das Ende", vermittelt der *Vedānta* das wahre Verständnis vom endgültigen Zweck der Veden. Es sei nochmals darauf hingewiesen, dass die Upaniṣaden, die selbst Teile des *Brāhmaṇa*-Abschnitts der Veden sind, das in den Aphorismen des *Vedānta-sūtra* enthaltene Wissen untermauern.

Die Chroniken (Itihāsas)

Die Chroniken (Itihāsas) sind ergänzende vedische Schriften. Zu ihnen gehören das *Mahābhārata* und die Purāṇas. Weil die vedischen Rituale schwer zu verstehen sind und das *Vedānta-sūtra* ein komprimierter Text von hochphilosophischem Gehalt ist, bieten die Itihāsas vedisches Wissen in Form von Geschichten und historischen Begebenheiten dar. Die *Chandogya Upaniṣad* nennt das *Mahābhārata* und die Purāṇas den fünften Veda.[34]

Die vedischen *ācāryas* betrachten die Geschichten in den Purāṇas als wahre historische Begebenheiten – Begebenheiten, die nicht auf unseren Planeten beschränkt sind. Zweifellos stimmen einige Angaben über das Leben auf anderen Planeten nicht mit dem auf unserem Planeten überein (zum Beispiel eine sagenhaft lange Lebensdauer oder die Fähigkeit, ohne mechanische Hilfsmittel zu fliegen). Es besteht jedoch kein Grund, die Purāṇas als spätere Hinzufügungen zu betrachten. Was unfassbar erscheinen mag, ist nicht unbedingt unauthentisch. A. Embree schreibt: „Die Purāṇas … schilderten ihr Verständnis vom Universum, wo das Übernatürliche alltäglich und wundersame Geburten nichts Außergewöhnliches waren."[35] Anhänger der Purāṇas geben zu bedenken, dass die Purāṇas nicht mehr so unglaublich klingen, wenn man die verschiedenartigen Umstände auf anderen Planeten in Betracht zieht. Mit anderen Worten: „Es ist höchste Zeit, dass die Gelehrten ihre Vorurteile aufgeben und den Purāṇas einen rechtmäßigen Platz als Quelle für indische Urgeschichte einräumen."[36] Fürsprecher der Purāṇas bringen vor, dass der große *ṛṣi* Vyāsadeva keine ersonnenen Legenden in seine Werke aufnahm. Vyāsadeva und die großen *ācāryas* seiner Zeit wie auch späterer Zeiten – Śukadeva, Sūta, Maitreya und vor nicht allzu langer Zeit Rāmānuja und Madhva – erkannten die Purāṇas als authentische vedische Literatur an.

Die Purāṇas beschäftigen sich hauptsächlich mit den übermenschlichen Taten und Spielen Bhagavāns und Seiner vielfältigen Inkarnationen in verschiedenen Zeitaltern. Auch aufgezeichnet sind die Taten von Weisen und von Geweihten Bhagavāns. Obwohl die Geschichten der Purāṇas keine strenge historische Chronologie aufweisen, betrachten die vedischen *ācāryas* sie nicht als Einbildung. Moderne Historiker suchen vergeblich nach einem Schlüssel zu ihrem Verstehen; aus Enttäuschung stellen sie dann schließlich eigene Theorien über deren Entstehung auf.

Das *Mahābhārata,* die Geschichte des „großen Königreichs von Bhārata-varṣa", beschreibt die Geschichte des alten vedischen Weltreiches. Mit seinen etwa 100 000 vierzeiligen Versen ist das *Mahābhārata* das längste Gedicht der Weltliteratur, und die vedische Tradition erklärt es als das Werk Vyāsadevas. Dieses Epos berichtet, wie die frommen Pāṇḍavas die dämonische Dynastie der Kurus stürzten. Die Kurus betrogen die Pāṇḍava-Brüder um ihr Anrecht auf den Thron, verbannten sie in den Wald und verweigerten ihnen nach deren Rückkehr das ihnen zustehende Land. Das Werk handelt von der darauf folgenden achtzehntägigen

Schlacht zwischen den Söhnen Kurus und ihren Vettern, den Söhnen Pāṇḍus. Das *Mahābhārata,* manchmal auch „der Veda Kṛṣṇas" genannt, hebt vor allem in seinem Hauptabschnitt, der *Bhagavad-gītā,* die Bedeutung Bhagavān Kṛṣṇas hervor.

Es gibt achtzehn Haupt-Purāṇas: sechs für Menschen in der Erscheinungsweise der Unwissenheit, sechs für Menschen in der Erscheinungsweise der Leidenschaft und sechs für Menschen in der Erscheinungsweise der Tugend. Von allen Purāṇas ist das *Bhāgavata Purāṇa (Śrīmad-Bhāgavatam)* das hervorragendste und meistgelesene. Auch gilt das *Bhāgavata Purāṇa* als der unmittelbarste Kommentar zum *Vedānta-sūtra,* da Vyāsadeva der Verfasser beider Schriften ist.

Das Hauptthema des *Bhāgavatam* sind Bhagavān Kṛṣṇa und Seine Gefährten und Geweihten. Die anderen Purāṇas sprechen auch von verschiedenen Methoden, durch die man die Halbgötter verehren kann, aber das *Bhāgavatam* befasst sich nur mit Bhagavān. Sein Eröffnungsvers *(janmādy asya yataḥ)* stimmt mit dem Eröffnungsvers des *Vedānta-sūtra* überein und deutet darauf hin, dass Vyāsadeva unmittelbar über die Absolute Wahrheit, den Ursprung aller Emanationen, schreibt.[37] Da das *Śrīmad-Bhāgavatam* die Verehrung Bhagavān Śrī Kṛṣṇas, des Höchsten Persönlichen Gottes, in den Mittelpunkt stellt, kann man sagen, dass es die *karma-kāṇḍa*-Sektionen der Veden (die sich mit Opfern für materiellen Gewinn befassen), die *jñāna-kāṇḍa*-Sektionen (die sich mit philosophischen Fragen beschäftigen) und die *upāsanā-kāṇḍa*-Sektionen (die sich mit Halbgötter-Verehrung beschäftigen) übertrifft. Das *Śrīmad-Bhāgavatam* (1.2.6) definiert den höchsten Pfad auf folgende Weise: „Jene Religion ist die beste, die ihre Nachfolger dazu bringt, ekstatische Liebe zu Gott zu entwickeln, die frei von Motiven und materiellen Hindernissen ist, denn dies allein kann das Selbst befriedigen."[38]

Manchmal ruft der durch diesen Vers angedeutete *bhakti*-Pfad die Kritik hervor, dass er für jene bestimmt sei, die keine höhere Philosophie verständen. Doch dem *Bhāgavatam* selbst zufolge (1.2.12) muss wahre *bhakti* auf dem Verstehen aller vedischen Literatur beruhen (mit anderen Worten, *bhakti* muss sich in Übereinstimmung mit der Philosophie des *Vedānta* entwickeln): „Die Absolute Wahrheit wird von dem ernsthaft forschenden Schüler oder Weisen verstanden, der wohl ausgestattet ist mit Wissen und der durch hingebungsvollen Dienst und das Hören des *Vedānta-sūtra* Loslösung erlangt hat.“[39]

George Hart schreibt: „Das *Bhāgavata Purāṇa* gehört zu den hervorragendsten Werken über Hingabe, die jemals geschrieben wurden. Meiner Meinung nach können ihm nur andere Werke der indischen Sprache gleichgestellt werden.“[40] Nichtsdestoweniger muss man das *Śrīmad-Bhāgavatam* im Licht der Vedānta-Philosophie verstehen. Das *Vedānta-sūtra* erklärt die Absolute Wahrheit durch einwandfreie Logik und Argumentation, und das *Śrīmad-Bhāgavatam* ist ein ausführlicher Kommentar zum *Vedānta-sūtra.* Gewöhnlich behandeln professionelle Erzähler des *Śrīmad-Bhāgavatam* den *rāsa-līlā*-Abschnitt, der Kṛṣṇas berühmten Tanz mit den Mädchen von Vṛndāvana beschreibt. Aus dem Zusammenhang gerissen, wird dieser Abschnitt (Zehnter Canto, 29. bis 35. Kapitel) jedoch ein Hindernis für das Verständnis Bhagavān Kṛṣṇas und des vedischen *siddhānta.*

Das *Śrīmad-Bhāgavatam* beginnt dort, wo die *Bhagavad-gītā* aufhört. Die *Bhagavad-gītā* versichert, dass man vom Kreislauf der Geburten und Tode befreit werden kann, wenn man das transzendentale Erscheinen und die transzendentalen Spiele Bhagavān Kṛṣṇas kennt.[41] Das *Śrīmad-Bhāgavatam* beginnt damit, dass es Bhagavān Kṛṣṇa als die Ursache aller Ursachen anerkennt, und erzählt darüber hinaus die transzendentalen Spiele von Kṛṣṇas Erscheinen und Fortgehen. Somit wird das *Śrīmad-Bhāgavatam* bisweilen auch als die weiterführende Studie der *Bhagavad-gītā* bezeichnet.

Im *Śrīmad-Bhāgavatam* geht es in erster Linie um Bhagavān Kṛṣṇa, und es heißt dort, Er sei das Ziel aller vedischen und vedāntischen Schlussfolgerungen. Da nur Bhagavān Kṛṣṇa die vollständigen Merkmale Gottes aufweist, wird bestätigt, dass Er der Ursprung aller Inkarnationen ist, auch der Erweiterungen Viṣṇus. *Ete cāṁśa-kalāḥ puṁsaḥ kṛṣṇas tu bhagavān svayam* – Bhagavān Kṛṣṇa ist das Summum bonum. Das ist das vorrangige Thema des *Bhāgavatam.*[42] Sehen wir uns jetzt einmal an, in welchem Verhältnis dieser *siddhānta* zu den Lehren der *ācāryas* steht.

5

Die Lehren der Ācāryas

Ein *ācārya* ist ein Lehrer vedischen Wissens. Er übermittelt die Lehren der *śāstras* und lebt selbst nach diesen Lehren. Jahrhundertelang haben die *ācāryas* das Schicksal der vedischen Kultur bestimmt. Im Allgemeinen vertrauen die Menschen auf die Unterweisungen der vedischen *ācāryas*, weil diese Lehrer durch ihr eigenes Verhalten ein vollkommenes Beispiel geben. Ferner ist die vedische *paramparā* (die Überlieferung vedischen Wissens) immer den *ācāryas* anvertraut worden; daher sind sie die persönlichen Stellvertreter jenes Wissens. Wenngleich ein *ācārya* gemäß Zeit und Umständen spricht, erhält er die ursprüngliche Schlussfolgerung *(siddhānta)* der vedischen Literatur aufrecht.

Śaṅkara

Śaṅkara (788–820) war ein Shivaite (Nachfolger Śivas), der in einer orthodoxen südindischen *brāhmaṇa*-Familie geboren wurde. Schon in jungen Jahren wurde er ein Asket, und es scheint, dass er in dieser Zeit auch seine beiden Hauptwerke (*Viveka-cudāmaṇi* und *Śārīraka-bhāṣya*) verfasste. Er bereiste ganz Indien und starb im Alter von zweiunddreißig Jahren im Himalaya.

Zu der Zeit, als Śaṅkara erschien, hatte sich der Buddhismus unter der Schirmherrschaft des indischen Kaisers Aśoka in ganz Indien ausgebreitet. Śaṅkara bemühte sich darum, das religiöse Leben zu reformieren und zu läutern, indem er die Autorität der vedischen Schriften, die Buddha vollständig abgelehnt hatte, erneut bekräftigte.

Śaṅkaras Interpretation der vedischen Literatur ist unter dem Begriff *advaita-vedānta* (nichtdualistischer Vedānta) bekannt, weil er davon ausging, dass der *jīva* mit Gott identisch ist. Obwohl es viele Aussagen der *śāstras* gibt, die die Absolute Wahrheit als die Höchste Person und die *jīvas* als Ihr untergeordnete ewige Teile beschreiben, lehrte Śaṅkara, dass die *jīvas* selbst die Absolute Wahrheit (Parabrahman) seien und dass es im spirituellen Dasein letztlich weder Vielfalt noch Individualität noch Persönlichkeit gebe. Er lehrte, dass die Individualität sowohl des Höchsten Wesens als auch des *jīva* illusorisch sei.

Indem Śaṅkara die Pluralität der *jīvas* verneinte, wich er von allen orthodoxen vedischen Schulen ab. Weiter vertrat Śaṅkara die Auffassung, dass Fragen nach dem Ursprung des Kosmos unbeantwortbar seien und dass die Natur *māyās* unerklärlich sei. Um den vedischen Versen gerecht zu werden, die *īśvara,* die Höchste Person, als die Ursache aller Ursachen beschreiben, entwickelte Śaṅkara eine zweifache Theorie vom Brahman. Für ihn gab es zwei Aspekte des Brahman – das reine unpersönliche Brahman und das Brahman, das im Universum als der Herr Gestalt annimmt. Um zu dieser Schlussfolgerung zu gelangen, wurde der größte Teil der vedischen *smṛti* von Śaṅkara neu interpretiert oder abgelehnt, und er widersprach eindeutig der *Bhagavad-gītā* und den Purāṇas, indem er den *jīva* und Bhagavān gleichsetzte. Nach außen hin gab Śaṅkara vor, die Autorität der *Bhagavad-gītā* anzuerkennen, doch seine Interpretationen der Verse widersprachen dem klaren *siddhānta* der *Gītā.* Folglich wird Śaṅkaras Philosophie zuweilen als ein Kompromiss zwischen Theismus und Atheismus angesehen. Da es unmöglich gewesen wäre, gleich nach dem völligen Atheismus der Buddhisten die theistische Auffassung der vedischen Literatur wieder einzuführen, schloss Śaṅkara einen der

Zeit und den Umständen entsprechenden logischen Kompromiss. Seine Interpretationen ähneln dem Buddhismus, doch er stützte seine Aussagen auf die Autorität der vedischen Literatur. Śaṅkara lebte nur zweiunddreißig Jahre, doch welche Orte in Indien er auch bereiste, überall setzte sich seine Philosophie durch, und der Buddhismus hatte sich zu beugen.

Lange Zeit war Śaṅkaras *Śārīraka-bhāṣya* für viele der definitive Kommentar zum *Vedānta,* und für zahlreiche Gelehrte (bemerkenswerter Weise Radhakrishnan und Moore in *A Source Book in Indian Philosophy*) ist er das noch heute. Troy Organ ist da anderer Ansicht:

> Dieser Gedankengang hat leider die Unterstützung vieler Philosophen im Westen gefunden, denen beigebracht wurde, der nichtdualistische Vedānta sei die wahre Verkörperung und die höchste Entwicklungsform des Hinduismus. Dies kann in meinen Augen nur als eine Art Selbstplädoyer einer besonders ehrgeizigen und aufdringlichen Form des Hinduismus gewertet werden.[1]

Rāmānuja

Rāmānuja (1017–1137) war ein südindischer *brāhmaṇa,* der im großen Stil lehrte und reiste. Eine Zeit lang war er Oberpriester des Vaiṣṇava-Tempels von Śrī Raṅga in Südindien. Dieser Tempel liegt auf einer Insel am Zusammenfluss der Flüsse Kāverī und Kolirana in der Nähe von Tricinapallī. Rāmānuja schrieb drei wesentliche Kommentare: *Vedārtha-saṅgraha* (zu den Veden), *Śrī-bhāṣya* (zum *Vedānta-sūtra*) und *Bhagavad-gītā-bhāṣya* (zur *Bhagavad-gītā*). Am bekanntesten ist er für seine kraftvolle Darstellung des Vishnuismus (Verehrung Bhagavān Viṣṇus) und seinen Widerstand gegen den unpersönlichen Monismus Śaṅkaras.

Rāmānuja lehrte *viśiṣṭādvaita*, eingeschränkten Nichtdualismus. Nach seiner Auffassung gibt es einen Unterschied zwischen dem Parabrahman (dem Höchsten Brahman) und den *jīvas* (den ewig fragmentarischen Seelen). Da Rāmānuja Śaṅkaras Eliminierung der liebevollen Beziehung *(bhakti)* zwischen dem Höchsten und den *jīvas* nicht anerkannte, versuchte er, Śaṅkaras philosophische Widersprüche und seine Verleugnungen des vedischen *siddhānta* bloßzustellen. Andererseits aber akzeptierte Rāmānuja die vedischen Aussagen in Bezug auf die qualitative Einheit des Höchsten und der *jīvas.* So formulierte er dann seine Philosophie der eingeschränkten Einheit. Dabei führte er logische Gründe an, um zu zeigen, dass das Absolute sowohl das beinhaltet, was sich wandelt (die materielle Welt und die im *saṁsāra* gefangenen *jīvas*), wie auch das, was unwandelbar ist (den transzendentalen Herrn).

Anhand von Vergleichen erörterte Rāmānuja die Beziehung zwischen dem Körper und der Seele: So wie der *jīva* seinen Körper beherrscht, so beherrscht Gott die materielle Welt und die *jīvas* in ihr; ebenso wie der Körper für den *jīva* ein Werkzeug ist, so ist der materielle Kosmos für Gott ein Werkzeug. Nach der Befreiung existiert das Selbst ewig in einem spirituellen Körper. Es ist die Seele, die Erfahrungen macht; der materielle Körper bestimmt nur die Art ihrer Erfahrungen. Rāmānuja beschreibt auch, dass Körper und Seele nicht getrennt sein können: Jeder lebendige Körper hat ein Selbst *(ātmā),* und jedes Selbst hat durch sein *karma* eine bestimmte Art von Körper. Nach der Befreiung existiert das Selbst ewig in einem spirituellen Körper. Gemäß der Analogie der untrennbaren Einheit von Körper und Seele wird der Höchste Herr gleichzeitig als Höchste Seele und als Kosmos verstanden. Indem sich Rāmānuja so an die vedischen Prinzipien hielt, erklärte er die mannigfaltige materielle Welt als einen Teil der Absoluten Wahrheit. Die ewige unwandelbare Natur des Absoluten (das heißt des Höchsten Herrn) widerspricht nicht der Tatsache, dass Er die sich wandelnde materielle Welt erhält. Rāmānuja lehrte, dass der *jīva* durch Gottes Gnade die materielle Welt transzendieren und das ewige Reich Viṣṇus erreichen kann.

Madhva

Wie Rāmānuja, gehörte auch Madhva (1239–1319) der Vaiṣṇava-Tradition an und widmete sich dem Kampf gegen Śaṅkaras Unpersönlichkeitslehre. Madhvācāryas *Pūrṇaprajña-bhāṣya* vertritt eine Art *Vedānta*-Philosophie, die als *śuddha-dvaita* (reiner Dualismus) bezeichnet wird. In seinen Lehren beschreibt Madhva drei Wesenheiten – den Höchsten Herrn, den *jīva* und die materielle Welt. Mit noch größerem Nachdruck als Rāmānuja vertrat Madhva die Auffassung, dass Gott und die *jīvas* ewig gesondert sind. Während Śaṅkara den Herrn als die materielle Ursache des Kosmos beschrieben hatte, akzeptierte Madhva die unmittelbare Bedeutung der *smṛti-śāstras* und lehrte, dass der Herr in transzendentaler Stellung zur materiellen Welt steht, die ein Produkt Seiner niederen Energie *(aparā prakṛti)* ist. Mit anderen Worten: Gott ist von Seiner materiellen Schöpfung verschieden. Auch die *jīvas* unterscheiden sich von der Materie, denn sie sind die höhere, spirituelle Energie des Herrn.

Madhva vertrat die Ansicht, dass die *jīvas,* obwohl der Materie übergeordnet, sich vom Herrn unterscheiden und Seine Diener sind. Während der Herr unabhängig ist, sind die *jīvas* gänzlich von Ihm abhängig. Madhva lehrte, dass der Herr den Kosmos erschafft, erhält und vernichtet und zur gleichen Zeit in Seiner ursprünglichen, ewigen Form (Bhagavān Kṛṣṇa) über der manifesten und unmanifesten Materie steht. Außerdem erklärte Madhva, dass jeder sein eigenes *karma* formt und dass man durch *bhakti* alles *karma* aufheben und in seine ursprüngliche Stellung als Diener des Herrn in der ewigen spirituellen Welt zurückkehren kann.

Caitanya

Im späten 16. Jahrhundert erreichte mit dem Erscheinen Kṛṣṇa Caitanyas in Bengalen Rāmānujas und Madhvas theistische Philosophie des Vishnuismus ihren Höhepunkt. Caitanyas Philosophie des *acintya-bhedābheda-tattva* vervollständigte den Fortschritt in Richtung hingebungsvollen Theismus. Rāmānuja hatte Śaṅkara beigepflichtet, dass die Absolute Wahrheit eins ist; doch hatte er ihm widersprochen, indem er bekräftigte, dass es innerhalb dieser Einheit individuelle Vielfalt gibt. Madhva hatte die ewige Dualität vom Höchsten und dem *jīva* hervorgehoben: Er hatte gelehrt, dass diese Dualität sogar nach der Befreiung fortdauert. Caitanya nun spezifizierte, der Höchste und die *jīvas* seien „unbegreiflicherweise gleichzeitig eins und verschieden *(acintya-bheda-abheda)*. Er wandte sich mit Nachdruck gegen Śaṅkaras Philosophie, da sie Vyāsadevas *siddhānta* missachtete.

Als Begründung für Seine Ablehnung der Unpersönlichkeitslehre sagte Caitanya, dass sie die Bedeutung der vedischen Literatur verhülle. Er erklärte die unmittelbare Bedeutung der *śāstras* als Hingabe *(bhakti)* an Bhagavān Kṛṣṇa, und hierin besteht Sein einzigartiger Beitrag zur Vaiṣṇava-Philosophie. Nun gab es die Möglichkeit einer hingebungsvollen Beziehung zwischen Gott und den Menschen. Rūpa Gosvāmī, einer Seiner frühen Schüler, beschrieb Caitanyas einzigartiges Geschenk so: „O großmütigste Inkarnation! Du bist Kṛṣṇa selbst, der als Śrī Kṛṣṇa Caitanya Mahāprabhu erschienen ist. … Du verbreitest überall reine Liebe zu Kṛṣṇa. Wir erweisen Dir unsere achtungsvolle Ehrerbietung.“[2]

Dank biographischer Quellen wie dem *Śrī Caitanya-caritāmṛta* (1616) von Kṛṣṇadāsa Kavirāja Gosvāmī wissen wir mehr über Kṛṣṇa Caitanya als über die früheren *ācāryas*. Caitanya (1486–1534) wurde in Navadvīpa, einem Ort im heutigen Westbengalen, geboren. Im Alter von 24 Jahren trat Er in den Lebensstand der Entsagung *(sannyāsa)* ein. Sein spiritueller Meister, Īśvara Purī, war ein Schüler Mādhavendra Purīs, der zur Schülemachfolge Madhvas gehörte. Caitanyas unmittelbare Nachfolger (die sechs Gosvāmīs: Rūpa, Sanātana, Jīva, Gopāla Bhaṭṭa, Raghunātha Bhaṭṭa und Raghunātha Dāsa) verfassten umfangreiche Sanskritschriften und dokumentierten so anhand vedischer Quellennachweise Caitanyas philosophisches System. Caitanya selbst schrieb nur acht Verse über die Ekstase der Hingabe an Kṛṣṇa. Seine Schüler verstanden Caitanya als Bhagavān Kṛṣṇa selbst, der in der Form eines *bhakta* erschienen war.

Manche Beobachter haben Caitanya den Vorwurf gemacht, in die *bhakti*-Philosophie ein erotisches Element eingebracht zu haben. Was Caitanya jedoch tatsächlich lehrte, war die Tatsache, dass die ursprüngliche und reine Sexualpsychologie in der Person der Absoluten Wahrheit, Bhagavān Kṛṣṇa, existiert. Der reine

Austausch von Freude zwischen Bhagavān und Seinen befreiten Dienern ist für die höchste spirituelle Beziehung charakteristisch. Dieser Austausch ist frei von jeder Spur weltlicher Sexualität und kann von einem Menschen, der noch materielle Wünsche hat, nicht einmal verstanden werden. Wenn bedingte *jīvas* versuchen, die Liebesbeziehungen Bhagavān Kṛṣṇas zu verstehen, missverstehen sie Ihn als einen weltlichen „Gott der Liebe". Caitanya, der als *sannyāsī* dafür bekannt war, dass er Frauen und weltliche Dinge streng vermied, wies darauf hin, dass die Beziehung des *jīva* zu Bhagavān Kṛṣṇa ewig rein und transzendental ist. Seine Persönlichkeit demonstrierte amouröse Sehnsucht nach Kṛṣṇa. Weiter lehrte Caitanya, dass diese amouröse Stimmung eine von fünf ursprünglichen Beziehungen zwischen den *jīvas* und Bhagavān ist. Schließlich kann in Caitanyas Augen jeder transzendentale Hingabe an Bhagavān (Gott) erlangen, wenn er sich in das Chanten von Bhagavāns Namen vertieft.

6

Unpersönlichkeitslehre kontra Theismus

In seinem *Vedānta*-Kommentar namens *Śārīraka-bhāṣya* akzeptiert Śaṅkara das vedische Prinzip, dass es jenseits der Materie eine ewige spirituelle Existenz gibt. Dennoch besteht er darauf, dass diese Existenz unpersönlich ist. Wie schon so mancher bemerkt haben wird, wird die vedische Literatur von Śaṅkara zugleich akzeptiert und abgelehnt.

Die Grundlehren von Śaṅkaras Vedānta-Kommentar

1) Die unpersönliche Auffassung von der Absoluten Wahrheit

Den Vaiṣṇava-*ācāryas* zufolge würde die Absolute Wahrheit ohne Persönlichkeit unvollständig sein. Im *Vedānta-sūtra* heißt es: *athāto brahma-jijñāsā.* „Lasst uns nach der Absoluten Wahrheit fragen." Darauf definiert das *Vedānta-sūtra* die Absolute Wahrheit: *janmādy asya yataḥ.* „Die Absolute Wahrheit ist das, von dem alle Dinge ausgehen." Die Vaiṣṇava-*ācāryas* schließen hieraus, dass die Absolute Wahrheit, der Ursprung aller kosmischen Vielfalt (der Lebewesen, der Planeten, des Raumes, der Zeit und so fort), auch die Eigenschaften der von ihr ausgehenden Dinge besitzen muss. Eine dieser Eigenschaften ist natürlich Persönlichkeit. Mit anderen Worten: Die Absolute Wahrheit, das Vollkommene Ganze *(oṁ pūrṇam),* muss alle Eigenschaften Ihrer Teile besitzen.[1] Die Vaiṣṇavas akzeptieren folglich die dreifachen Aspekte der Absoluten Wahrheit: Brahman, Paramātmā und Bhagavān (siehe die Definition in Kapitel 3).

Śaṅkara indes stellt das unpersönliche Brahman, unter Ausschluss von Paramātmā und Bhagavān, als das Höchste dar. Er geht davon aus, dass die ewige Existenz ohne Form, Sinne, Tätigkeit und individuelles Bewusstsein ist. Er missachtet die vedische Darstellung einer positiven spirituellen Beziehung zwischen dem befreiten *jīva* und dem Höchsten Brahman, Parameśvara.

Einige Śaṅkara-Anhänger räumen ein, dass ein Novize an die Absolute Wahrheit als Person denken mag, um sich die Meditation zu erleichtern. Dennoch sind die Śaṅkara-Anhänger davon überzeugt, dass letztlich das Brahman formlos ist. Für Śaṅkara und seine Anhänger ist die empirische Welt Illusion und Brahman allein Wahrheit. Śaṅkara beschreibt das *nirguṇa* (eigenschaftslose) Brahman als die einzige Realität, doch selbst die Upaniṣaden, die das unpersönliche Brahman hervorheben, bestätigen die spirituelle Gestalt, den spirituellen Namen und die spirituelle Persönlichkeit der Absoluten Wahrheit.

In der *Bhagavad-gītā* erklärt Bhagavān Kṛṣṇa, dass Er der Ursprung aller materiellen und spirituellen Dinge ist und dass das Brahman in Ihm ruht.[2] Die Śaṅkara-Anhänger interpretieren das *aham* („Ich“) der *Bhagavad-gītā* dahingehend, dass es sich auf das unpersönliche Brahman bezieht, doch die Vaiṣṇava-Theisten verfechten die Ansicht, dass *aham* sich unmittelbar auf die Person Bhagavān bezieht. Mit anderen Worten: *Aham* hat eine spezifische Bedeutung und ist kein vager Begriff, der interpretiert werden kann.

Während die Vaiṣṇava-Nachfolger des *Vedānta* sich an die philosophische Methode halten, die *mukhya-vṛtti* (Erklärung durch unmittelbare Bedeutung) genannt wird, folgen die Philosophen der Śaṅkara-Schule der Methode des *gauṇa-vṛtti* (Erklärung durch indirekte Bedeutung). *Mukhya-vṛtti* bedeutet genaue Wörterbuchdefinition, während *gauṇa-vṛtti,* wenn falsch angewandt, zu Wortspielerei wird. Die Vaiṣṇavas wenden ein, dass es keinen Raum für phantasiereiche Interpretation oder indirekte Bedeutung geben kann, wenn man die vedische Autorität direkt akzeptiert (das heißt so, wie sie von Nārāyaṇa selbst ausgeht). Sie betrachten die vedischen *śāstras* als *apauruṣeya,* jenseits der vier Mängel Illusion, Irrtum und so fort; aber Śaṅkara behauptet kühn, Vyāsadeva lasse in bestimmten Aphorismen des *Vedānta-sūtra* ein mangelndes Verständnis von Logik und Grammatik erkennen. Auf dieser Grundlage verändert Śaṅkara einige Vorsilben und Nachsilben in den ursprünglichen Aphorismen, um sie der Philosophie des *Śārīraka-bhāṣya* anzupassen.

Die Śaṅkara-Anhänger versuchen, alle materiellen Wünsche zu verneinen, indem sie mit dem Brahman verschmelzen und das individuelle Dasein auslöschen. Den Vaiṣṇava-Theisten zufolge sprechen die Śaṅkara-Anhänger somit dem *jīva* die Möglichkeit ab, auf der spirituellen Ebene ewige, vielfältige Freude zu genießen. Nach Śaṅkaras Ansicht kann man, nachdem man von allen materiellen Wünschen frei wird und seine spirituelle Identität erkennt, in das Brahman eingehen. Die Vaiṣṇava-Theisten halten dagegen, dass der *jīva* nicht ewig in das Brahman eingehen könne. *Āruhya kṛcchreṇa paraṁ padaṁ tataḥ patanty adho 'nādṛta-yuṣmad-aṅghrayaḥ:* Obwohl die Unpersönlichkeitsanhänger durch strenge Entsagung Befreiung von materiellem Tun erlangen und zum Brahman aufsteigen mögen, müssen sie wieder in die materielle Welt herabkommen, da ihr Wissen von der Absoluten Wahrheit unvollkommen ist.[3]

Die Vaiṣṇavas erklären, dass der *jīva,* da seine persönliche Identität ewig ist, entweder Geburt für Geburt persönliche Beziehungen in materiellen Körpern aufnehmen muss oder das materielle Leben transzendiert und seine ewige persönliche Beziehung zum Höchsten Herrn, Bhagavān, wieder aufnimmt. Mit anderen Worten: Die Vaiṣṇavas vertreten die Ansicht, dass ewiger *mokṣa* außerhalb einer persönlichen Beziehung zu Bhagavān nicht möglich ist.

2) Ātmā und Brahman sind eins

Śaṅkara legt großen Nachdruck auf den Sanskrit-Aphorismus *tat tvam asi* („Du bist das ebenfalls"), der auf die qualitative Gleichheit des *jīva* mit dem Höchsten anspielt. Um seine monistische Interpretation zu unterstützen, kommt Śaṅkara zu dem Schluss, das Lebewesen (sanskr.: *ātmā* oder *jīva*) sei dem Höchsten Brahman in jeder Hinsicht gleichgestellt. Er definiert daher Befreiung *(mokṣa)* dahingehend, dass der *jīva* seine illusorische Vorstellung von Individualität aufgibt und darauf in das Brahman eingeht. Die vedische Literatur bestätigt, dass der *jīva* nicht der Körper ist und dass die Vorstellung materieller Individualität durch *māyās* Einfluss zustande kommt. Alle Transzendentalisten erklären: *ahaṁ brahmāsmi* – „Ich bin nicht der Körper, sondern spirituelle Seele", wie es in der *Bṛhad-āraṇyaka Upaniṣad* (1.4.10.) geschrieben steht. Die Theisten geben jedoch zu bedenken, dass der *jīva,* obwohl von spiritueller Natur, nicht in jeder Hinsicht mit dem alldurchdringenden, allwissenden Parabrahman identisch ist. Sie gehen davon aus, dass Bhagavān, obwohl alle *jīvas* Brahman sind, der Hauptewige unter allen Ewigen *(nityo nityānām)* ist und jenseits aller fehlbaren und unfehlbaren Wesen steht.[4]

Dies ist die Philosophie des *acintya-bhedābheda-tattva,* des gleichzeitigen Eins- und Verschiedenseins. Für die Theisten sind die *jīvas* der Eigenschaft nach mit dem Höchsten Brahman eins, doch während das Höchste Brahman unendlich und unbegrenzt ist, sind die *jīvas* winzig klein.

Śaṅkara behauptet, all solche Unterscheidungen seien Produkte der Illusion, da die einzige Wahrheit das Brahman, das unpersönliche Absolute, sei. Die Vaiṣṇava-Theisten weisen jedoch darauf hin, dass Śaṅkara, um diesen Punkt zu untermauern, wiederholt den *siddhānta* der *śāstras* missachtet habe. Madhva ging ausführlich auf den ewigen Unterschied zwischen der begrenzten spirituellen Seele und der höchsten spirituellen Seele ein und widerlegte die Theorie eines unpersönlichen Absoluten in allen Einzelheiten. Rāmānuja verglich den höchsten *īśvara* mit einem großen Feuer und alle individuellen *jīvas* mit Funken in diesem

Feuer. Die Theisten vertreten die Ansicht, dass die vedische Literatur einen klaren Unterschied zwischen den *jīvas* und dem Höchsten macht, die qualitativ, aber nicht quantitativ eins sind. Die Vaiṣṇavas vergleichen den individuellen *jīva* mit einem goldenen Ohrring, der zwar aus Gold gefertigt ist, aber zugleich von der Goldmine verschieden ist. Die Theisten sind davon überzeugt, dass Bhagavān Kṛṣṇa in der *Bhagavad-gītā* ewige spirituelle Individualität verkündet, wenn Er zu Arjuna sagt: „Niemals gab es eine Zeit, als du oder Ich oder all diese Könige nicht existierten, und auch künftig wird keiner von uns je aufhören zu sein.“[5]

Die Vaiṣṇavas sind ferner der Meinung, dass Glückseligkeit *(ānanda)* außerhalb einer Beziehung zwischen Personen nicht existieren kann. Im *Vedānta-sūtra* (1.1.12) heißt es: *ānandamayo 'bhyāsāt,* was darauf hindeutet, dass der Höchste Absolute in Seinem liebevollen Austausch mit Seinen winzigen Teilen glückselig ist. Richard Lannoy schreibt: „*Bhakti*-Mystikern zufolge schließt die vollkommene Identität des *ātmā* mit dem Brahman in einem Zustand reiner Isolation die weitere Möglichkeit einer liebevollen Beziehung zu Gott aus und kann nur zu einem Zustand spiritueller Sterilität führen.“[6]

Śaṅkara befürwortet die Verehrung der Bildgestaltenform von fünf Halbgöttern, um die Gleichheit des Lebewesens und des Höchsten Herrn zu erkennen. Durch die Verehrung einer Form, die aus materieller Energie besteht, so glaubt Śaṅkara, könne man die Eigenschaft des Brahman hinter den vielfältigen Formen erkennen. Für Śaṅkara war diese Verehrung ein vorübergehender Vorgang, der dafür bestimmt war, den Praktizierenden zur unpersönlichen Einheit zu erheben. Selbstverständlich lehnen die Vaiṣṇava-Theisten diese Einstellung ab. Sie glauben, dass man Bhagavān weder mit den Halbgöttern noch mit sich selbst *(ātmā)* gleichsetzen kann. Sie unterscheiden zwischen der Verehrung des Selbst, der Verehrung der Halbgötter und der Verehrung Bhagavāns. Sie führen das zwölfte und das dreizehnte *mantra* der *Īśa Upaniṣad* an, um diese Einstellung zu untermauern.[7]

Die Vaiṣṇava-Theisten vertreten die Auffassung, dass der *ātmā,* wäre er dem Höchsten tatsächlich in jeder Hinsicht gleich, niemals in die Illusion materieller Identität fallen könnte. Mit anderen Worten: „Wenn ich Brahman, das unbegrenzte Absolute, bin, warum bin ich dann von Unwissenheit bedeckt?“ Da es den vedischen Schriften zufolge nicht möglich ist, dass das Absolute solcher Täuschung unterliegt, bezeichnen die Vaiṣṇava-Theisten die Śaṅkara-Anhänger als Māyāvādīs, was bedeutet, dass sie sich irren, wenn sie sagen, dass *māyā* (Illusion) die Kraft des Höchsten bedeckt. Die Theisten sind der Überzeugung, dass Bhagavān unmöglich in Illusion geraten kann.

3) Die Verneinung der Emanationstheorie

Śaṅkara lehnte es ab, dass die Absolute Wahrheit der Ursprung des materiellen Kosmos ist. In seiner Anfechtung von Vyāsadevas ursprünglichem *pariṇāma-vāda* (der Theorie, alles Existierende sei vom Höchsten Brahman ausgegangen) sagt Śaṅkara, die ursprüngliche Natur der Absoluten Wahrheit würde sich wandeln, sollte sich diese tatsächlich in die *jīvas,* die Universen und die alldurchdringenden Seelen erweitern. Da aber die Absolute Wahrheit unwandelbar sein müsse, könne sie sich nicht in verschiedene Energien erweitern. Mit anderen Worten: Wenn man ein Blatt Papier in Stücke reißt, dann existiert das Blatt nicht länger als eine individuelle Wesenheit. Die Vaiṣṇava-Theisten halten dieser Auffassung *acintya-śakti,* die unbegreiflichen Kräfte des Absoluten, entgegen. Der vedischen Lehre gemäß besitzt der Höchste unbegreifliche Kräfte, durch die Er sich im ganzen Universum als alldurchdringende Energie verbreiten kann, während Er trotzdem das Vollkommene Ganze bleibt. Mit den Worten der *Īśa Upaniṣad:* „Weil Er das Vollkommene Ganze ist, bleibt Er, obwohl so viele vollständige Einheiten von Ihm ausgehen, die völlige Ausgeglichenheit.“[8]

Die Vaiṣṇava-*ācaryas* erklären, dass das Höchste Brahman sowohl als unendliches Ganzes wie auch als endliche Teile existieren muss. Denn wäre der Höchste nur unendlich, könnte Er nicht so vollkommen sein, dass Er mit Seinen Teilen einen transzendental glückseligen Austausch eingeht. Wäre der *puruṣa* formlos und eins, gliche Er einem König ohne Untertanen. Somit vertreten die Vaiṣṇava-*ācaryas* die Ansicht, dass Bhagavān die Quelle aller Energien *(janmādy asya)* ist und dass sich Seine Energien ständig wandeln oder transformieren. Durch seine indirekte Interpretation versucht Śaṅkara nachzuweisen, dass die Absolute Wahrheit ihre Einheit verlöre, würde sie sich in irgendeiner Form wandeln. Die Vaiṣṇava-Theisten weisen darauf hin, dass Śaṅkara Vyāsadeva widerspricht: Nach der Lehre Vyāsadevas ist es das Nebenprodukt, d.h. die Energie des Höchsten, die sich wandelt, nicht der Höchste selbst; der Höchste bleibt immer ganz und vollständig. Folglich ist in den Augen der Vaiṣṇavas Śaṅkaras Abänderung der Theorie der Emanationen ein Versuch, durch Diskreditierung der vedischen Konzeption die Unpersönlichkeitslehre zu stützen.

4) Die Theorie der Illusion

Śaṅkara ersetzte den *pariṇāma-vāda* mit seinem eigenen *vivarta-vāda,* der Theorie der Illusion. In der Überzeugung, dass die materielle Welt keine Realität habe, sagte er: *brahma satyaṁ jagan mithyā.* „Brahman ist wirklich; das Universum ist falsch." Anhänger der Śaṅkara-Schule geben oft das Beispiel, dass die Auffassung, die Welt sei wirklich, mit der Vorstellung zu vergleichen sei, ein Seil sei eine Schlange; doch Vaiṣṇavas wenden dagegen ein, dass die Nichtwirklichkeit des materiellen Kosmos von den vedischen *śāstras* nicht unterstützt wird. In der *Bhagavad-gītā* erklärt Kṛṣṇa ausdrücklich, dass die materielle Energie Seine „göttliche Energie" ist und unter Seiner Herrschaft steht. Praktisch gesagt, muss die bedingte Seele sich mit der materiellen Welt auseinandersetzen und in ihr handeln; sie kann nicht einfach sagen, die materielle Welt existiere nicht. Für die Vaiṣṇavas hat das Universum einen doppelten Zweck: Die *jīvas* können ihre Sinne unter dem Zauber *māyās* genießen, und schließlich können sie ihre Torheit einsehen, sich reformieren, Befreiung erlangen und letztlich zu ihrer spirituellen Natur zurückkehren. Die materielle Welt ist die Bühne für dieses Schauspiel. Sie ist wirklich, da sie die Energie des Höchsten ist, und sie ist illusorisch aufgrund ihrer Vergänglichkeit. Eine Luftspiegelung setzt die Existenz wirklichen Wassers voraus. Ein fälschlich für eine Schlange gehaltenes Seil setzt die Existenz einer wirklichen Schlange voraus. Die bedingten *jīvas* halten die materielle Welt irrtümlich für ihr wahres Zuhause, doch die Vaiṣṇavas erklären, dass ihre ewige Heimat der Freundschaft und Liebe die spirituelle Welt Bhagavāns ist. In seinem *Gītā-bhāṣya* sagt Śaṅkara selbst, dass Bhagavān Kṛṣṇa in transzendentaler Stellung zum materiellen Kosmos steht *(nārāyaṇaḥ paro 'vyaktāt).* Indem sich die Śaṅkara-Anhänger (Māyāvādīs) hinter die Theorie der Illusion stellen und die Oberhoheit Bhagavāns ablehnen, haben sie eine als vedisches Wissen getarnte, subtile Form des Atheismus geschaffen.

Zwar weigern sich die Anhänger Śaṅkaras, das ursprüngliche *Vedānta-sūtra* ohne Śaṅkaras Kommentare zu akzeptieren, aber es gibt eine Reihe anderer wichtiger Kommentare zum *Vedānta,* zu denen die von Rāmānuja und Madhva und auch der *acintya-bhedābheda-tattva* Caitanyas gehören. Außerdem kommt der unmittelbarste Kommentar zum *Vedānta-sūtra* von dessen Autor selbst, von Vyāsadeva – nämlich das *Bhāgavata Purāṇa.* Einen Nachweis hierfür findet man im *Garuḍa Purāṇa: sarva-vedānta-sāraṁ hi śrī-bhāgavatam iṣyate.*

Der wahre Śaṅkara

Das *Padma Purāṇa* offenbart, dass Saṅkara eine Inkarnation Śivas ist. In diesem Werk macht Śiva seiner Frau Pārvatī die folgende vertrauliche Mitteilung:

> Meine liebe Frau, höre meine Erklärung, wie ich durch Māyāvāda-Philosophie Unwissenheit verbreitet habe. Selbst ein fortgeschrittener Gelehrter wird zu Fall kommen, wenn er sie nur hört. In dieser Philosophie, die für die Masse der Menschen sehr unheilvoll ist, habe ich die wahre Bedeutung der Veden falsch dargestellt und empfohlen, alle Tätigkeiten aufzugeben, um Freiheit von *karma* zu erreichen. In dieser Māyāvāda-Philosophie habe ich den *jīvātmā* und den Paramātmā als ein und dasselbe beschrieben. Die Māyāvāda-Philosophie ist gott-

> los. Sie ist verhüllter Buddhismus. Meine liebe Pārvatī, in der Gestalt eines *brāhmaṇa* lehre ich im Kali-yuga diese erfundene Māyāvāda-Philosophie. Um die Atheisten zu betrügen, beschreibe ich den Höchsten Persönlichen Gott als Wesenheit ohne Form und ohne Eigenschaften. In ähnlicher Weise beschreibe ich, wenn ich den *Vedānta* erkläre, die gleiche Māyāvāda-Philosophie, um die gesamte Bevölkerung zum Atheismus zu führen, indem ich die persönliche Gestalt des Herrn verneine.[9]

Naturgemäß erhebt sich die Frage: „Warum würde Śiva so etwas tun?" Wie es in den *śāstras* heißt, hielt er sich nur an Anweisungen. Im *Śiva Purāṇa* sagte Bhagavān zu Śiva: „Führe im Kali-yuga die Masse der Menschen in die Irre, indem du ersonnene Bedeutungen aus den Veden verkündest."[10]

Darauf, so heißt es in den Veden, schlüpfte Śaṅkara in die Rolle eines Unpersönlichkeitsanhängers, um die Pflicht, die ihm der Höchste Herr aufgetragen hatte, erfüllen zu können, nämlich die Buddhisten zu diskreditieren und die vedische Autorität wiederherzustellen. Während seines Lebens enthüllte Śaṅkara viele Male, dass er eigentlich ein weit fortgeschrittener Geweihter Bhagavāns war. Er verleugnete niemals die spirituelle Form, die bekannt ist als *sac-cid-ānanda-vigraha,* die ewige allglückselige Form des Wissens, die schon vor der materiellen Schöpfung existierte. In der Tat versichert er bereits im ersten Vers seines *Gītā-bhāṣya,* dass Bhagavān Nārāyaṇa in transzendentaler Stellung zur materiellen Schöpfung steht. In seiner *Meditation über die Bhagavad-gītā* schreibt er: *namo 'stu te vyāsa.* „Alle Heilswünsche seien mit dir, o Vyāsa! Du verfügst über einen mächtigen Intellekt, und deine Augen sind so weit wie die Blüten des voll erblühten Lotos. Du warst es, der diese Lampe der Weisheit entzündete, indem du sie mit dem Öl des *Mahābhārata* fülltest."[11] Er beschreibt Bhagavān Kṛṣṇa als den *guru* des Universums und den Lehrer aller Welten und erweist Ihm seine Ehrerbietung: *kṛṣṇāya gītāmṛta-duhe namaḥ.* „Gepriesen seist Du, o Höchster Herr, der Du der Melker der ambrosischen *Gītā* bist."[12] Wie Śaṅkara auch erklärt –

vedaiḥ sāṅga-pada-kramopaniṣadaiḥ –, ist es Bhagavān Kṛṣṇa, „dessen Herrlichkeit durch die Verse der Veden besungen wird, von dem die Sänger des *Sāma Veda* singen und dessen Herrlichkeit die Upaniṣaden in vollem Chor verkünden."[13]

Es gibt auch eine Anzahl von Werken, wie zum Beispiel *Gebete an Kṛṣṇa,* in denen Śaṅkara sein Wissen um *bhakti-yoga* in Beziehung zu Bhagavān offenbart. Eine seiner letzten Aussagen ist berühmt geworden:

bhaja govindaṁ bhaja govindaṁ
bhaja govindaṁ mūḍha-mate
samprāpte sannihite kāle na hi
na hi rakṣati dukṛñ-karaṇe

Er sagt: „Ihr intellektuellen Narren, verehrt einfach Govinda, verehrt einfach Govinda, verehrt einfach Govinda. Euer grammatikalisches Wissen und eure Wortspielerei werden euch in der Stunde des Todes nicht retten." Das war Śaṅkaras letzter Ratschlag; er war für all jene bestimmt, die sich durch intellektuelle Streitereien verwirren lassen und den eigentlichen vedischen *siddhānta* verfehlen würden.

7
Die vedische Gesellschaftsphilosophie

Hinduismus

Dass die Wörter „Hindu“ und „Hinduismus“ in der vedischen Literatur nicht auftauchen, ist von vielen Akademikern bestätigt worden. So schreibt Ainslee T. Embree:

> Gegenstand unserer Betrachtung ist jenes Land, das der westlichen Welt seit grauer Vorzeit als Indien bekannt ist – ein Wort, das die Griechen von den Persern übernahmen, die den großen Fluss Sindhu (den heutigen Indus) als „Hindu“ bezeichneten, weil es ihnen schwer fiel, den Anfangsbuchstaben „S“ auszusprechen. Dieses Wort wurde dann von Fremden verwandt, um die Religion und Kultur jener Menschen zu beschreiben, die in dem Land wohnten, das von den beiden Flüssen Indus und Ganges bewässert wurde. Die Einheimischen selbst allerdings gebrauchten diesen Begriff nicht.[1]

Natürlich sind die Wörter „Hindu“ und „Hinduismus“ in sehr großem Umfang in Gebrauch gekommen, und jedes Lexikon definiert Viṣṇu als „den Gott der Hindus“, obwohl kein *ācārya* und keine der Schriften jemals dieses Wort benutzt hat. „Hindu-Religion“ ist auch der Begriff, der Verwendung findet, um alle möglichen sozialen, kulturellen, nationalistischen und religiösen Phänomene zu beschreiben, von denen viele nicht vedisch sind. Um die echte vedische Gesellschaft zu beschreiben, benutzen die *śāstras* das Wort „Ārya“. Für die Nachfolger der Veden bedeutete menschlicher Fortschritt, sich spiritueller Erkenntnis zu nähern, und eine Gemeinschaft mit spirituellen Zielen wurde als Ārya-Gemeinschaft bezeichnet. Die soziale Einrichtung der Āryas, die die Gesellschaft in acht Gruppen unterteilt, heißt *varṇāśrama-dharma.* Wir werden uns jetzt mit der vedischen Sozialphilosophie befassen.

Eine gottzentrierte Gesellschaft

Der russisch-amerikanische Soziologe Pitirim Sorokin beschreibt die *varṇāśrama*-Gesellschaft in seiner eigenen Terminologie als eine „ideelle Kultur“, das heißt eine Kultur, deren Weltbild vorwiegend durch metaphysische Ziele und Ideen charakterisiert ist, und nicht durch sinnlich-physische. Das erste *mantra* der *Īśa Upaniṣad* erklärt die Grundidee dieser ideellen Kultur:

> Alles Belebte und Unbelebte im Universum wird von Gott beherrscht und ist Sein Eigentum. Der Mensch sollte daher nur das für sich beanspruchen, was er wirklich braucht und was als sein Anteil vorgesehen ist. Nach anderen Dingen sollte er nicht trachten, weiß er doch, wem sie gehören![2]

So lautet das Motto der gottzentrierten *īśavāsya*-Gesellschaft. *Īśa* bedeutet die Höchste Absolute Person, Bhagavān.

Dieser Anschauung gemäß besitzen die *jīvas* nichts, und auch eine Gesellschaft oder ein Staat kann keinen Besitzanspruch erheben. Wie in der *Īśa Upaniṣad* erklärt wird, hält die Natur für jede Lebensart ein bestimmtes Maß an Dingen bereit, die sowohl zum Überleben als auch für ein Leben in Glück und Frieden ausreichen. Ihrem Instinkt folgend, halten sich Tiere, was Fressen, Schlafen, Fortpflanzung und Verteidigung betrifft, an diese natürlichen Regeln, während die Menschen die einzigartige Neigung haben, Dinge über das ihnen von der Natur zur Verfügung gestellte Maß hinaus für sich zu beanspruchen und zu genießen. Die Veden weisen den Menschen an, den natürlichen Regeln zu folgen. Der *varṇāśrama-dharma* geht davon aus, dass jeder durch göttliche Vorkehrung das für ihn Notwendige bekommt und dass es keine Knappheit gibt, vorausgesetzt, dass die Menschheit auf natürliche, vernünftige Weise lebt.

Houston Smith weist darauf hin, dass Religionen sozial aktiv werden müssen, wenn sie gesellschaftlich relevant bleiben wollen, dass sie aber nicht von den „früheren Normen der Religion" abweichen dürfen, wenn sie religiös bleiben wollen.[3] Im *īśāvāsya*-Modell der gottzentrierten Gesellschaft, wie man es in der *Īśa Upaniṣad* findet, können sowohl materielle Bedürfnisse als auch transzendentale Bestrebungen ihre Erfüllung finden. Unter der Herrschaft der vedischen *rājarṣis* (heilige Könige) gab es weder Hunger noch Arbeitslosenprobleme noch eine starke Industrialisierung, die künstliche Bedürfnisse schuf. Das Ziel der *īśāvāsya*-Gesellschaft bestand nicht bloß in einem friedlichen materiellen Leben, sondern auch darin, allen die Gelegenheit zu bieten, Erlösung vom *saṁsāra* zu erreichen.

Dharma – Artha – Kāma – Mokṣa

Die vedische Literatur schreibt Religion *(dharma),* wirtschaftliche Entwicklung *(artha),* Sinnenbefriedigung *(kāma)* und Erlösung *(mokṣa)* vor. Eine Gesellschaft gilt erst dann als zivilisiert, wenn sie in einer geregelten Art und Weise diese Ziele anstrebt. Das *Bhāgavata Purāṇa* (4.22.34) erklärt hierzu:

> Diejenigen, die den starken Wunsch haben, den Ozean der Unwissenheit zu überqueren, dürfen sich nicht mit den Erscheinungsweisen der Unwissenheit *(tamas)* abgeben, weil hedonistische Tätigkeiten die größten

> Hindernisse auf dem Pfad der Verwirklichung religiöser Prinzipien, wirtschaftlicher Entwicklung, regulierter Sinnenbefriedigung und schließlich der Befreiung sind. In der vedischen Literatur heißt es, Essen, Schlafen, Fortpflanzung und Verteidigung seien Mensch und Tier gemein, *dharma* indes sei das besondere Vorrecht des Menschen.[4]

Diejenigen, die materiellen Gewinn begehren, tun fromme Werke und vollziehen religiöse Zeremonien, die in den Veden empfohlen werden. Gott um materiellen Nutzen zu bitten mag kein Zeichen reiner *bhakti* sein, doch ist es allgemein üblich. Die Veden empfehlen als Ziel der Religion im materiellen Bereich, Bhagavāns Eigentumsrecht anzuerkennen und sich um *artha* (wirtschaftliche Entwicklung) zu bemühen. Materieller Profit ist für vermehrte Sinnenbefriedigung *(kāma)* notwendig, und Befreiung vom materiellen Leben *(mokṣa)* wird verlockend, wenn man vom zeitweiligen Glück der Sinnenbefriedigung enttäuscht ist. Der Befreiung wird besondere Bedeutung beigemessen: „Von den vier Prinzipien, nämlich Religion, wirtschaftliche Entwicklung, Sinnenbefriedigung und Befreiung, ist Befreiung das wichtigste. Die anderen drei sind durch das strenge Gesetz der Natur – den Tod – der Zerstörung unterworfen.“[5]

Varṇāśrama-dharma

Die vedische Literatur bestätigt, dass *varṇāśrama-dharma* schon seit unvordenklichen Zeiten existiert. Er kommt nicht vom Menschen, sondern von Bhagavān Kṛṣṇa selbst, der in der *Bhagavad-gītā* sagt: *cātur-varṇyaṁ mayā sṛṣṭaṁ guṇa-karma-vibhāgaśaḥ.* „In Entsprechung zu den drei Erscheinungsweisen der materiellen Natur und der Handlungsweise, die ihnen zugeordnet ist, wurden die vier Gesellschaftsklassen von Mir geschaffen.“[6] Mit anderen Worten, das *varṇāśrama*-System besteht schon seit den ersten Anfängen der Zivilisation. Im *Viṣṇu Purāṇa* wird außerdem erklärt:

varṇāśramācāravatā
puruṣeṇa paraḥ pumān
viṣṇur ārādhyate panthā
nānyat tat-toṣa-kāraṇam

„Śrī Viṣṇu, der Höchste Persönliche Gott, wird durch die rechte Ausführung der vorgeschriebenen Pflichten im System des *varṇa* und *āśrama* verehrt. Es gibt keinen anderen Weg, den Höchsten Persönlichen Gott zu erfreuen. Man muss der Institution der vier *varṇas* und *āśramas* angehören." (*Viṣṇu Purāṇa* 3.8.9)[7]

Zu den vier *varṇas* (soziale Stufen) gehören 1) die *brāhmaṇas* (Lehrer und spirituelle Ratgeber), 2) die *kṣatriyas* (Verwalter und Krieger), 3) die *vaiśyas* (Bauern und Geschäftsleute) und 4) die *śūdras* (Arbeiter und Handwerker). Diese *varṇas* sind keine politischen oder sozialen Parteien, sondern natürliche Kategorien, die man in jeder menschlichen Gesellschaft findet.

Nach vedischer Auffassung gibt es in jeder Gesellschaft Intellektuelle (diejenigen, die durch Tugend, *sattva-guṇa,* motiviert sind), Soldaten und Politiker (diejenigen, die durch Leidenschaft, *rajo-guṇa,* motiviert sind) Bauern und Geschäftsleute (diejenigen, die sowohl durch Leidenschaft als auch durch Unwissenheit motiviert sind) sowie Arbeiter und Handwerker (die durch Unwissenheit, *tamo-guṇa,* motiviert sind).

Die Befürworter des *varṇāśrama-dharma* erklären, dass dieses System zwar zu hereditärem Kastentum entarten kann, dass aber seine ursprüngliche Form von Bhagavān ausgeht und daher gut und förderlich sei – ja die Gesellschaft könne nur dann erblühen, wenn diese natürlichen Klassen für spirituelle Erkenntnis zusammenarbeiten. Im *Bhāgavata Purāṇa* (1.2.13) heißt es: „Es ist daher der Schluss gezogen worden, dass die höchste Vollkommenheit, die man durch die Erfüllung seiner vorgeschriebenen Pflichten *[dharma]* gemäß den Kastenunterteilungen und Stufen des Lebens erreichen kann, darin besteht, Hari [den Höchsten Bhagavān] zu erfreuen."[8]

Neben den vier *varṇas* gibt es auch vier *āśramas,* spirituelle Stufen. Es sind dies 1) *brahmacarya* (zölibatäres Leben als Adept),

2) *gṛhastha* (Eheleben), 3) *vānaprastha* (zurückgezogenes Leben) und 4) *sannyāsa* (entsagungsvolles Leben).

Die Āryas betrachteten die *varṇāśrama*-Institution als das ideale materielle Vehikel, die Menschheit zur spirituellen Ebene zu erheben. Wenn jeder Gott durch seinen standesgemäßen Dienst erfreute, gab es Frieden und Wohlstand in der Gesellschaft, und das Individuum konnte schließlich *mokṣa* erreichen.

Da das *varṇāśrama-dharma*-System zurzeit in Indien nur in entarteter Form existiert, behaupten manche, *brāhmaṇas* und *kṣatriyas* zu sein, indem sie sich ausschließlich auf ihre Geburt berufen, auch wenn sie gar nicht die Eigenschaften von *brāhmaṇas* und *kṣatriyas* besitzen. In der *Bhagavad-gītā* sagt Kṛṣṇa ausdrücklich, dass Er die vier gesellschaftlichen Klassen in Entsprechung zu *guṇa* und *karma* schuf, und nicht der Geburt entsprechend. Diese Kriterien lassen deutlich erkennen, dass es im gegenwärtigen Kali-Zeitalter noch keine reine *varṇāśrama-dharma*-Gesellschaft gegeben hat.

Der vedischen Literatur zufolge war in vergangenen Zeiten das *varnāśrama-dharma*-System keine bloße Wunschvorstellung, sondern ein weltweites System. Die vedischen Chroniken berichten von Königen wie Pṛthu, Prahlāda, Dhruva, Rāmacandra, Yudhiṣṭhira und Parīkṣit, die jahrtausendelang eine ideale Regierung führten. Aber wie in den *śāstras* vorausgesagt wird, ist der reine *varṇāśrama-dharma,* von dem in der vedischen Literatur die Rede ist, im gegenwärtigen Kali-Zeitalter verfallen.

Pflichten in den vier Gesellschaftsklassen

In der vedischen Betrachtungsweise ist der gesellschaftliche Körper mit dem menschlichen Körper oder mit dem Körper *īśvaras* (Bhagavāns) vergleichbar. Demzufolge sind die *brāhmaṇas* der Kopf, die *kṣatriyas* die Arme, die *vaiśyas* die Hüfte und die *śūdras* die Beine. Wie in jedem anderen Körper, so sind auch im Gesellschaftskörper alle Teile wichtig, und niemand vernachlässigt einen Teil, wenngleich das Gehirn besonders wichtig ist, weil es die anderen Teile mit Informationen versorgt.

Zu den brahmanischen Eigenschaften zählen die *śāstras* die Beherrschung des Geistes und der Sinne, Geduld, Einfachheit, Sauberkeit, Wissen, Wahrheitsliebe, Hingabe und Glauben an die vedische Weisheit. Die *brāhmaṇas* waren Lehrer für alle Abteilungen des vedischen Wissens, Priester für vedische Zeremonien und Empfänger von Mildtätigkeit. Nichts in diesen Beschreibungen unterstützt die Vorstellung von Max Weber, dass der *brāhmaṇa* eine Art antiker Zauberer war.[9] Weber zeichnet ein okkultes, primitives Bild vom *brāhmaṇa,* indem er immer wieder darauf hinweist, dass er auf „Magie" und „Charisma" zurückgreife.[10]

Der *varṇāśrama*-Philosophie zufolge war der *brāhmaṇa* kein seltsamer, Flüche verhängender Zauberer, sondern ein Mann von beispielhaftem Betragen und echtem spirituellem Wissen. Lannoy schreibt hierzu:

> Das spirituell vollkommene Individuum wird im heutigen Indien wahrscheinlich so stark idealisiert wie eh und je, auch wenn vielleicht einige wenige dem Ideal entsprechen. Dennoch gibt es nichts, was einen vergleichbaren Massenanreiz ausübt und es von seinem Platz als symbolische Nabe des gesellschaftlichen Rades verdrängt hat.[11]

Die *Bhagavad-gītā* zählt auch die Pflichten des *kṣatriya* (des Kriegers und Verwalters) auf: „Heldentum, Macht, Entschlossenheit, Geschicklichkeit, Mut in der Schlacht, Großzügigkeit und Führerschaft ..."[12] Die *kṣatriyas* beschützten die Hilflosen und verschenkten milde Gaben. Sie waren zwar in den *śāstras* bewandert, nahmen jedoch nie die Stellung von Lehrern ein. Ihre Pflicht war es, für die gerechte Sache zu kämpfen. In der *Bhagavad-gītā* zum Beispiel wollte Arjuna nicht kämpfen, doch Kṛṣṇa drängte ihn zu kämpfen, weil es seine Pflicht als *kṣatriya* war.

Die Pflichten der *vaiśyas* und *śūdras* werden in den *śāstras* wie folgt beschrieben: „Ackerbau, Kuhschutz und Handel sind den *vaiśyas* vorgeschriebene Tätigkeiten, und die *śūdras* verrichten Arbeit und Dienst für die anderen."[13] Wie man aus den vedischen *śāstras* erfährt, gehört die Kuh zu Bhagavān Kṛṣṇa und Seinen Spielen und ist außerdem eine der sieben Mütter des Menschen. Nach vedischem Verständnis ist daher das Töten von Kühen barbarisch. So wie ein König seine menschlichen Untertanen beschützt, so beschützen die *vaiśyas* die Kühe. Der *vaiśya* ist in erster Linie ein Landarbeiter, der Getreide und Gemüse anbaut und Kuhherden hütet. Die vedische Gesellschaft war auf dem Gebiet der Industrialisierung und Urbanisierung nicht fortgeschritten. Nach vedischem Verständnis kann man glücklich leben, wenn man ein wenig Land hat, um sein Getreide anzubauen und seine Kühe grasen zu lassen. So sind alle wirtschaftlichen Probleme gelöst. Für die *vaiśyas* bedeutet Reichtum nicht Geld, sondern Kühe, Getreide, Butter und Milch. *Vaiśyas* hatten aber auch Juwelen, feine Gewänder und sogar Gold, und sie bekamen diese Dinge im Austausch für landwirtschaftliche Waren.

Die *śūdras* leisteten den anderen drei Klassen Dienst. *Śūdras* waren Menschen ohne intellektuelle, militärische und kaufmännische Neigungen. Trotzdem versichert Kṛṣṇa in der *Bhagavad-gītā,* dass jeder das höchste Ziel erreichen kann: „O Sohn Pṛthās, diejenigen, die bei Mir Zuflucht suchen, können das höchste Ziel erreichen, auch wenn sie von niederer Geburt sind, wie Frauen, *vaiśyas* [Kaufleute] oder *śūdras* [Arbeiter].“[14]

Je nach seinem *karma* bekommt der *jīva* einen Körper in den Erscheinungsweisen der Natur. Spirituell gesehen haben die Kasten wie auch alle anderen materiellen Klassifizierungen keine Bedeutung. Zugleich aber bieten solche materiellen Einteilungen jedem in der Gesellschaft die Gelegenheit, dem Höchsten Herrn, Bhagavān, nach besten Kräften zu dienen und Ihn so zu erfreuen.

Pflichten in den vier spirituellen Ständen

Der erste Stand, in den man eintritt, ist der des *brahmacarya,* des zölibatären Adepten. Der vedische Lehrer Yājñavalkya erklärt: „Das Gelübde des *brahmacarya* hilft einem, sich in Tat, Wort und Geist von sexuellem Genuss fernzuhalten – zu allen Zeiten, unter allen Umständen und an allen Orten.“ Man hält daher *brahma-*

carya von Kindheit an ein, wenn man noch nichts von Sexualität weiß. Im Alter von fünf Jahren gehen die Kinder zum *gurukula*, dem Wohnsitz des spirituellen Meisters, und der Meister schult sie in der strengen Disziplin des *brahmacarya.*

Die Schulung als *brahmacārī* formt den Charakter für das ganze Leben. Während dieser frühen Jahre beobachtet der spirituelle Meister die Neigungen des Schülers und bestimmt den *varṇa,* der für ihn am besten geeignet ist. Wenn der Schüler fünfundzwanzig Jahre alt wird, kann er das *brahmacarya*-Leben und den Schutz des spirituellen Meisters verlassen, um zu heiraten und sich dem Familienleben zuzuwenden. Der Gedanke hierbei ist, dass er dank seiner *brahmacārī*-Schulung unter keinen Umständen ein Opfer sexueller Ausschweifungen werden wird.

Der vedische Moralist Cāṇakya Paṇḍita sagt, dass ein gebildeter Mann jede Frau, außer seiner eigenen, als seine Mutter ansieht; dass er das Eigentum eines anderen als Abfall auf der Straße betrachtet und dass er jeden so behandelt, wie er selbst behandelt werden möchte.

Nach vedischem Verständnis ist die Zügelung der Sexualität unerlässlich, da der Geschlechtstrieb jener materielle Wunsch ist, der am meisten bindet. Aufgrund sexueller Bindung kehrt man in die materielle Welt zurück und nimmt Leben für Leben materielle Leiden hin. Zur Sicherheit hat das *varṇāśrama*-System auch einen Platz für den tief verwurzelten Wunsch des *jīva* nach Sinnenbefriedigung. Kurz gesagt, bietet das *varṇāśrama*-System ein Lebensmodell dar, in dem man seine Wünsche befriedigen und sich gleichzeitig durch Regulierung aus der materiellen Knechtschaft lösen kann.

Der *gṛhastha* (Haushälter) hat eine Lizenz für Sinnenfreude, die den anderen drei *āśramas* nicht erlaubt ist; doch alles ist geregelt, sodass er seine Wünsche erfüllen kann und trotzdem spirituell geläutert wird. In einer *gṛhastha*-Ehe ist Sex nur erlaubt, um Kinder zu zeugen. Zwar gewährt der *gṛhastha-āśrama* eine Lizenz für sexuelle Freude, doch die Veden schreiben vor, dass niemand Vater oder Mutter werden sollte, ohne seine Nachkommen vom Tode befreien zu können. Die Läuterung der Existenz des Kindes beginnt zur Zeit der Empfängnis im Schoß der Mutter. Im *garbhādhāna-saṁskāra*-Ritual drücken die Eltern ihre Absicht aus, ein Kind zu zeugen, und vollziehen eine Zeremonie, um ihr Bewusstsein vor der Zeugung zu läutern.

Der dritte *āśrama* heißt *vānaprastha,* zurückgezogenes Leben. Selbst wenn man auf vorbildliche Weise im *gṛhastha-āśrama* lebt, sollte man sich im Alter von fünfzig Jahren von allen Familienbindungen befreien, um sich auf das nächste Leben vorzubereiten. *Vānaprastha* ist eine Zwischenstufe zwischen dem *gṛhastha*-Leben und völliger Entsagung. Im *vānaprastha-āśrama* stellen der Ehemann und die Ehefrau ihre sexuellen Beziehungen ein, doch kann die Frau ihrem Mann weiterhin behilflich sein. Im Idealfall reisen sie zusammen zu heiligen Pilgerorten wie Hardwar, Hṛṣīkeśa, Vṛndāvana und Purī. Durch solche Pilgerreisen lösen sich die *vānaprasthas* von ihrem Heim, ihrer Familie und ihren geschäftlichen Angelegenheiten. Schließlich bricht der Mann alle Familienbindungen ab und tritt in den *sannyāsa*-Stand ein, den Lebensstand der Entsagung.

Der *sannyāsī* ist der spirituelle Meister aller *varṇas* und *āśramas,* und jeder, der nach den vedischen Vorschriften lebt, hat die Pflicht, ihm Achtung zu erweisen. Weil der *sannyāsī* die Verkörperung der Entsagung ist, wird ihm höchste Wertschätzung entgegengebracht. Wenn man bereit ist, *sannyāsa* anzunehmen, wendet man sich an einen *sannyāsī* und bittet ihn darum, von ihm im Rahmen einer vedischen Zeremonie in den Lebensstand der Entsagung eingeweiht zu werden. Nachdem man formell *sannyāsa* angenommen hat, schert man sich das Haupthaar, legt einfache, safranfarbene Gewänder an und trägt einen *sannyāsī*-Stab *(daṇḍa)* mit sich. Man gilt gesellschaftlich als tot, und die Ehefrau, die in der Obhut ihrer älteren Kinder bleibt, wird offiziell zur Witwe.

Die Fesseln der Familienbeziehungen sind indes so stark, dass es dem neuen *sannyāsī* zunächst gestattet ist, in einiger Entfernung von seinem Haus in einer Hütte zu leben und Speisen anzunehmen, die ihm von seiner Familie geschickt werden. Dies wird *kuṭīcaka* („jemand, der in einer Hütte lebt") genannt und bildet die erste von vier aufeinander folgenden Stufen des *sannyāsa.*

Auf der zweiten Stufe *(ba hūdaka)* nimmt man keine Nahrung mehr von zu Hause an, sondern geht in ein anderes Dorf, um vedisches Wissen zu predigen. Zu dieser Zeit bekommt man seine Mahlzeiten, indem man von Tür zu Tür bettelt. Auf der dritten Stufe *(parivrājakācārya)* vertraut sich der *sannyāsī* ausschließlich der Gnade Bhagavāns an und reist weit umher, um jedem, den er trifft, spirituelle Unterweisung zu erteilen. Auf der letzten Stufe (*paramahaṁsa,* „schwanengleicher Mensch") hat man sich völlig als der ewige Diener Bhagavāns erkannt und ist imstande, andere in der Kunst des *bhakti-yoga,* der Liebe zu Gott, zu unterweisen.

Ein *sannyāsī,* der allein lebt und ständig über Bhagavān meditiert, wird als *bhajanānandī* bezeichnet, und ein *sannyāsī,* der Schüler annimmt, als *goṣṭhyānandī.* Dem *goṣṭhyānandī-sannyāsī* spricht Bhagavān Kṛṣṇa die folgende Anerkennung aus: „Jemandem, der dieses höchste Geheimnis den *bhaktas* erklärt, ist hingebungsvoller Dienst garantiert, und am Ende wird er zu Mir zurückkehren. Es gibt keinen Diener auf dieser Welt, der Mir lieber ist als er, und niemals wird Mir jemand lieber sein."[15]

Varṇāśrama-dharma ist ein wissenschaftliches System, um jeden zu erheben, egal auf welche Weise er von den Erscheinungsweisen der materiellen Natur beeinflusst wird. Das Endziel der vedischen Kultur besteht darin, sich dem Höchsten Herrn, Bhagavān, zu ergeben, und diese Hingabe ist der *siddhānta,* der die vedische Literatur und die vedische Tradition von Grund auf bestimmt.

Leseproben

Śrī Īśa Upaniṣad

INVOKATION Der Persönliche Gott ist vollkommen und vollständig, und weil Er völlig vollkommen ist, sind alle Seine Emanationen, wie zum Beispiel die Erscheinungswelt, als vollständige Einheiten vollkommen ausgestattet. Alles, was vom Vollkommenen Ganzen hervorgebracht wird, ist ebenfalls in sich selbst vollständig und vollkommen. Weil Er das Vollkommene Ganze ist, bleibt Er die völlige Ausgeglichenheit, obwohl zahllose vollständige Einheiten von Ihm ausgehen.

1 Alles Belebte und Unbelebte im Universum wird von Gott beherrscht und ist Sein Eigentum. Der Mensch sollte daher nur das für sich beanspruchen, was er wirklich braucht und was als sein Anteil vorgesehen ist. Nach anderen Dingen sollte er nicht trachten, weiß er doch, wem sie gehören!

2 Handelt der Mensch immer nur auf diese Weise, kann er danach streben, Hunderte von Jahren zu leben, denn so wird er nicht an das Gesetz des *karma* gebunden. Einen anderen Pfad als diesen gibt es für ihn nicht.

3 Der Mörder der Seele, wer immer es ein mag, muss eingehen in die Planeten, die man als die Welten der Ungläubigen kennt und die erfüllt sind von Finsternis und Unwissenheit.

4 Obgleich der Persönliche Gott stets in Seinem Reich weilt, ist Er schneller als der Wind, und niemand übertrifft Ihn beim Laufen. Die mächtigen Halbgötter können sich Ihm nicht einmal nähern. Obwohl Er an einem Ort weilt, gebietet Er über jene, die für Luft und Regen sorgen. Er überragt alle an Vortrefflichkeit.
5 Der Höchste Herr geht, und doch geht Er nicht. Er ist weit entfernt, und doch ist Er ganz nah. Er befindet sich in allen Dingen, und doch weilt Er auch außerhalb aller Dinge.
6 Wer systematisch alles in Beziehung zum Höchsten Herrn sieht, wer alle Lebewesen als Seine Teile und den Höchsten Herrn in allen Dingen erkennt, verabscheut nichts und hasst kein Lebewesen.
7 Wer stets alle Lebewesen als spirituelle Funken sieht, der Eigenschaft nach eins mit dem Herrn, wird ein wahrer Kenner der Dinge. Was kann ihn dann noch täuschen oder beängstigen?
8 Ein solcher Mensch muss den Allerhabenen, den Persönlichen Gott, wahrhaft kennen, der unverkörpert, allwissend, unfehlbar, ohne Venen, rein und unbefleckt ist, den unabhängigen Philosophen, der seit unvordenklicher Zeit die Wünsche eines jeden erfüllt.
9 Diejenigen, die mit ihrem Tun Unwissenheit kultivieren, werden in die finstersten Bereiche der Dunkelheit eingehen. Schlimmer noch ergeht es denjenigen, die sich mit der Kultivierung so genannten Wissens befassen.
10 Die Weisen haben uns erklärt, dass sich die Kultivierung von Wissen anders auswirkt als die Kultivierung von Unwissenheit.
11 Nur wer die Wirkungsweise der Unwissenheit und die des transzendentalen Wissens zugleich begreifen kann, vermag den Einfluss wiederholter Geburt und wiederholten Todes zu überwinden und kann sich des vollen Segens der Unsterblichkeit erfreuen.
12 Die Verehrer der Halbgötter gehen in den finstersten Bereich der Unwissenheit ein, und noch schlimmer ergeht es den Verehrern des unpersönlichen Absoluten.
13 Es wird gesagt, dass die Verehrung der höchsten Ursache aller Ursachen ein anderes Ergebnis hervorbringt als die Verehrung des Nichthöchsten. All dies wurde von großen Meistern

vernommen, die in der Transzendenz verankert waren und es unmissverständlich erklärten.

14 Man soll vollkommene Kenntnis besitzen vom Persönlichen Gott Śrī Kṛṣṇa und Seinem transzendentalen Namen, Seiner Gestalt, Seinen Eigenschaften und Spielen sowie der vergänglichen materiellen Schöpfung mit ihren Halbgöttern, Menschen und Tieren. Wenn man all dies kennt, überwindet man den Tod und mit ihm die vergängliche kosmische Schöpfung. Dann genießt man im ewigen Reich Gottes sein ewiges Leben der Glückseligkeit und Erkenntnis.

15 O mein Herr, Erhalter allen Lebens, Dein Antlitz ist durch Deine leuchtende Ausstrahlung verhüllt. Bitte enthülle Dich Deinem reinen Geweihten.

16 O mein Herr, ursprünglicher Philosoph, Erhalter des Universums, regulierendes Prinzip, Ziel der reinen *bhaktas* und wohlmeinender Freund der Vorfahren der Menschheit, bitte entferne den Glanz Deiner transzendentalen Strahlen, sodass ich Deine Gestalt der Glückseligkeit schauen kann. Du bist der ewige Höchste Persönliche Gott, der Sonne gleich, wie ich.

17 Möge mein vergänglicher Leib zu Asche verbrennen, und möge mein Lebensodem in die Fülle der Luft eingehen! O mein Herr, gedenke jetzt bitte all meiner Opfer, und erinnere Dich bitte an alles, was ich für Dich getan habe, denn letztlich bist Du der Nutznießer aller guten Werke.

18 O mein Herr, mächtig wie das Feuer, Allmächtiger, jetzt erweise ich Dir meine Ehrerbietung und falle zu Boden, Dir zu Füßen. O mein Herr, bitte führe mich auf den rechten Pfad, damit ich zu Dir gelangen kann, und da Du alles weißt, was ich in der Vergangenheit getan habe, erlöse mich bitte von den Reaktionen auf meine vergangenen Sünden, sodass ich ungehindert fortschreiten kann.

Bhagavad-gītā

1. Betrachtung der Armeen auf dem Schlachtfeld von Kurukṣetra

*Ein Vergleich der feindlichen Heere**

1 Dhṛtarāṣṭra sprach: O Sañjaya, was taten meine Söhne und die Söhne Pāṇḍus, als sie sich an der Pilgerstätte von Kurukṣetra voller Kampflust versammelt hatten?
2 Sañjaya sprach: Mein König, nachdem König Duryodhana die Schlachtordnung der Armee, die von den Söhnen Pāṇḍus aufgestellt worden war, betrachtet hatte, ging er zu seinem Lehrer und sprach die folgenden Worte.
3 Mein Lehrer, betrachte das gewaltige Heer der Söhne Pāṇḍus, das dein intelligenter Schüler, der Sohn Drupadas, auf solch geschickte Weise aufgestellt hat.

---

* Die Kurus werden angeführt von den Söhnen Dhṛtarāṣṭras, von denen Duryodhana der wichtigste ist. Auf der anderen Seite steht das Heer der Pāṇḍavas, angeführt von Arjuna, einem Freund Kṛṣṇas, der gleichzeitig auch Arjunas Wagenlenker ist. Wie im *Mahābhārata* berichtet wird, wurden die Pāṇḍavas von Dhṛtarāṣṭra und seinen Söhnen um ihr Königreich betrogen und so zur Schlacht gezwungen.

4 In jenem Heer gibt es viele heldenhafte Bogenschützen, die Bhīma und Arjuna im Kampf ebenbürtig sind – große Kämpfer wie Yuyudhāna, Virāṭa und Drupada.
5 Weiter gibt es dort so heldenhafte und mächtige Kämpfer wie Dhṛṣṭaketu, Cekitāna, Kāśirāja, Purujit, Kuntibhoja und Śaibya.
6 Es stehen dort der gewaltige Yudhāmanyu, der äußerst mächtige Uttamaujā, der Sohn Subhadrās und die Söhne Draupadīs. All diese Krieger sind große Wagenkämpfer.
7 Ich möchte dir, edler *brāhmaṇa,* zu deiner Information aber auch mitteilen, wer die mächtigsten Anführer meiner Streitmacht sind.
8 Es sind dies Persönlichkeiten wie du selbst, Bhīṣma, Karṇa, Kṛpa, Aśvatthāmā, Vikarṇa und der Sohn Somadattas mit Namen Bhūriśravā, die alle in der Schlacht stets siegreich sind.
9 Noch viele andere Helden sind bereit, für mich ihr Leben hinzugeben. Sie alle sind mit den verschiedensten Waffen ausgerüstet, und alle sind erfahrene Krieger.
10 Unsere Stärke ist unermesslich, und wir stehen unter dem vollkommenen Schutz von Großvater Bhīṣma. Die Stärke der Pāṇḍavas hingegen, die von Bhīma beschützt werden, ist begrenzt.
11 Wenn ihr jetzt in den Schlachtreihen eure Stellung einnehmt, müsst ihr alle Großvater Bhīṣma eure volle Unterstützung gewähren.
12 Bhīṣma, der heldenhafte Ahnherr der Kuru-Dynastie, der Großvater der Kämpfer, blies darauf laut in sein Muschelhorn. Es dröhnte wie das Brüllen eines Löwen und erfüllte Duryodhana mit Freude.
13 Da ertönten plötzlich alle Muschelhörner, Trommeln, Trompeten und Fanfaren, und der gemeinsame Klang war tosend.
14 Auf der anderen Seite ließen Śrī Kṛṣṇa und Arjuna, die auf einem großen, von weißen Pferden gezogenen Streitwagen standen, ihre transzendentalen Muschelhörner erschallen.
15 Śrī Kṛṣṇa stieß in Sein Muschelhorn namens Pāñcajanya; Arjuna blies sein Muschelhorn Devadatta, und Bhīma, der unersättliche Esser und Vollbringer herkulischer Taten, stieß in sein Furcht erregendes Muschelhorn namens Pauṇḍra.

16–18 König Yudhiṣṭhira, der Sohn Kuntīs, ließ sein Muschelhorn, das Anantavijaya, ertönen, und Nakula und Sahadeva bliesen das Sughoṣa und das Maṇipuṣpaka. Der König von Kāśī, ein großer Bogenschütze, der große Kämpfer Śikhaṇḍī, Dhṛṣṭadyumna, Virāṭa und der unbezwingbare Sātyaki, Drupada, die Söhne Draupadīs und die anderen, o König, wie der starkarmige Sohn Subhadrās, stießen ebenfalls in ihr Muschelhorn.
19 Der Schall der Hörner war gewaltig, und da er sowohl im Himmel als auch auf der Erde widerhallte, durchbohrte er die Herzen der Söhne Dhṛtarāṣṭras.
20 Da nahm Arjuna, der Sohn Pāṇḍus, auf dessen Streitwagen sich die Fahne mit dem Zeichen Hanumāns befand, seinen Bogen auf und machte sich bereit, seine Pfeile abzuschießen. Er blickte über die Schlachtreihen der Söhne Dhṛtarāṣṭras, und dann, o König, sprach er zu Śrī Kṛṣṇa die folgenden Worte.

Der überwältigte Arjuna weigert sich zu kämpfen und erklärt seinen Standpunkt

21–22 Arjuna sagte: O Unfehlbarer, bitte lenke meinen Streitwagen zwischen die beiden Heere, damit ich all diejenigen sehen kann, die sich hier voller Kampfbegierde versammelt haben und gegen die ich in dieser großen Schlacht meine Waffen richten muss.
23 Lass mich diejenigen sehen, die hierher zum Kampf gekommen sind, um dem niederträchtigen Sohn Dhṛtarāṣṭras zu Diensten zu sein.
24 Sañjaya sprach: O Nachkomme Bharatas, auf diese Bitte Arjunas lenkte Śrī Kṛṣṇa den vortrefflichen Streitwagen zwischen die Heere beider Parteien.
25 In der Gegenwart von Bhīṣma, Droṇa und allen anderen Herrschern der Welt sprach der Herr: O Pārtha, sieh nur all die Kurus, die sich hier versammelt haben!
26–28 Da erkannte Arjuna, der mitten zwischen den Heeren beider Parteien stand, seine Väter, Großväter, Lehrer, Onkel, Brüder, Söhne, Enkel, Freunde wie auch seine Schwiegerväter und seine Gönner. Als der Sohn Kuntīs, Arjuna, all diese Freunde und

Verwandten sah, wurde er von Mitleid überwältigt und sprach: Mein lieber Kṛṣṇa, beim Anblick meiner Freunde und Verwandten, die mit solcher Kampfbegierde vor mir stehen, beginne ich am ganzen Körper zu zittern, und mein Mund verdorrt.

29 Ich zittere am ganzen Leib, und mir sträuben sich die Haare. Mein Bogen Gāṇḍīva gleitet mir aus der Hand, und meine Haut brennt.

30 Ich kann nicht mehr stehen. Ich bin vollends verwirrt, und mir schwindelt. Ich sehe nur Unheil drohen, o Kṛṣṇa, Töter des Dämons Keśī.

31 Ich kann mir nicht vorstellen, wie etwas Gutes entstehen kann, wenn ich in dieser Schlacht meine eigenen Verwandten töte; mein lieber Kṛṣṇa, ebenso wenig begehre ich die Folgen dieses Tötens, wie Sieg, Besitz des Königreichs oder Glück.

32–35 O Govinda, was nützt uns ein Königreich, Glück oder sogar das nackte Leben, wenn all diejenigen, für die wir dies begehren, jetzt in Reih und Glied vor uns auf dem Schlachtfeld stehen? O Madhusūdana, wenn Lehrer, Väter, Söhne, Großväter, Onkel, Schwiegerväter, Enkel, Schwäger und andere Verwandte bereit sind, ihr Leben und ihre Besitztümer aufzugeben, und kampfbereit vor mir stehen – warum sollte ich da den Wunsch haben, sie zu töten, selbst wenn sie sonst mich töten? O Erhalter aller Lebewesen, ich bin nicht bereit, mit ihnen zu kämpfen, nicht einmal wenn ich dafür die drei Welten bekäme, geschweige denn diese Erde. Welche Freude werden wir daraus ziehen, wenn wir die Söhne Dhṛtarāṣṭras töten?

36 Sünde wird über uns kommen, wenn wir solche Angreifer töten. Daher ziemt es sich nicht für uns, die Söhne Dhṛtarāṣṭras und unsere Freunde zu töten. Was können wir schon gewinnen, o Kṛṣṇa, Gemahl der Glücksgöttin, und wie können wir glücklich sein, wenn wir unsere eigenen Verwandten töten?

37–38 O Janārdana, die Männer hier sind der Gier anheim gefallen und sehen nichts Falsches darin, die eigene Familie zu töten und mit Freunden zu kämpfen. Warum aber sollten wir es ihnen gleich tun, wissen wir doch um die Sündhaftigkeit solcher Handlungsweise?!

39 Mit der Zerstörung der Dynastie geht die ewige Familientradition verloren, und so gerät der Rest der Familie auf den Pfad der Irreligiosität.
40 Wenn in der Familie Irreligiosität vorherrscht, verlieren die Frauen der Familie ihre Reinheit, und wenn auf diese Weise die Moral der Frauen verfällt, o Nachkomme Vṛṣṇis, entsteht unerwünschte Nachkommenschaft.
41 Das Zunehmen solcher unerwünschten Bevölkerung stürzt die Familie und diejenigen, die die Familientradition zerstören, in ein höllisches Dasein. Die Vorväter solcher entarteten Familien kommen zu Fall, weil die Zeremonien, bei denen man ihnen Speise und Wasser darbringt, vollständig eingestellt werden.
42 Durch die Sünde derer, die die Familientradition ruiniert und somit die Geburt unerwünschter Kinder verursacht haben, gehen die Tugenden der Berufsstände und der Familien verloren.
43 O Kṛṣṇa, Erhalter aller Menschen, ich habe durch die Schülernachfolge gehört, dass diejenigen, die die Familientradition zerstören, für immer in der Hölle leiden.
44 Ach, wie seltsam es ist, dass wir uns anschicken, schwere Sünden zu begehen! Getrieben von dem Wunsch, königliches Glück zu genießen, schrecken wir nicht davor zurück, unsere eigenen Verwandten zu töten.
45 Es wäre besser für mich, wenn ich auf dem Schlachtfeld unter den Waffen der Söhne Dhṛtarāṣṭras unbewaffnet stürbe, ohne Widerstand zu leisten.
46 Sañjaya sagte: Als Arjuna auf dem Schlachtfeld so gesprochen hatte, warf er seinen Bogen und seine Pfeile beiseite und setzte sich, von Kummer überwältigt, auf dem Streitwagen nieder.

2. Die Gītā in Kurzform

Arjuna ergibt sich Kṛṣṇa und bittet Ihn um Unterweisung

1 Sañjaya sprach: Als Madhusdana, Kṛṣṇa, Arjuna voller Mitleid und sehr betrübt sah, mit Tränen in den Augen, sprach Er die folgenden Worte.

2 Der Höchste Persönliche Gott sprach: Mein lieber Arjuna, wie konnten diese Unreinheiten über dich kommen? Sie ziemen sich in keiner Weise für einen Menschen, der die höheren Werte des Lebens kennt. Sie führen nicht zu höheren Planeten, sondern zu Schande.
3 O Sohn Pṛthās, gib dieser entwürdigenden Unmannhaftigkeit nicht nach. Das ist dir nicht angemessen. Gib diese ungebührliche Schwäche des Herzens auf und erhebe dich, o Feindesbezwinger!
4 Arjuna sagte: O Töter der Feinde, o Töter Madhus, wie kann ich Männer wie Bhīṣma und Droṇa, die meiner Verehrung würdig sind, in dieser Schlacht mit Pfeilen bekämpfen?
5 Es wäre besser, in dieser Welt vom Betteln zu leben als auf Kosten des Lebens großer Seelen, die meine Lehrer sind. Obwohl sie vom Wunsch nach weltlichem Gewinn getrieben werden, sind sie immer noch meine Oberen. Wenn sie getötet werden, würde alles, was wir genießen, mit Blut befleckt sein.
6 Auch wissen wir nicht, was besser ist – die Söhne Dhṛtarāṣṭras zu besiegen oder von ihnen besiegt zu werden. Wenn wir sie töten, wäre es besser, nicht mehr zu leben. Doch nun stehen sie vor uns auf dem Schlachtfeld.
7 Nun bin ich verwirrt und weiß nicht mehr, was meine Pflicht ist. Aus Schwäche habe ich meine Fassung verloren. In diesem Zustand bitte ich Dich, mir klar zu sagen, was das Beste für mich ist. Jetzt bin ich Dein Schüler und eine Dir ergebene Seele. Bitte unterweise mich.
8 Ich kann kein Mittel finden, diesen Kummer zu vertreiben, der meine Sinne austrocknet. Ich könnte nicht einmal davon frei werden, wenn ich ein blühendes und unangefochtenes Königreich auf der Erde gewänne und die Macht der Halbgötter im Himmel besäße.
9 Sañjaya sagte: Nachdem Arjuna, der Bezwinger der Feinde, so gesprochen hatte, sagte er zu Kṛṣṇa: „Govinda, ich werde nicht kämpfen!“, und verstummte.
10 O Nachkomme Bharatas, da sprach Kṛṣṇa in der Mitte zwischen den beiden Heeren zu dem kummervollen Arjuna lächelnd die folgenden Worte.

11 Der Höchste Persönliche Gott sprach: Während du gelehrte Worte sprichst, betrauerst du, was des Kummers nicht wert ist. Die Weisen beklagen weder die Lebenden noch die Toten.

12 Nie gab es eine Zeit, als Ich, du oder all diese Könige nicht existierten, und auch künftig wird keiner von uns je aufhören zu sein.

13 Ähnlich wie die verkörperte Seele in diesem Leben verschiedene Formen physischer Wandlung durchläuft – Kindheit, Jugend und Alter –, so wandert die Seele nach dem Tod in einen anderen Körper. Ein Weiser lässt sich durch solche Wandlungen nicht verwirren.

14 O Sohn Kuntīs, das unbeständige Erscheinen von Glück und Leid und ihr Vergehen im Laufe der Zeit gleichen dem Kommen und Gehen von Sommer und Winter. Solche Empfindungen werden durch Sinneswahrnehmung hervorgerufen, o Nachkomme Bharatas, und man muss lernen, sie zu dulden, ohne sich verwirren zu lassen.

15 O Bester unter den Menschen [Arjuna], wer sich durch Glück und Leid nicht stören lässt, sondern in beidem stetig ist, eignet sich gewiss dazu, Befreiung zu erlangen.

16 Diejenigen, die die Wahrheit sehen, haben erkannt, dass das Inexistente [der materielle Körper] ohne Dauer und das Ewige [die Seele] ohne Wandel ist. Zu diesem Schluss sind sie gekommen, nachdem sie das Wesen von beidem studiert hatten.

17 Wisse, das, was den gesamten Körper durchdringt, ist unzerstörbar. Niemand ist imstande, die unvergängliche Seele zu töten.

18 Dem materiellen Körper des unzerstörbaren, unmessbaren und ewigen Lebewesens jedoch ist es mit Sicherheit bestimmt zu sterben. Deshalb kämpfe, o Nachkomme Bharatas!

19 Weder derjenige, der denkt, das Lebewesen töte, noch derjenige, der denkt, es werde getötet, besitzt Wissen, denn das Selbst tötet nicht und wird auch nicht getötet.

20 Für die Seele gibt es weder Geburt noch Tod. Da sie einmal war, hört sie niemals auf zu sein. Sie ist ungeboren, ewig, immerwährend, unsterblich und uranfänglich. Sie wird nicht erschlagen, wenn der Körper erschlagen wird.

21 O Pārtha, wie kann ein Mensch, der weiß, dass die Seele unzerstörbar, ewig, ungeboren und unveränderlich ist, jemanden töten oder jemanden veranlassen zu töten?
22 Wie ein Mensch alte Kleider ablegt und neue anzieht, so gibt die Seele alt und unbrauchbar gewordene Körper auf und nimmt neue materielle Körper an.
23 Die Seele kann nicht von Waffen zerschnitten, von Feuer verbrannt, von Wasser benetzt oder vom Wind verdorrt werden.
24 Die individuelle Seele ist unzerbrechlich und unauflöslich und kann weder verbrannt noch ausgetrocknet werden. Sie ist immerwährend, überall gegenwärtig, unwandelbar, unbeweglich und ewig dieselbe.
25 Es heißt, dass die Seele unsichtbar, unbegreiflich und unwandelbar ist. Da du dies weißt, solltest du nicht um den Körper trauern.
26 Doch selbst wenn du glaubst, die Seele werde immer wieder geboren und stürbe immer wieder, so gibt es für dich dennoch keinen Grund zu klagen, o Starkarmiger.
27 Jemandem, der geboren wurde, ist der Tod gewiss, und jemandem, der gestorben ist, ist die Geburt gewiss. Deshalb solltest du bei der unvermeidlichen Erfüllung deiner Pflichten nicht klagen.
28 Alle erschaffenen Wesen sind am Anfang unmanifest, in ihrem Zwischenzustand manifest und wieder unmanifest, wenn sie vernichtet werden. Warum sollte man also klagen?
29 Einige betrachten die Seele als wunderbar, einige beschreiben sie als wunderbar, und einige hören, sie sei wunderbar, wohingegen andere, selbst nachdem sie von ihr gehört haben, sie nicht im Geringsten verstehen können.
30 O Nachkomme Bharatas, der Bewohner des Körpers kann niemals getötet werden. Daher brauchst du um kein Geschöpf zu trauern.

Warum Arjuna kämpfen muss

31 Im Hinblick auf deine besondere Pflicht als *kṣatriya* solltest du wissen, dass es für dich keine bessere Beschäftigung gibt, als auf der Grundlage religiöser Prinzipien zu kämpfen. Daher gibt es keinen Grund zu zögern.

32 O Pārtha, glücklich sind die *kṣatriyas,* denen sich unverhofft solche Gelegenheiten zum Kampf bieten, da sich ihnen dadurch die Tore zu den himmlischen Planeten öffnen.

33 Wenn du jedoch deine religiöse Pflicht des Kämpfens nicht ausführst, wirst du Sünde auf dich laden, weil du deine Pflichten vernachlässigst, und wirst so deinen Ruf als Kämpfer verlieren.

34 Für alle Zeiten werden die Menschen von deiner Schmach sprechen, und für jemanden, der einmal geehrt wurde, ist Schande schlimmer als der Tod.

35 Die großen Heerführer, die deinen Namen und deinen Ruhm hoch ehrten, werden denken, du habest das Schlachtfeld nur aus Furcht verlassen, und so werden sie dich verachten.

36 Deine Feinde werden schlecht über dich reden und dich verspotten. Was könnte schmerzlicher für dich sein?

37 O Sohn Kuntīs, entweder wirst du auf dem Schlachtfeld getötet werden und die himmlischen Planeten erreichen, oder du wirst siegen und so das Königreich der Erde genießen. Erhebe dich daher und kämpfe mit Entschlossenheit!

38 Kämpfe um des Kampfes willen, ohne Glück und Leid, Sieg und Niederlage zu beachten. Wenn du so handelst, wirst du niemals Sünde auf dich laden.

Handeln ohne Reaktionen

39 Bisher habe Ich dir dieses Wissen in Form eines analytischen Diskurses *(sāṅkhya)* erklärt. Höre nun, wie Ich es dir im Sinne von Tätigkeit ohne karmisches Ergebnis erkläre. O Sohn Pṛthās, wenn du mit solchem Wissen handelst, kannst du dich von der Fessel der Tätigkeiten befreien.

40 Bei dieser Bemühung gibt es weder Verlust noch Rückschritt, und schon ein wenig Fortschritt auf diesem Pfad kann einen vor der größten Gefahr bewahren.

41 Diejenigen, die diesen Pfad beschreiten, sind entschlossen in ihrem Vorhaben, und ihr Ziel ist eins. O geliebter Spross der Kurus, die Intelligenz der Unentschlossenen ist vielverzweigt.

42–43 Unwissende Menschen hängen sehr an den blumigen Worten der Veden, die vielerlei karmische Werke zur Erhebung auf die himmlischen Planeten empfehlen, mit einer besseren Geburt, Macht und so fort. Da sie Sinnenbefriedigung und ein Leben in Hülle und Fülle begehren, sagen sie, es gebe keinen anderen Weg.
44 Im Geist derjenigen, die zu sehr an Sinnengenuss und materiellem Reichtum hängen und die durch solche Dinge verwirrt sind, kommt es nicht zu dem festen Entschluss, dem Höchsten Herrn in Hingabe zu dienen.
45 Die Veden handeln hauptsächlich von den drei Erscheinungsweisen der materiellen Natur. O Arjuna, transzendiere diese drei Erscheinungsweisen. Sei frei von aller Dualität und aller Sorge um Gewinn und Sicherheit, und sei im Selbst verankert.
46 Alle Zwecke, die ein kleiner Brunnen erfüllt, können sogleich von einem großen Gewässer erfüllt werden. In ähnlicher Weise können alle Ziele der Veden von jemandem erreicht werden, der das Ziel hinter ihnen kennt.
47 Du hast das Recht, deine vorgeschriebene Pflicht zu erfüllen, aber du hast keinen Anspruch auf die Früchte des Handelns. Halte dich niemals für die Ursache der Ergebnisse deiner Tätigkeiten, und hafte niemals daran, deine Pflicht nicht zu erfüllen.
48 Erfülle deine Pflicht mit Gleichmut, o Arjuna, und gib alle Anhaftung an Erfolg und Misserfolg auf. Solche Ausgeglichenheit wird *yoga* genannt.
49 O Dhanañjaya, halte alle abscheulichen Tätigkeiten durch hingebungsvollen Dienst fern von dir, und ergib dich in diesem Bewusstsein dem Herrn. Diejenigen, die die Früchte ihrer Arbeit genießen wollen, sind bedauernswert.
50 Jemand, der im hingebungsvollen Dienst tätig ist, befreit sich schon im gegenwärtigen Leben sowohl von guten als auch von schlechten Reaktionen. Deshalb strebe nach *yoga,* der Kunst des Handelns.
51 Indem sich die großen Weisen und *bhaktas* so im hingebungsvollen Dienst des Herrn betätigen, befreien sie sich von den Ergebnissen ihrer Tätigkeiten in der materiellen Welt. Auf diese Weise

werden sie vom Kreislauf von Geburt und Tod frei und erreichen den Ort jenseits aller Leiden [indem sie zurück zu Gott gehen].

52 Wenn deine Intelligenz aus dem Dickicht der Täuschung herausgetreten ist, wirst du gegenüber allem, was gehört worden ist, und allem, was noch zu hören ist, gleichgültig werden.

53 Wenn dein Geist nicht mehr von der blumigen Sprache der Veden verwirrt ist und fest in der Trance der Selbstverwirklichung verankert bleibt, dann hast du das göttliche Bewusstsein erreicht.

Die Merkmale transzendentalen Bewusstseins

54 Arjuna sprach: O Kṛṣṇa, welche Merkmale weist jemand auf, dessen Bewusstsein so in die Transzendenz eingegangen ist? Wie und worüber spricht er? Wie sitzt er, und wie geht er?

55 Der Höchste Persönliche Gott sprach: O Pārtha, wenn ein Mensch alle Sinnesbegierden aufgibt, die den Wunschvorstellungen des Geistes entspringen, und wenn sein geläuterter Geist im Selbst allein Befriedigung findet, dann sagt man von ihm, er sei im reinen transzendentalen Bewusstsein verankert.

56 Jemand, der nicht verwirrt ist, selbst wenn er die dreifachen Leiden erfährt, der nicht von Freude überwältigt wird, wenn er Glück genießt, und der frei von Leidenschaft, Angst und Zorn ist, gilt als ein Weiser mit stetigem Geist.

57 Wer in der materiellen Welt von allem, was ihm widerfährt – sei es gut oder schlecht –, unberührt bleibt und es weder lobt noch schmäht, ist fest in vollkommenem Wissen verankert.

58 Wer fähig ist, seine Sinne von den Sinnesobjekten zurückzuziehen, so wie die Schildkröte ihre Glieder in den Panzer einzieht, ist unerschütterlich in vollkommenem Bewusstsein verankert.

59 Die verkörperte Seele kann zwar von Sinnenfreuden zurückgehalten werden, doch der Geschmack für die Sinnesobjekte bleibt. Wenn sie jedoch solche Neigungen aufgibt, da sie einen höheren Geschmack erfährt, ist sie im Bewusstsein gefestigt.

60 Die Sinne sind dermaßen stark und ungestüm, o Arjuna, dass sie sogar den Geist eines Mannes gewaltsam fortreißen, der Unterscheidungsvermögen besitzt und der bemüht ist, sie zu beherrschen.

61 Wer seine Sinne zurückhält und sie vollkommen beherrscht und wer sein Bewusstsein auf Mich richtet, besitzt stetige Intelligenz.

62 Beim Betrachten der Sinnesobjekte entwickelt der Mensch Anhaftung an sie; aus solcher Anhaftung entwickelt sich Lust, und aus Lust geht Zorn hervor.

63 Aus Zorn entsteht völlige Täuschung, und der Täuschung folgt die Verwirrung der Erinnerung. Wenn die Erinnerung verwirrt ist, geht die Intelligenz verloren, und wenn die Intelligenz verloren ist, fällt man wieder in den materiellen Sumpf zurück.

64 Wer aber von aller Anhaftung und Ablehnung frei ist und seine Sinne durch die regulierenden Prinzipien der Freiheit zu beherrschen vermag, erlangt die volle Barmherzigkeit des Herrn.

65 Für jemanden, der auf diese Weise [im Kṛṣṇa-Bewusstsein] zufrieden ist, existieren die dreifachen Leiden des materiellen Daseins nicht mehr; in einem solch zufriedenen Zustand wird seine Intelligenz sehr bald gefestigt.

66 Ohne mit dem Höchsten [im Kṛṣṇa-Bewusstsein] verbunden zu sein, kann man weder transzendentale Intelligenz noch einen gefestigten Geist haben, ohne die keine Möglichkeit zum Frieden besteht. Und wie kann es Glück ohne Frieden geben?

67 Gleich einem Boot auf dem Wasser, das von einem Sturm hinweggerissen wird, kann schon einer der ungezügelten Sinne, auf den der Geist sich richtet, die Intelligenz des Menschen forttragen.

68 Deshalb, o Starkarmiger, verfügt jemand, dessen Sinne von den Sinnesobjekten zurückgezogen sind, zweifelsohne über gefestigte Intelligenz.

69 Was Nacht ist für alle Wesen, ist die Zeit des Erwachens für den Selbstbeherrschten, und die Zeit des Erwachens für alle Wesen ist Nacht für den nach innen gekehrten Weisen.

70 Wer angesichts der unaufhörlichen Flut von Wünschen so unberührt bleibt wie der Ozean, der von vielen Flüssen gespeist wird und doch immer ausgeglichen bleibt, kann Frieden erlangen; nicht aber derjenige, der nach Erfüllung seiner Sinnesbegehren trachtet.

71 Jemand, der alle Wünsche nach Sinnenbefriedigung aufgegeben hat, frei von Wünschen ist, von jedem Besitzanspruch Abstand genommen hat und frei von falschem Ego ist – er allein kann wirklichen Frieden erlangen.
72 Das ist der Weg des spirituellen und gottgefälligen Lebens. Nachdem man es erreicht hat, ist man nicht mehr verwirrt. Ist man selbst zur Stunde des Todes in diesem Bewusstsein verankert, kann man in das Reich Gottes eingehen.

3. Karma-yoga

Nicht Entsagung allein, sondern Handeln in Hingabe führt zu Freiheit

1 Arjuna sprach: O Janārdana, o Keśava, warum willst Du, dass ich an diesem schrecklichen Kampf teilnehme, wenn Du glaubst, dass Intelligenz besser sei als karmische Werke?
2 Meine Intelligenz ist durch Deine zweideutigen Unterweisungen verwirrt. Bitte sage mir deshalb eindeutig, was das Beste für mich ist.
3 Der Höchste Persönliche Gott sprach: O sündloser Arjuna, Ich habe bereits erklärt, dass es zwei Gruppen von Menschen gibt, die versuchen, das Selbst zu erkennen. Einige neigen dazu, es durch empirische philosophische Spekulation zu verstehen, und andere durch hingebungsvollen Dienst.
4 Man kann nicht einfach durch das Unterlassen von Handlungen Freiheit von Reaktionen erlangen, ebenso wenig wie man durch Entsagung allein Vollkommenheit erreichen kann.
5 Jeder ist gezwungen, hilflos nach den Drängen zu handeln, die von den Erscheinungsweisen der materiellen Natur hervorgerufen werden; deshalb kann niemand auch nur für einen Augenblick aufhören, etwas zu tun.
6 Wer seine Sinne zurückhält, aber in Gedanken bei den Sinnesobjekten weilt, betrügt sich gewiss selbst und ist ein Heuchler.
7 Dagegen ist derjenige, der aufrichtig versucht, seine Sinne durch den Geist zu beherrschen, und der ohne Anhaftung *karma-*

yoga [im Kṛṣṇa-Bewusstsein] auszuführen beginnt, weitaus höher einzustufen.

8 Erfülle deine vorgeschriebene Pflicht, denn dies ist besser, als untätig zu sein. Ohne Arbeit kann man nicht einmal seinen physischen Körper erhalten.

Opfer für Viṣṇu

9 Man muss seine Arbeit Viṣṇu als Opfer darbringen, denn sonst wird man durch sie an die materielle Welt gebunden. O Sohn Kuntīs, erfülle daher deine vorgeschriebenen Pflichten zu Seiner Zufriedenstellung; so wirst du immer frei von Bindung bleiben.

10 Am Anfang der Schöpfung brachte der Herr aller Geschöpfe Generationen von Menschen und Halbgöttern hervor, zusammen mit Opfern für Viṣṇu, und segnete sie, indem er sprach: „Möget ihr durch diesen *yajña* [Opfer] glücklich werden, denn seine Durchführung wird euch alles gewähren, was wünschenswert ist, um glücklich zu leben und Befreiung zu erlangen."

11 Wenn die Halbgötter durch Opfer zufrieden gestellt sind, werden sie auch euch erfreuen, und wenn auf diese Weise die Menschen mit den Halbgöttern zusammenarbeiten, wird Wohlstand für alle herrschen.

12 Die Halbgötter, die für die Notwendigkeiten des Lebens verantwortlich sind, werden euch mit allem versorgen, was ihr braucht, wenn sie durch *yajña* [Opfer] zufrieden gestellt werden. Wer jedoch diese Gaben genießt, ohne sie zuvor den Halbgöttern als Opfer darzubringen, ist gewiss ein Dieb.

13 Die Geweihten des Herrn sind von aller Sünde befreit, da sie Nahrung essen, die zuerst als Opfer dargebracht wurde. Andere, die Nahrung für ihren eigenen Sinnengenuss zubereiten, essen wahrlich nur Sünde.

14 Alle lebenden Körper erhalten sich durch Getreide, das nur wachsen kann, wenn Regen fällt. Regen entsteht durch die Darbringung von *yajña* [Opfer], und *yajña* wird aus vorgeschriebenen Pflichten geboren.

15 Geregelte Tätigkeiten werden in den Veden vorgeschrieben, und die Veden sind unmittelbar vom Höchsten Persönlichen Gott ausgegangen. Folglich ist die alldurchdringende Transzendenz immer in Opferhandlungen gegenwärtig.

16 Mein lieber Arjuna, jemand, der im menschlichen Leben dem Zyklus der Opfer, wie er von den Veden festgelegt ist, nicht folgt, führt mit Sicherheit ein Leben der Sünde. Weil ein solcher Mensch nur für die Befriedigung seiner Sinne lebt, lebt er vergeblich.

17 Doch für jemanden, der im Selbst Freude findet, dessen Leben auf Selbstverwirklichung ausgerichtet ist, der allein im Selbst Zufriedenheit findet und völlig in sich erfüllt ist, für ihn gibt es keine Pflicht.

18 Ein selbstverwirklichter Mensch verfolgt bei der Erfüllung seiner vorgeschriebenen Pflichten keine Absicht, und ebenso gibt es für ihn keinen Grund, diese Tätigkeiten nicht zu verrichten. Auch besteht für ihn keine Notwendigkeit, von anderen Lebewesen abhängig zu sein.

19 Daher sollte man aus Pflichtgefühl handeln, ohne an den Früchten seines Tuns zu haften; denn wenn man ohne Anhaftung tätig ist, erreicht man die Vollkommenheit.

20 Könige wie Janaka und andere erreichten allein durch die Erfüllung vorgeschriebener Pflichten die Vollkommenheit. Deshalb solltest du deine Arbeit ausführen, und sei es auch nur, um die Allgemeinheit zu lehren.

Beispielhaftes Handeln

21 Was immer ein bedeutender Mensch tut, das tun auch die gewöhnlichen Menschen. Und nach den Maßstäben, die er durch sein Beispiel setzt, richtet sich die ganze Welt.

22 O Sohn Pṛthās, in allen drei Planetensystemen gibt es keine Aktivität, die Mir vorgeschrieben ist. Es mangelt Mir an nichts, und Ich muss auch nichts erreichen – aber dennoch beschäftige Ich Mich mit der Erfüllung der vorgeschriebenen Pflichten.

23 Denn würde Ich es jemals versäumen, die vorgeschriebenen Pflichten sorgfältig auszuführen, o Pārtha, folgten gewiss alle Menschen Meinem Pfad.

24 Würde Ich die vorgeschriebenen Pflichten nicht erfüllen, so gingen alle Welten zugrunde. Auch wäre Ich die Ursache für die

Entstehung unerwünschter Bevölkerung, und Ich würde dadurch den Frieden aller Lebewesen zerstören.

25 So wie die Unwissenden ihre Pflichten mit Anhaftung an die Ergebnisse ausführen, o Bhārata, so führen auch die Gelehrten ihre Pflichten aus, aber ohne Anhaftung, und nur um die Menschen auf den rechten Pfad zu führen.

26 Ein Weiser sollte den Geist der Unwissenden, die an den Ergebnissen ihrer vorgeschriebenen Pflichten haften, nicht verwirren. Er sollte sie nicht dazu bewegen, mit ihrer Arbeit aufzuhören; vielmehr sollte er im Geist der Hingabe handeln und sie dazu anhalten, auf vielfältige Weise tätig zu sein [sodass sie allmählich Kṛṣṇa-Bewusstsein entwickeln].

27 Die vom Einfluss des falschen Egos verwirrte spirituelle Seele hält sich selbst für den Ausführenden von Tätigkeiten, die in Wirklichkeit von den drei Erscheinungsweisen der materiellen Natur ausgeführt werden.

28 Wer die Absolute Wahrheit kennt, o Starkarmiger, beherrscht seine Sinne und befasst sich nicht mit Sinnenbefriedigung, da er sehr wohl die Unterschiede zwischen Handeln in Hingabe und Handeln um der Ergebnisse willen kennt.

29 Verwirrt durch die Erscheinungsweisen der materiellen Natur, gehen die Unwissenden ausschließlich materiellen Tätigkeiten nach und entwickeln Anhaftung. Aufgrund ihres Mangels an Wissen sind alle die Pflichten, die sie ausführen, von niederer Natur, aber der Weise sollte sie trotzdem nicht in Verwirrung bringen.

30 Deshalb weihe all deine Tätigkeiten Mir und kämpfe, o Arjuna, mit vollem Wissen über Mich, ohne Verlangen nach Gewinn, ohne Besitzanspruch und frei von Gleichgültigkeit!

31 Diejenigen, die ihre Pflichten nach Meinen Unterweisungen erfüllen und dieser Lehre mit Glauben folgen, ohne neidisch zu sein, werden von der Fessel karmischer Werke befreit.

32 Doch wer aus Neid diese Lehren missachtet und nicht danach handelt, ist allen Wissens beraubt, getäuscht und in all seinen Bemühungen um Vollkommenheit zum Scheitern verurteilt.

33 Selbst ein Mensch, der in Wissen wurzelt, handelt nach seinem Wesen, denn jeder folgt dem Wesen, das er entsprechend den drei Erscheinungsweisen angenommen hat. Was könnte also zwanghafte Verdrängung ausrichten?

34 Es gibt Prinzipien, um die Zuneigung und Abneigung gegenüber den Sinnen und ihren Objekten zu regulieren. Man sollte nicht unter die Herrschaft solcher Zuneigung und Abneigung geraten, denn sie sind Hindernisse auf dem Pfad der Selbstverwirklichung.

35 Es ist weit besser, die eigenen vorgeschriebenen Pflichten zu erfüllen, selbst wenn dies fehlerhaft geschieht, als die Pflichten eines anderen vollkommen zu erfüllen. Es ist besser, bei der Erfüllung der eigenen Pflicht unterzugehen, als den Pflichten eines anderen nachzukommen, denn dem Pfad eines anderen zu folgen ist gefährlich.

Die Lust, der große Feind der Welt

36 Arjuna sprach: O Nachkomme Vṛṣṇis, wodurch wird man getrieben, sündig zu handeln – sogar wider Willen, wie unter Zwang?

37 Der Höchste Persönliche Gott sprach: Es ist Lust allein, o Arjuna, die aus Berührung mit der materiellen Erscheinungsweise der Leidenschaft geboren wird und sich später in Zorn umwandelt. Sie ist der alles verschlingende, sündige Feind dieser Welt.

38 Wie Feuer von Rauch, ein Spiegel von Staub und ein Embryo vom Mutterleib bedeckt sind, so wird das Lebewesen von verschiedenen Graden dieser Lust bedeckt.

39 So wird das reine Bewusstsein des weisen Lebewesens von seinem ewigen Feind, der Lust, bedeckt, die niemals befriedigt werden kann und die wie Feuer brennt.

40 Die Sinne, der Geist und die Intelligenz sind die Wohnstätten der Lust. Durch sie bedeckt die Lust das wirkliche Wissen des Lebewesens und verwirrt es.

41 Deshalb, o Arjuna, Bester der Bharatas, bezwinge gleich zu Anfang dieses große Symbol der Sünde [die Lust], indem du die Sinne regulierst, und erschlage diese Zerstörerin des Wissens und der Selbstverwirklichung.

42 Die Sinne sind der leblosen Materie übergeordnet, der Geist steht über den Sinnen, die Intelligenz steht über dem Geist, und sie [die Seele] steht sogar noch über der Intelligenz.
43 Wenn man also weiß, dass man zu den materiellen Sinnen, dem Geist und der Intelligenz transzendental ist, o starkarmiger Arjuna, sollte man den Geist durch klare spirituelle Intelligenz [Kṛṣṇa-Bewusstsein] festigen und so – durch spirituelle Stärke – diesen unersättlichen Feind, die Lust, bezwingen.

4. Transzendentales Wissen

Die Schülernachfolge

1 Der Persönliche Gott, Śrī Kṛṣṇa, sprach: Ich unterwies den Sonnengott, Vivasvān, in dieser unvergänglichen Wissenschaft des *yoga;* Vivasvān unterwies Manu, den Vater der Menschheit, darin, und Manu seinerseits lehrte es Ikṣvāku.
2 Diese höchste Wissenschaft wurde so durch die Kette der Schülernachfolge empfangen, und die heiligen Könige erlernten sie auf diese Weise. Aber im Laufe der Zeit wurde die Nachfolge unterbrochen, und daher scheint diese Wissenschaft, wie sie ist, verloren gegangen zu sein.
3 Diese uralte Lehre von der Beziehung zum Höchsten wird dir heute von Mir mitgeteilt, weil du Mein Geweihter und Mein Freund bist und weil du deshalb das transzendentale Mysterium dieser Wissenschaft verstehen kannst.

Śrī Kṛṣṇa spricht über Sein transzendentales Wesen und Seine Mission

4 Arjuna sprach: Der Sonnengott Vivasvān ist von Geburt her älter als Du. Wie ist es also zu verstehen, dass Du ihn am Anfang in dieser Wissenschaft unterwiesen hast?
5 Der Höchste Persönliche Gott sprach: Viele, viele Geburten haben du und Ich in der Vergangenheit angenommen. Ich kann Mich an sie alle erinnern, doch du kannst es nicht, o Bezwinger des Feindes.

6 Obwohl Ich ungeboren bin und Mein transzendentaler Körper niemals vergeht und obwohl Ich der Herr aller Lebewesen bin, erscheine Ich in jedem Zeitalter in Meiner ursprünglichen transzendentalen Gestalt.
7 Wann immer und wo immer das religiöse Leben verfällt, o Nachkomme Bharatas, und Irreligiosität überhand nimmt, zu der Zeit erscheine Ich.
8 Um die Frommen zu erretten und die Gottlosen zu vernichten und um die Prinzipien der Religion wiedereinzuführen, erscheine Ich in jedem Zeitalter.
9 Wer das transzendentale Wesen Meines Erscheinens und Meiner Taten kennt, wird nach Verlassen des Körpers nicht wieder in der materiellen Welt geboren, sondern gelangt in Mein ewiges Reich, o Arjuna.
10 Befreit von Anhaftung, Angst und Zorn, völlig in Mich versunken und bei Mir Zuflucht suchend, wurden viele, viele Menschen in der Vergangenheit durch Wissen über Mich geläutert – und so erlangten sie alle transzendentale Liebe zu Mir.
11 Alle belohne Ich in dem Maße, wie sie sich Mir ergeben. Jeder folgt in jeder Hinsicht Meinem Pfad, o Sohn Pṛthās.
12 Die Menschen dieser Welt wünschen sich Erfolg in karmischen Werken, und daher verehren sie die Halbgötter. Auf diese Weise kommen sie gewiss sehr schnell zu Ergebnissen.
13 In Entsprechung zu den drei Erscheinungsweisen der materiellen Natur und der Handlungsweise, die ihnen zugeordnet ist, wurden die vier Gesellschaftsklassen von Mir geschaffen. Und obwohl Ich der Schöpfer dieses Systems bin, solltest du wissen, dass Ich dennoch nichthandelnd bin, denn Ich bin unwandelbar.
14 Es gibt keine Handlung, die Mich beeinflusst; auch strebe Ich nicht nach den Früchten des Handelns. Wer diese Wahrheit über Mich versteht, wird ebenfalls nicht in die Reaktionen des Handelns verstrickt.
15 Alle befreiten Seelen der vergangenen Zeiten handelten in diesem Wissen über Mein transzendentales Wesen. Deshalb solltest du deine vorgeschriebene Pflicht erfüllen, indem du ihrem Beispiel folgst.

Die Komplexität des Handelns

16 Selbst intelligente Menschen sind verwirrt, wenn sie bestimmen sollen, was Handeln und was Nichthandeln ist. Ich werde dir jetzt erklären, was Handeln ist, und wenn du dies weißt, wirst du von allem Unglück befreit sein.
17 Die Komplexität des Handelns ist sehr schwer zu verstehen. Deshalb sollte man genau wissen, was Handeln, was verbotenes Handeln und was Nichthandeln ist.
18 Wer Nichthandeln in Handeln und Handeln in Nichthandeln sieht, ist wahrhaft intelligent und befindet sich auf der transzendentalen Ebene, auch wenn er verschiedenen Tätigkeiten nachgeht.
19 Es heißt, umfassendes Wissen habe jemand erreicht, dessen Handlungen völlig frei sind von dem Wunsch nach Sinnenbefriedigung. Die Weisen sagen, das Feuer des vollendeten Wissens habe alle karmischen Reaktionen eines solchen Menschen verbrannt.
20 Da er alle Anhaftung an die Ergebnisse seiner Tätigkeiten aufgegeben hat und immer zufrieden und unabhängig ist, führt er nicht die geringste karmische Handlung aus, auch wenn er mit vielen Unternehmungen beschäftigt ist.
21 Ein Mensch, der zu diesem Verständnis gelangt ist, vermag seinen Geist und seine Intelligenz vollkommen zu beherrschen; er gibt jeden Besitzanspruch auf und handelt nur für die zum Leben notwendigsten Dinge. Indem er auf diese Weise tätig ist, wird er niemals von sündhaften Reaktionen berührt.
22 Wer mit Gewinn zufrieden ist, der von selbst kommt, wer von Dualität frei ist und keinen Neid kennt und in Erfolg und Misserfolg ausgeglichen bleibt, wird nicht gebunden, obwohl er handelt.
23 Die Tätigkeiten eines Menschen, der losgelöst ist von den Erscheinungsweisen der materiellen Natur und der völlig in transzendentalem Wissen verankert ist, gehen vollständig in die Transzendenz ein.
24 Wer völlig im Kṛṣṇa-Bewusstsein vertieft ist, erreicht gewiss das spirituelle Königreich, denn er widmet sich voll und ganz spirituellen Tätigkeiten, bei denen die Ausführung absolut ist und das, was dargebracht wird, von der gleichen spirituellen Natur ist.

Verschiedene Arten von Opfern

25 Einige *yogīs* verehren die Halbgötter auf vollkommene Weise, indem sie ihnen verschiedene Opfer darbringen, und andere bringen Opfer im Feuer des Höchsten Brahman dar.

26 Einige [die unverfälschten *brahmacārīs*] opfern den Vorgang des Hörens und die Sinne im Feuer der Beherrschung des Geistes, und andere [die nach den Vorschriften lebenden Haushälter] opfern die Sinnesobjekte, wie zum Beispiel Klang, im Feuer der Sinne.

27 Andere, die bestrebt sind, durch die Beherrschung des Geistes und der Sinne Selbstverwirklichung zu erlangen, bringen die Funktionen all ihrer Sinne und des Lebensatems als Opfergaben im Feuer des beherrschten Geistes dar.

28 Von denjenigen, die strenge Gelübde auf sich genommen haben, werden einige durch das Opfer ihrer Besitztümer erleuchtet, andere durch das Ausüben harter Entsagung, durch den *yoga* der achtstufigen Mystik oder durch das Studium der Veden, um im transzendentalen Wissen Fortschritt zu machen.

29 Wieder andere, die den Vorgang der Atembeherrschung praktizieren, um in Trance zu bleiben, üben sich darin, den ausströmenden Atem in den einströmenden und den einströmenden Atem in den ausströmenden zu opfern. So erreichen sie letztlich Trance, indem sie alles Atmen einstellen. Andere, die das Essen einschränken, bringen den ausströmenden Atem ihm selbst als Opfer dar.

30 Diejenigen, die diese Opfer ausführen und ihre Bedeutung kennen, werden von sündhaften Reaktionen gereinigt, und weil sie den Nektar des Ergebnisses dieser Opfer gekostet haben, schreiten sie der höchsten ewigen Sphäre entgegen.

31 O Bester der Kuru-Dynastie, ohne Opfer kann man auf diesem Planeten oder in diesem Leben niemals glücklich sein – vom nächsten ganz zu schweigen.

32 All diese verschiedenen Opfer werden von den Veden gebilligt, und sie alle entstehen aus verschiedenen Arten der Handlung. Wenn du sie als solche kennst, wirst du befreit werden.

33 O Bezwinger des Feindes, Opfer in Wissen darzubringen ist besser, als bloß materielle Besitztümer zu opfern. O Sohn Pṛthās, letztlich gipfeln alle Opfer in transzendentalem Wissen.

Wende dich an einen spirituellen Meister und lerne von ihm die Wahrheit

34 Versuche die Wahrheit zu erfahren, indem du dich an einen spirituellen Meister wendest. Stelle ihm in ergebener Haltung Fragen und diene ihm. Die selbstverwirklichten Seelen können dir Wissen offenbaren, weil sie die Wahrheit gesehen haben.
35 Wenn du auf diese Weise von einer selbstverwirklichten Seele wirkliches Wissen empfangen hast, wirst du nie wieder in solche Illusion fallen, denn durch dieses Wissen wirst du sehen, dass alle Lebewesen nichts anderes als Teile des Höchsten sind oder, mit anderen Worten, dass sie Mein sind.
36 Du magst sogar der sündigste aller Sünder sein, doch wenn du dich im Boot des transzendentalen Wissens befindest, wirst du imstande sein, den Ozean der Leiden zu überqueren.
37 So wie ein loderndes Feuer Brennholz zu Asche verwandelt, o Arjuna, so verbrennt das Feuer des Wissens alle Reaktionen auf materielle Tätigkeiten zu Asche.
38 In dieser Welt gibt es nichts, was so erhaben und rein ist wie transzendentales Wissen. Solches Wissen ist die reife Frucht aller Mystik, und wer auf dem Pfad des hingebungsvollen Dienstes fortgeschritten ist, genießt dieses Wissen schon bald in sich selbst.
39 Ein gläubiger Mensch, der sich dem transzendentalen Wissen gewidmet hat und seine Sinne unter Kontrolle hat, ist befähigt, solches Wissen zu erlangen, und wenn er es erlangt hat, erreicht er sehr schnell den höchsten spirituellen Frieden.
40 Unwissende und ungläubige Menschen aber, die an den offenbarten Schriften zweifeln, erreichen kein Gottesbewusstsein; sie kommen zu Fall. Für die zweifelnde Seele gibt es Glück weder in dieser Welt noch in der nächsten.
41 Derjenige, der hingebungsvollen Dienst ausführt, indem er den Früchten seiner Tätigkeiten entsagt, und dessen Zweifel durch transzendentales Wissen zerstört worden sind, ist tatsächlich im

Selbst verankert. Deshalb wird er von den Reaktionen seiner Tätigkeiten nicht gebunden, o Eroberer von Reichtum.

42 Deswegen sollten die Zweifel, die in deinem Herzen aus Unwissenheit entstanden sind, mit der Waffe des Wissens zerschlagen werden. Bewaffne dich mit *yoga,* o Bhārata, steh auf und kämpfe!

5. Karma-yoga: Handeln im Kṛṣṇa-Bewusstsein

Was ist besser? Entsagung oder Handeln in Hingabe?

1 Arjuna sprach: O Kṛṣṇa, zuerst forderst du mich auf, aller Tätigkeit zu entsagen, und dann wieder empfiehlst Du mir, in Hingabe zu handeln. Bitte sage mir nun eindeutig, welcher von beiden Pfaden segensreicher ist.

2 Der Persönliche Gott sprach: Sowohl Entsagung des Handelns als auch Handeln in Hingabe führen zu Befreiung. Doch von diesen beiden Pfaden ist hingebungsvoller Dienst besser als die Entsagung aller Tätigkeiten.

3 Wer die Früchte seiner Tätigkeiten weder hasst noch begehrt, ist immer in Entsagung verankert. Befreit von aller Dualität, überwindet ein solcher Mensch leicht die materielle Knechtschaft und ist völlig befreit, o starkarmiger Arjuna.

Das Ziel beider Pfade ist das gleiche

4 Nur die Unwissenden sagen, hingebungsvoller Dienst *[karma-yoga]* sei etwas anderes als das analytische Studium der materiellen Welt *[sāṅkhya]*. Diejenigen, die wahrhaft gelehrt sind, erklären, dass jemand, der sich vollständig einem dieser Pfade widmet, die Ergebnisse beider erreicht.

5 Jemand, der weiß, dass man die Stellung, die man durch das analytische Studium erreicht, auch durch hingebungsvollen Dienst erreichen kann, und der daher erkennt, dass sich das analytische Studium und hingebungsvoller Dienst auf der gleichen Ebene befinden, sieht die Dinge so, wie sie sind.

6 Wer einfach nur allen Tätigkeiten entsagt und sich nicht im hingebungsvollen Dienst des Herrn beschäftigt, kann nicht glücklich werden. Aber ein besonnener Mensch, der hingebungsvollen Dienst ausführt, kann den Höchsten unverzüglich erreichen.

7 Wer in Hingabe handelt, wer eine reine Seele ist und wer Geist und Sinne beherrscht, ist jedem lieb, und jeder ist ihm lieb. Obwohl ein solcher Mensch stets tätig ist, wird er niemals verstrickt.

8–9 Ein Mensch im göttlichen Bewusstsein weiß im Innern stets, dass er in Wirklichkeit nicht handelt, obwohl er sieht, hört, berührt, riecht, isst, sich bewegt, schläft und atmet. Denn während er spricht, sich entleert, etwas annimmt, seine Augen öffnet oder schließt, weiß er immer, dass nur die materiellen Sinne mit ihren Objekten beschäftigt sind und dass er selbst darüber steht.

10 Wer seine Pflicht ohne Anhaftung erfüllt und die Ergebnisse dem Höchsten Herrn hingibt, wird nicht von sündhaften Handlungen beeinflusst, ebenso wie ein Lotosblatt nicht vom Wasser berührt wird.

11 Die *yogīs,* die Anhaftung aufgeben, handeln mit Körper, Geist, Intelligenz und sogar den Sinnen nur zum Zwecke der Läuterung.

12 Die fortwährend hingegebene Seele erlangt unverfälschten Frieden, weil sie das Ergebnis aller Tätigkeiten Mir opfert. Jemand hingegen, der nicht mit dem Göttlichen verbunden ist und gierig nach den Früchten seiner Tätigkeiten strebt, wird gebunden.

13 Wenn das verkörperte Lebewesen seine niedere Natur beherrscht und im Geist allen Handlungen entsagt, wohnt es glücklich in der Stadt der neun Tore [dem materiellen Körper]. Weder handelt es noch bewirkt es Handlungen.

14 Das verkörperte spirituelle Lebewesen, der Herr in der Stadt seines Körpers, verursacht niemals Tätigkeiten. Weder veranlasst es andere zu handeln, noch bringt es die Früchte seiner Tätigkeiten hervor. All dies wird von den Erscheinungsweisen der materiellen Natur bewirkt.

15 Der Höchste Herr nimmt niemandes sündhafte oder fromme Tätigkeiten auf sich. Die verkörperten Wesen jedoch sind verwirrt, da Unwissenheit ihr wahres Wissen bedeckt.

16 Wenn aber jemand mit dem Wissen erleuchtet ist, durch das Unwissenheit zerstört wird, dann enthüllt sein Wissen alles, ebenso wie die Sonne am Tage alles erleuchtet.
17 Wenn Intelligenz, Geist, Glaube und Zuflucht allesamt auf den Höchsten gerichtet sind, wird man durch vollständiges Wissen von allen unheilvollen Dingen gereinigt und kann so auf dem Pfad der Befreiung unbeirrt fortschreiten.

Ein Weiser sieht keine Unterschiede

18 Die demütigen Weisen sehen aufgrund von wahrem Wissen einen gelehrten und edlen *brāhmaṇa,* eine Kuh, einen Elefanten, einen Hund und einen Hundeesser [Kastenlosen] als gleich an.
19 Diejenigen, deren Geist in Gleichmut und Ausgeglichenheit ruht, haben bereits die Bedingtheit von Geburt und Tod überwunden. Sie sind unbefleckt wie das Brahman, und so sind sie bereits im Brahman verankert
20 Wer weder frohlockt, wenn er etwas Angenehmes erreicht, noch klagt, wenn ihm etwas Unangenehmes widerfährt, wessen Intelligenz im Selbst verankert ist, wer nicht verwirrt ist und die Wissenschaft von Gott kennt, befindet sich bereits auf der Ebene der Transzendenz.
21 Solch ein befreiter Mensch fühlt sich nicht zu materieller Sinnenfreude hingezogen, sondern befindet sich immer in Trance und genießt die Freude im Innern. Auf diese Weise genießt der Selbstverwirklichte unbegrenztes Glück, denn er konzentriert sich auf den Höchsten.
22 Ein intelligenter Mensch schöpft nicht aus den Quellen des Leids, die aus der Berührung mit den materiellen Sinnen entstehen. O Sohn Kuntīs, solche Freuden haben einen Anfang und ein Ende, und daher erfreut sich der Weise nicht an ihnen.
23 Wenn jemand, bevor er den gegenwärtigen Körper aufgibt, lernt, dem Drang der materiellen Sinne zu widerstehen und die Macht von Lust und Zorn zu bezwingen, befindet er sich in einer sicheren Stellung und lebt glücklich in dieser Welt.
24 Jemand, dessen Glück im Innern liegt, der im Innern tätig ist und im Innern Freude erfährt und dessen Ziel im Innern liegt, ist

ein wahrhaft vollkommener Mystiker. Er ist im Höchsten befreit, und letztlich erreicht er das höchste Ziel.

25 Diejenigen, die sich jenseits aller Dualität befinden, die aus Zweifeln entsteht, deren Geist im Innern tätig ist, die immer für das Wohl aller Lebewesen handeln und die von allen Sünden frei sind, erreichen Befreiung im Höchsten.

26 Denjenigen, die von Zorn und allen materiellen Wünschen frei sind, die selbstverwirklicht, diszipliniert und ständig um Vollkommenheit bemüht sind, ist in sehr naher Zukunft Befreiung im Höchsten sicher.

27–28 Indem der Transzendentalist, der nach Befreiung strebt, alle äußeren Sinnesobjekte ausschließt, die Augen und den Blick zwischen die beiden Augenbrauen richtet, den ein- und ausströmenden Atem in den Nasenöffnungen zum Stillstand bringt und so Geist, Sinne und Intelligenz beherrscht, wird er von Begierden, Angst und Zorn frei. Wer sich immer in diesem Zustand befindet, ist gewiss befreit.

Die Friedensformel

29 Derjenige, der sich Meiner vollkommen bewusst ist und weiß, dass Ich der Nutznießer aller Opfer und Entsagungen, der Höchste Herr aller Planeten und Halbgötter und der Wohltäter und wohlmeinende Freund aller Lebewesen bin, erlangt Frieden von den Qualen des materiellen Daseins.

6. Dhyāna-yoga

Um ein yogī zu sein, muss man jeglicher Sinnenbefriedigung entsagen

1 Der Höchste Persönliche Gott sprach: Wer nicht an den Früchten seines Handelns hängt und so handelt, wie es seine Pflicht gebietet, befindet sich im Lebensstand der Entsagung. Er ist der wahre Mystiker, und nicht der, der kein Feuer entzündet und keine Pflicht erfüllt.

2 Wisse, o Sohn Pāṇḍus, das, was man als Entsagung bezeichnet,

ist das Gleiche wie *yoga,* der Vorgang der Verbindung mit dem Höchsten, denn niemand kann ein *yogī* werden, ohne dem Wunsch nach Sinnenbefriedigung zu entsagen.
3 Einem Neuling im achtstufigen *yoga*-System wird Handeln als Weg empfohlen, und die Einstellung aller materiellen Tätigkeiten gilt als Weg für denjenigen, der im *yoga* fortgeschritten ist.
4 Man sagt, jemand sei in *yoga* fortgeschritten, wenn er alle materiellen Wünsche aufgegeben hat und weder um der Sinnenbefriedigung willen handelt noch karmischen Handlungen nachgeht.

Den Geist beherrschen

5 Man sollte sich mit Hilfe seines Geistes befreien, nicht erniedrigen. Der Geist ist der Freund der bedingten Seele, aber auch ihr Feind.
6 Für den, der den Geist bezwungen hat, ist der Geist der beste Freund; doch für den, der dies versäumt hat, ist der Geist der größte Feind.
7 Wer den Geist bezwungen hat, hat die Überseele bereits erreicht, denn er hat Ausgeglichenheit erlangt. Für einen solchen Menschen sind Glück und Leid, Hitze und Kälte, Ehre und Schmach alle das Gleiche.
8 Ein Mensch gilt als selbstverwirklicht und wird als *yogī* [Mystiker] bezeichnet, wenn er aufgrund von gelerntem und verwirklichtem Wissen völlig zufrieden ist. Ein solcher Mensch ist selbstbeherrscht und in der Transzendenz verwurzelt. Er sieht alles – ob Kiesel, Steine oder Gold – als gleich an.
9 Als noch weiter fortgeschritten gilt derjenige, der aufrichtige Gönner, zugeneigte Wohltäter, Neutralgesinnte, Vermittler und Neider, Freunde und Feinde sowie Fromme und Sünder alle mit gleicher Geisteshaltung sieht.
10 Ein Transzendentalist sollte seinen Körper, seinen Geist und sein Selbst immer mit dem Höchsten beschäftigen; er sollte allein an einem einsamen Ort leben und seinen Geist stets sorgfältig beherrschen. Er sollte von Wünschen und Gefühlen der Besitzgier frei sein.

Die Regeln und Ziele des yoga-Pfades

11–12 Um *yoga* zu praktizieren, sollte man an einen einsamen Ort gehen, *kuśa*-Gras auf den Boden legen und es mit einem Rehfell und einem weichen Tuch bedecken. Der Sitz sollte nicht zu hoch und nicht zu niedrig sein, und er sollte sich an einem heiligen Ort befinden. Der *yogī* sollte fest darauf sitzen und sich in den Vorgang des *yoga* vertiefen, um sein Herz zu reinigen, indem er seinen Geist, seine Sinne und seine Tätigkeiten unter Kontrolle bringt und den Geist auf einen Punkt fixiert.
13–14 Man sollte Körper, Hals und Kopf aufrecht in einer geraden Linie halten und fortwährend auf die Nasenspitze starren. So sollte man mit ungestörtem, beherrschtem Geist, ohne Furcht und völlig frei von sexuellem Verlangen über Mich im Herzen meditieren und Mich zum endgültigen Ziel des Lebens machen.
15 Indem sich der mystische Transzendentalist auf diese Weise ständig darin übt, Körper, Geist und Tätigkeiten zu zügeln, beendet er das materielle Dasein, da sein Geist reguliert ist, und gelangt in das Reich Gottes [das Reich Kṛṣṇas].
16 O Arjuna, es ist nicht möglich, ein *yogī* zu werden, wenn man zu viel oder zu wenig isst oder wenn man zu viel oder zu wenig schläft.
17 Wer in seinen Gewohnheiten des Essens, Schlafens, Entspannens und Arbeitens maßvoll ist, kann alle materiellen Leiden lindern, indem er das *yoga*-System praktiziert.
18 Wenn der *yogī* durch das Praktizieren von *yoga* die Tätigkeiten seines Geistes zügelt und sich auf die Ebene der Transzendenz erhebt – frei von materiellen Wünschen –, sagt man von ihm, er sei im *yoga* fest verankert.
19 So wie ein Licht an einem windstillen Ort nicht flackert, bleibt auch der Transzendentalist, dessen Geist beherrscht ist, in seiner Meditation über das transzendente Selbst immer stetig.
20–23 Auf der Stufe der Vollkommenheit, die Trance oder *samādhi* genannt wird, ist der Geist durch das Praktizieren von *yoga* vollständig von allen materiellen mentalen Tätigkeiten gelöst. Diese Vollkommenheit ist dadurch charakterisiert, dass man die

Fähigkeit erlangt, durch den reinen Geist das Selbst zu sehen und im eigenen Selbst Freude und Zufriedenheit zu genießen. In diesem freudvollen Zustand erfährt man grenzenloses transzendentales Glück, das durch transzendentale Sinne wahrgenommen wird. Auf dieser Stufe verankert, weicht man nie von der Wahrheit ab, denn man ist überzeugt, dass es keinen größeren Gewinn gibt. Niemals, nicht einmal inmitten der größten Schwierigkeiten, gerät man dann mehr ins Wanken. Dies ist in der Tat wirkliche Freiheit von allen Leiden, die aus der Berührung mit der Materie entstehen.

24 Man sollte *yoga* mit Entschlossenheit und Glauben praktizieren und nicht vom Pfad abweichen. Man sollte alle materiellen Wünsche, die aus gedanklicher Spekulation entstehen, ohne Ausnahme aufgeben und so alle Sinne von allen Seiten durch den Geist beherrschen.

25 Allmählich, Schritt für Schritt, sollte man mit Hilfe der Intelligenz, gestützt von voller Überzeugung, in Trance versinken, und so sollte man den Geist allein auf das Selbst richten und an nichts anderes denken.

26 Wohin auch immer der Geist aufgrund seiner flatterhaften und unsteten Natur wandert, man muss ihn auf jeden Fall zurückziehen und wieder unter die Herrschaft des Selbst bringen.

27 Der *yogī,* dessen Geist auf Mich gerichtet ist, erreicht wahrlich die höchste Vollkommenheit transzendentalen Glücks. Er befindet sich jenseits der Erscheinungsweise der Leidenschaft und erkennt seine qualitative Gleichheit mit dem Höchsten. So ist er von allen Reaktionen auf vergangene Taten befreit.

28 Auf diese Weise wird der selbstbeherrschte *yogī,* der ununterbrochen in den Vorgang des *yoga* vertieft ist, von aller materiellen Verunreinigung frei und erreicht die höchste Stufe vollkommenen Glücks im transzendentalen liebevollen Dienst des Herrn.

Ein wahrer yogī sieht Kṛṣṇa

29 Ein wahrer *yogī* sieht Mich in allen Wesen und sieht auch jedes Wesen in Mir. Wahrlich, die selbstverwirklichte Seele sieht Mich, denselben Höchsten Herrn, überall.

30 Jemand, der Mich überall und alles in Mir sieht, ist niemals von Mir getrennt, und Ich bin niemals von ihm getrennt.
31 Ein solcher *yogī,* der der Überseele Dienst und Verehrung darbringt und weiß, dass Ich und die Überseele eins sind, bleibt unter allen Umständen immer in Mir.
32 Ein vollkommener *yogī* ist, wer durch Vergleich mit seinem eigenen Selbst die wahre Gleichheit aller Wesen sieht – sowohl in ihrem Glück als auch in ihrem Leid, o Arjuna.

Arjuna lehnt den Yoga-Pfad ab

33 Arjuna sagte: O Madhusūdana, das *yoga*-System, das Du zusammengefasst hast, erscheint mir undurchführbar und unerträglich, denn der Geist ist ruhelos und unstet.
34 Der Geist ist ruhelos, stürmisch, widerspenstig und sehr stark, o Kṛṣṇa, und ihn zu bezwingen erscheint mir schwieriger, als den Wind zu beherrschen.
35 Der Höchste Herr, Śrī Kṛṣṇa, sprach: O starkarmiger Sohn Kuntīs, es ist zweifellos sehr schwierig, den ruhelosen Geist zu zügeln, aber durch geeignete Übung und durch Loslösung ist es möglich.
36 Für einen Menschen mit ungezügeltem Geist ist Selbstverwirklichung ein schwieriges Unterfangen. Demjenigen aber, dessen Geist beherrscht ist und der sich mit geeigneten Mitteln bemüht, ist der Erfolg sicher. Das ist Meine Meinung.

Was geschieht mit jemandem, der sich auf dem Pfad des Yoga bemüht, aber das Ziel nicht erreicht?

37 Arjuna sprach: O Kṛṣṇa, was ist die Bestimmung eines Transzendentalisten, der nicht erfolgreich ist, der den Vorgang der Selbstverwirklichung mit Glauben aufnimmt, ihn jedoch aufgrund seiner Weltzugewandtheit später wieder verlässt und daher die Vollkommenheit der Mystik nicht erreicht?
38 O starkarmiger Kṛṣṇa, ist ein solcher Mensch, der vom Pfad der Transzendenz abirrt, nicht sowohl des spirituellen als auch des materiellen Erfolges beraubt, und wird er nicht wie eine zerrissene Wolke vergehen, haltlos in jeder Beziehung?

39 Das ist mein Zweifel, o Kṛṣṇa, und ich bitte Dich, ihn völlig zu vertreiben. Außer Dir gibt es niemanden, der diesen Zweifel zerschlagen kann.
40 Der Höchste Persönliche Gott sprach: O Sohn Pṛthās, ein Transzendentalist, der Glück spendenden Tätigkeiten nachgeht, wird weder in dieser Welt noch in der spirituellen Welt Vernichtung erleiden; wer Gutes tut, Mein Freund, wird niemals vom Schlechten besiegt.
41 Nach vielen, vielen Jahren des Genusses auf den Planeten der frommen Lebewesen wird der gescheiterte *yogī* in einer Familie rechtschaffener Menschen oder in einer reichen, aristokratischen Familie geboren.
42 Oder er [derjenige, der nach langer Ausübung von *yoga* gescheitert ist] wird in einer Familie von Transzendentalisten geboren, die zweifelsohne große Weisheit besitzen. Wahrlich, eine solche Geburt ist sehr selten in dieser Welt.
43 Wenn er in einer solchen Familie geboren wird, erweckt er das göttliche Bewusstsein seines vorherigen Lebens wieder und versucht weiteren Fortschritt zu machen, um vollständigen Erfolg zu erreichen, o Spross Kurus.
44 Aufgrund des göttlichen Bewusstseins seines vorherigen Lebens fühlt er sich von selbst – sogar wenn er nicht danach strebt – zu den Prinzipien des *yoga* hingezogen. Ein solcher wissbegieriger Transzendentalist steht immer über den rituellen Prinzipien der Schriften.
45 Und wenn sich der *yogī* ernsthaft bemüht, weiteren Fortschritt zu machen, und von allen Verunreinigungen rein gewaschen ist, erlangt er nach vielen, vielen Geburten der Vorbereitung die Vollkommenheit und erreicht das höchste Ziel.
46 Ein *yogī* ist größer als ein Asket, größer als ein Empiriker und größer als ein *karmī.* Deshalb, o Arjuna, sei unter allen Umständen ein *yogī.*

Der beste von allen Yogīs

47 Von allen *yogīs* ist derjenige, der großen Glauben besitzt und immer in Mir weilt, immer an Mich denkt und Mir transzendentalen liebevollen Dienst darbringt, am engsten mit Mir in *yoga* vereint, und er ist der höchste von allen. Das ist Meine Meinung.

7. Wissen vom Absoluten

Höre von Mir und kenne Mich in Vollkommenheit

1 Der Höchste Persönliche Gott sprach: Höre nun, o Sohn Pṛthās, wie du Mich, frei von allen Zweifeln, vollständig erkennen kannst, indem du, völlig Meiner bewusst und mit auf Mich gerichtetem Geist, *yoga* praktizierst.
2 Ich werde dir nun dieses Wissen in vollem Umfang erklären, sowohl was die Erscheinungswelt als auch was das Numinose betrifft. Wenn du dies weißt, wird es für dich nichts Weiteres mehr zu erkennen geben.
3 Unter vielen Tausenden von Menschen bemüht sich vielleicht einer um Vollkommenheit, und von denen, die die Vollkommenheit erreicht haben, kennt kaum einer Mich in Wahrheit.
4 Erde, Wasser, Feuer, Luft, Äther, Geist, Intelligenz und falsches Ego – diese acht Elemente bilden zusammen Meine abgesonderten, materiellen Energien.
5 Neben diesen niederen Energien, o starkarmiger Arjuna, gibt es eine andere Energie, Meine höhere Energie, welche die Lebewesen umfasst, die die Reichtümer der materiellen, niederen Natur ausbeuten.
6 Alle erschaffenen Wesen haben ihren Ursprung in diesen beiden Naturen. Wisse, von allem, was materiell und was spirituell ist in dieser Welt, bin Ich der Ursprung wie auch die Auflösung.

Kṛṣṇa spricht über sich selbst

7 O Dhanañjaya, es gibt keine Wahrheit über Mir. Alles ruht auf Mir wie Perlen auf einer Schnur.
8 O Sohn Kuntīs, Ich bin der Geschmack des Wassers, das Licht der Sonne und des Mondes und die Silbe *oṁ* in den vedischen *mantras.* Ich bin der Klang im Äther und die Fähigkeit im Menschen.

9 Ich bin der ursprüngliche Duft der Erde, und Ich bin die Hitze im Feuer. Ich bin das Leben in allem Lebendigen, und Ich bin die Entsagung der Asketen.
10 O Sohn Pṛthās, wisse, Ich bin der ursprüngliche Same alles Existierenden, die Intelligenz der Intelligenten und die Macht aller mächtigen Menschen.
11 Ich bin die Stärke der Starken, frei von Leidenschaft und Verlangen, und Ich bin der Geschlechtsakt, der nicht im Widerspruch zu den religiösen Prinzipien steht.
12 Wisse, dass alle Daseinsstufen – seien sie in Tugend, Leidenschaft oder Unwissenheit – eine Manifestation Meiner Energie sind. In gewissem Sinne bin Ich alles, doch Ich bin unabhängig. Ich stehe nicht unter dem Einfluss der Erscheinungsweisen der materiellen Natur – im Gegenteil, sie sind in Mir.
13 Getäuscht von den drei Erscheinungsweisen [Tugend, Leidenschaft und Unwissenheit], kennt die gesamte Welt Mich nicht, der Ich über den Erscheinungsweisen stehe und unerschöpflich bin.
14 Diese Meine göttliche Energie, die aus den drei Erscheinungsweisen der materiellen Natur besteht, ist sehr schwer zu überwinden. Aber diejenigen, die sich Mir ergeben, können sie sehr leicht hinter sich lassen.

Vier Arten von Menschen wenden sich an Gott

15 Jene Schurken, die abgestumpft und dumm sind, die die Niedrigsten der Menschheit sind, deren Wissen von Illusion gestohlen ist und die das atheistische Wesen von Dämonen haben, ergeben sich Mir nicht.
16 O Bester unter den Bhāratas [Arjuna], vier Arten frommer Menschen beginnen Mir in Hingabe zu dienen – der Notleidende, derjenige, der Reichtum begehrt, der Neugierige und derjenige, der nach Wissen vom Absoluten sucht.
17 Von all diesen ist derjenige, der in vollkommenem Wissen gründet und der immer in reinem hingebungsvollem Dienst beschäftigt ist, der Beste; denn Ich bin ihm sehr lieb, und auch er ist Mir sehr lieb.

18 All diese *bhaktas* sind zweifellos edle Seelen, doch derjenige, der im Wissen über Mich gründet, ist Mir so lieb wie Mein eigenes Selbst. Weil er in Meinem transzendentalen Dienst tätig ist, ist es ihm sicher, dass er Mich erreicht, das höchste und vollkommenste Ziel.
19 Wer nach vielen Geburten und Toden tatsächlich in Wissen gründet, ergibt sich Mir, da er weiß, dass Ich die Ursache aller Ursachen und dass Ich alles bin. Solch eine große Seele ist sehr selten.

Die Verehrung der Halbgötter

20 Diejenigen, deren Wissen von materiellen Wünschen gestohlen wurde, ergeben sich Halbgöttern und folgen, jeder seinem eigenen Wesen entsprechend, bestimmten Regeln und Vorschriften der Verehrung.
21 Ich weile als Überseele im Herzen eines jeden. Sobald jemand den Wunsch hat, einen bestimmten Halbgott zu verehren, festige Ich seinen Glauben, sodass er sich dieser bestimmten Gottheit hingeben kann.
22 Von solchem Glauben erfüllt, bemüht er sich, einen bestimmten Halbgott zu verehren, und erlangt die Erfüllung seiner Wünsche. Doch in Wirklichkeit werden diese Segnungen von Mir allein erteilt.
23 Menschen mit geringer Intelligenz verehren die Halbgötter, und die Früchte ihres Handelns sind begrenzt und vergänglich. Die Verehrer der Halbgötter gehen zu den Planeten der Halbgötter, doch Meine Geweihten erreichen letztlich Meinen höchsten Planeten.

Die Verehrung des Höchsten Herrn

24 Unintelligente Menschen, die Mich nicht vollkommen kennen, glauben, dass Ich, der Höchste Persönliche Gott, Kṛṣṇa, zuvor unpersönlich gewesen sei und nun diese persönliche Form angenommen habe. Aufgrund ihres geringen Wissens kennen sie Mein höheres Wesen nicht, das unvergänglich und absolut ist.
25 Den Toren und unintelligenten Menschen offenbare Ich Mich

niemals. Für sie bin Ich von Meiner inneren Energie bedeckt, und aus diesem Grunde wissen sie nicht, dass Ich ungeboren und unfehlbar bin.

26 O Arjuna, als der Höchste Persönliche Gott weiß Ich alles, was in der Vergangenheit geschah, alles, was in der Gegenwart geschieht, und alles, was sich in der Zukunft ereignen wird. Ich kenne auch alle Lebewesen, doch niemand kennt Mich.

27 O Nachkomme Bharatas, o Bezwinger der Feinde, alle Lebewesen werden in Täuschung geboren, verwirrt von der auf Verlangen und Hass beruhenden Dualität.

28 Menschen, die in vorangegangenen und im gegenwärtigen Leben fromm gehandelt haben und deren Sünden vollständig getilgt sind, sind frei von der Dualität der Täuschung, und sie beschäftigen sich mit Entschlossenheit in Meinem Dienst.

29 Intelligente Menschen, die nach Befreiung von Alter und Tod streben, suchen bei Mir im hingebungsvollen Dienst Zuflucht. Sie sind wahrhaft Brahman, da sie vollkommenes Wissen über transzendentale Tätigkeiten besitzen.

30 Diejenigen, die ihr Bewusstsein völlig auf Mich gerichtet haben und wissen, dass Ich der Höchste Herr, das beherrschende Prinzip der materiellen Schöpfung, der Halbgötter und aller Opfervorgänge bin, sind in der Lage, Mich, den Höchsten Persönlichen Gott, sogar zum Zeitpunkt des Todes vollkommen zu verstehen und zu kennen.

8. Wie man den Höchsten erreicht

Arjunas Fragen, Kṛṣṇas Antworten

1 Arjuna fragte: O mein Herr, o Höchste Person, was ist das Brahman? Was ist das Selbst? Was sind karmische Werke? Was ist die materielle Manifestation? Und was sind die Halbgötter? Bitte erkläre mir dies.

2 Wer ist der Herr des Opfers, und wie lebt Er im Körper, o Madhusūdana? Und wie können diejenigen, die im hingebungsvollen Dienst tätig sind, Dich zur Zeit des Todes kennen?

3 Der Höchste Persönliche Gott sprach: Das unzerstörbare, transzendentale Lebewesen wird Brahman genannt, und sein ewiges Wesen wird *adhyātma,* das Selbst, genannt. Tätigkeiten, die sich auf die Entwicklung der materiellen Körper der Lebewesen beziehen, nennt man *karma.*
4 O Bester der Verkörperten, die materielle Natur, die sich ständig wandelt, wird *adhibhūta* [die materielle Manifestation] genannt. Die kosmische Form des Herrn, die alle Halbgötter, wie die der Sonne und des Mondes, umfasst, wird *adhidaiva* genannt. Und Ich, der Höchste Herr, der Ich im Herzen aller verkörperten Lebewesen als Überseele gegenwärtig bin, werde *adhiyajña* [der Herr des Opfers] genannt.

Erinnere dich zur Zeit des Todes an Mich

5 Jeder, der sich am Ende seines Lebens, wenn er seinen Körper verlässt, an Mich allein erinnert, erreicht sogleich Meine Natur. Darüber besteht kein Zweifel.
6 Was auch immer der Daseinszustand ist, an den man sich erinnert, wenn man seinen Körper verlässt, o Sohn Kuntīs, diesen Zustand wird man ohne Zweifel erreichen.
7 Daher, o Arjuna, solltest du immer an Mich in Meiner Form als Kṛṣṇa denken und gleichzeitig deine vorgeschriebene Pflicht des Kämpfens erfüllen. Wenn du deine Tätigkeiten Mir weihst und deinen Geist und deine Intelligenz auf Mich richtest, wirst du Mich ohne Zweifel erreichen.
8 Wer über Mich als den Höchsten Persönlichen Gott meditiert, indem er seinen Geist ständig darin übt, sich an Mich zu erinnern, und von diesem Pfad nicht abweicht, o Pārtha, dem ist es sicher, Mich zu erreichen.
9 Man sollte über die Höchste Person als denjenigen meditieren, der alles weiß, der der Älteste ist, der Meister und Beherrscher von allem, der kleiner als das Kleinste ist, jenseits aller materiellen Vorstellungen und völlig unbegreiflich, und der immer eine Person bleibt. Er ist leuchtend wie die Sonne, und Er ist transzendental, jenseits der materiellen Natur.
10 Wer zum Zeitpunkt des Todes seinen Lebensodem zwischen

den Augenbrauen fokussiert und sich durch die Kraft des *yoga* in vollkommener Hingabe an den Höchsten Herrn erinnert, ohne im Geist abzuweichen, wird den Höchsten Persönlichen Gott mit Gewissheit erreichen.
11 Die großen Weisen im Lebensstand der Entsagung, die in den Veden bewandert sind und den *oṁkāra* chanten, gehen in das Brahman ein. Wer sich solche Vollkommenheit wünscht, lebt im Zölibat. Ich werde dir jetzt kurz diesen Vorgang erklären, durch den man Erlösung erlangen kann.
12 *Yoga* bedeutet, sich von allen Tätigkeiten der Sinne zu lösen. Indem man alle Tore der Sinne schließt, den Geist auf das Herz und den Lebensodem auf den höchsten Punkt des Kopfes richtet, wird man im *yoga* gefestigt.
13 Wenn man in diesem *yoga*-Vorgang gefestigt ist und die heilige Silbe *oṁ,* die höchste Buchstabenkombination, artikuliert und wenn man dann beim Verlassen des Körpers an den Höchsten Persönlichen Gott denkt, wird man mit Sicherheit die spirituellen Planeten erreichen.
14 Für denjenigen, der sich, ohne abzuweichen, an Mich erinnert, bin Ich sehr leicht zu erreichen, o Sohn Pṛthās, da er sich ständig im hingebungsvollen Dienst betätigt.
15 Nachdem die großen Seelen, die hingegebenen *yogīs,* Mich erreicht haben, kehren sie nie wieder in diese vergängliche Welt zurück, die voller Leiden ist, denn sie haben die höchste Vollkommenheit erreicht.

Die materielle Welt ist voller Leid

16 Alle Planeten in der materiellen Welt – vom höchsten bis hinab zum niedrigsten – sind Stätten des Leids, wo sich Geburt und Tod wiederholen. Wer aber in Mein Reich gelangt, o Sohn Kuntīs, wird niemals wieder geboren.
17 Nach menschlicher Zeitrechnung ergeben eintausend Zeitalter zusammengenommen die Dauer eines Tages im Leben Brahmās. Und ebenso lange währt seine Nacht.
18 Zu Beginn von Brahmās Tag treten alle Lebewesen aus dem unmanifesten Zustand in die verkörperte Existenz, und wenn

danach die Nacht anbricht, gehen sie wieder in das Unmanifeste ein.

19 Immer wenn Brahmās Tag beginnt, treten alle Lebewesen ins Dasein, und wenn Brahmās Nacht hereinbricht, werden sie hilflos wieder vernichtet.

Kṛṣṇas Reich jedoch ist ewig

20 Jedoch gibt es noch eine andere, unmanifeste Natur, die ewig und zur manifesten und unmanifesten Materie transzendental ist. Sie ist über alles erhaben und vergeht niemals. Wenn alles in der Welt vernichtet wird, bleibt dieser Teil, wie er ist.

21 Das, was die Vedāntisten als unmanifest und unvergänglich beschreiben und was als der höchste Bestimmungsort bezeichnet wird – der Ort, von dem man, hat man ihn einmal erreicht, nie wieder zurückkehrt –, dies ist mein höchstes Reich.

22 Der Höchste Persönliche Gott, der größer ist als alle, kann durch ungetrübte Hingabe erreicht werden. Obwohl Er sich in Seinem Reich aufhält, ist Er alldurchdringend, und alles ruht in Ihm.

23 O Bester der Bhāratas, Ich werde dir nun die verschiedenen Zeiten erklären, die beim Verlassen dieser Welt entscheiden, ob der *yogī* zurückkehrt oder nicht.

24 Diejenigen, die das Höchste Brahman kennen, erreichen dieses Höchste, indem sie während der Zeit aus der Welt scheiden, in der der Feuergott seinen Einfluss ausübt, im Licht, zu einem glückverheißenden Augenblick des Tages, während der vierzehn Tage des zunehmenden Mondes oder während der sechs Monate, wenn die Sonne im Norden reist.

25 Der Mystiker, der während des Rauches verscheidet, in der Nacht, während der vierzehn Tage des abnehmenden Mondes oder während der sechs Monate, wenn die Sonne ihre südliche Bahn beschreibt, erreicht den Mondplaneten, kehrt aber wieder zurück.

26 Nach Ansicht der Veden gibt es zwei Wege, auf denen man diese Welt verlassen kann – einen im Licht und einen in der Dunkelheit. Wer im Licht verscheidet, kommt nicht wieder zurück. Wer jedoch in der Dunkelheit verscheidet, kehrt zurück.

27 Obwohl die *bhaktas* diese beiden Wege kennen, o Arjuna, sind sie niemals verwirrt. Sei deshalb stets in Hingabe gefestigt.
28 Wer sich dem Pfad des hingebungsvollen Dienstes zuwendet, ist nicht der Ergebnisse beraubt, die man erhält, wenn man die Veden studiert, Opfer darbringt, strenge Askese übt, Spenden gibt, philosophische Suche betreibt oder karmischen Werken nachgeht. Einfach durch die Ausübung hingebungsvollen Dienstes erreicht er dies alles, und am Ende gelangt er in das höchste, ewige Reich.

9. Das vertraulichste Wissen

Kṛṣṇa offenbart jetzt das höchste Wissen

1 Der Höchste Persönliche Gott sprach: Mein lieber Arjuna, weil du Mich niemals beneidest, werde Ich dir dieses vertraulichste Wissen offenbaren, und durch diese Erkenntnis wirst du von den Leiden des materiellen Daseins befreit werden.
2 Dieses Wissen ist der König der Bildung und das geheimste aller Geheimnisse. Es ist das reinste Wissen, und weil es durch Erkenntnis eine direkte Wahrnehmung vom Selbst vermittelt, ist es die Vollkommenheit der Religion. Es ist immerwährend und wird mit Freude praktiziert.
3 Diejenigen, die auf dem Pfad des hingebungsvollen Dienstes ohne Glauben sind, können Mich nicht erreichen, o Bezwinger der Feinde. Folglich kehren sie zum Pfad von Geburt und Tod in der materiellen Welt zurück.

Alles ist Kṛṣṇa, und doch ist Er jenseits von allem

4 Von Mir, in Meiner unmanifesten Form, wird das gesamte Universum durchdrungen. Alle Wesen sind in Mir, doch Ich bin nicht in ihnen.
5 Und dennoch ruht alles Erschaffene nicht in Mir. Sieh nur Meine mystische Größe! Obwohl Ich der Erhalter aller Lebewesen bin und obwohl Ich allgegenwärtig bin, bin Ich nicht ein Teil der kosmischen Manifestation, denn Mein Selbst ist der Ursprung der Schöpfung.

6 Wisse, wie der mächtige Wind, der überall weht, sich immer innerhalb des Himmels befindet, befinden sich alle erschaffenen Wesen in Mir.
7 O Sohn Kuntīs, am Ende einer Schöpfungsperiode gehen alle materiellen Manifestationen in Meine Natur ein, und am Anfang der nächsten Schöpfungsperiode erschaffe Ich sie durch Meine Kraft erneut.
8 Die gesamte kosmische Ordnung untersteht Mir. Durch Meinen Willen wird sie immer wieder automatisch geschaffen, und durch Meinen Willen wird sie am Ende vernichtet.
9 O Dhanañjaya, all diese Tätigkeiten können Mich nicht binden. Ich bin immer unberührt von all diesen materiellen Vorgängen, als wäre Ich unbeteiligt.
10 Die materielle Natur, die eine Meiner Energien ist, ist unter Meiner Führung tätig, o Sohn Kuntīs, und bringt alle beweglichen und unbeweglichen Wesen hervor. Nach ihrem Gesetz wird diese Manifestation immer wieder geschaffen und aufgelöst.

Toren verspotten Ihn

11 Toren verspotten Mich, wenn Ich in einer menschengleichen Gestalt herabsteige. Sie wissen nicht, dass Ich – als der Höchste Herrscher über alles Existierende – von transzendentalem Wesen bin.
12 Diejenigen, die solcher Täuschung unterliegen, fühlen sich zu dämonischen und atheistischen Auffassungen hingezogen. In diesem verblendeten Zustand werden all ihre Hoffnungen auf Befreiung, all ihre karmischen Werke und all ihre Bemühungen um Wissen zunichte gemacht.

Die Merkmale eines Mahātmā

13 O Sohn Pṛthās, diejenigen, die nicht verblendet sind, die großen Seelen, stehen unter dem Schutz der göttlichen Natur. Sie sind vollständig im hingebungsvollen Dienst beschäftigt, da sie Mich als den Höchsten Persönlichen Gott kennen, der ursprünglich und unerschöpflich ist.
14 Ohne Unterlass preisen sie Meine Herrlichkeit, bemühen

sich mit großer Entschlossenheit und verneigen sich vor Mir. So verehren Mich die großen Seelen unaufhörlich mit Hingabe.

15 Andere, die Opfer ausführen, indem sie Wissen entwickeln, verehren den Höchsten Herrn als das Eine Ungeteilte, als den in viele Aufgeteilten und als die kosmische Gestalt.

Alles kommt von Kṛṣṇa

16 Aber Ich bin es, der das Ritual ist, Ich bin das Opfer, die Opferung zu den Ahnen, das Heilkraut und die transzendentale Hymne. Ich bin die Butter, das Feuer und die Opferung.

17 Ich bin der Vater des Universums, die Mutter, der Erhalter und auch der Großvater. Ich bin das Objekt des Wissens, der Läuternde und die Silbe *oṁ.* Ich bin der *Ṛg,* der *Sāma* und der *Yajur Veda.*

18 Ich bin das Ziel, der Erhalter, der Meister, der Zeuge, das Zuhause, die Zuflucht und der beste Freund. Ich bin die Schöpfung und die Vernichtung, die Grundlage von allem, der Ruheort und der ewige Same.

19 O Arjuna, Ich sorge für Wärme, und Ich bin es, der den Regen zurückhält und aussendet. Ich bin die Unsterblichkeit, und Ich bin auch der personifizierte Tod. Sowohl die spirituelle als auch die materielle Energie befinden sich in Mir.

20 Diejenigen, die die Veden studieren und den *soma*-Saft trinken, weil sie zu den himmlischen Planeten gelangen wollen, verehren Mich indirekt. Da sie von sündhaften Reaktionen geläutert wurden, werden sie auf dem frommen, himmlischen Planeten Indras geboren, wo sie die Freuden der Götter genießen.

21 Wenn sie auf diese Weise unermessliche himmlische Sinnenfreuden genossen haben und die Ergebnisse ihrer frommen Handlungen erschöpft sind, kehren sie zurück zu diesem Planeten des Todes. So erlangen diejenigen, die nach Sinnengenuss streben, indem sie die Prinzipien der drei Veden befolgen, nur wiederholte Geburten und Tode.

22 Doch denen, die mit ausschließlicher Hingabe Mich verehren und die über Meine transzendentale Gestalt meditieren, gebe ich, was sie brauchen, und Ich erhalte ihnen, was sie haben.

23 Diejenigen, die Geweihte anderer Götter sind und diese mit Glauben verehren, verehren im Grunde allein Mich, o Sohn Kuntīs, aber sie tun es auf falsche Weise.
24 Ich bin der einzige Genießer und Meister aller Opfer. Daher kommen diejenigen, die Mein wahres, transzendentales Wesen nicht erkennen, zu Fall.
25 Diejenigen, die die Halbgötter verehren, werden unter den Halbgöttern geboren; diejenigen, die die Vorfahren verehren, gehen zu den Vorfahren; diejenigen, die Geister und Gespenster verehren, werden unter solchen Wesen geboren, und diejenigen, die Mich verehren, werden mit Mir leben.

Hingabe an Kṛṣṇa ist die höchste Wahrheit

26 Wenn Mir jemand mit Liebe und Hingabe ein Blatt, eine Blume, eine Frucht oder etwas Wasser opfert, werde Ich dies annehmen.
27 Alles, was du tust, alles, was du isst, alles, was du opferst oder fortgibst, sowie alle Entsagung, die du dir auferlegst, solltest du, o Sohn Kuntīs, Mir als Opfer darbringen.
28 Auf diese Weise wirst du von der Fessel der Handlungen und deren guten und schlechten Ergebnissen befreit werden. Indem du deinen Geist gemäß dem Prinzip der Entsagung auf Mich richtest, wirst du befreit werden und zu Mir kommen.
29 Ich beneide oder bevorzuge niemanden. Ich bin allen gleich gesinnt. Doch jeder, der Mir in Hingabe dient, ist Mein Freund, ist in Mir, und auch Ich bin sein Freund.
30 Selbst wenn jemand die abscheulichsten Handlungen begeht, muss er, wenn er sich im hingebungsvollen Dienst betätigt, als Heiliger angesehen werden, da er mit Entschlossenheit das richtige Ziel anstrebt.
31 Sehr bald wird er rechtschaffen und erlangt beständigen Frieden. O Sohn Kuntīs, verkünde kühn, dass Mein Geweihter niemals vergeht.
32 O Sohn Pṛthās, diejenigen, die bei Mir Zuflucht suchen, können das höchste Ziel erreichen, auch wenn sie von niederer Geburt sind, wie Frauen, *vaiśyas* [Kaufleute] oder *śūdras* [Arbeiter].

33 Um wie viel mehr trifft dies für die rechtschaffenen *brāhmaṇas,* die *bhaktas* und die heiligen Könige zu! Deshalb beschäftige dich, der du in diese zeitweilige, leiderfüllte Welt gekommen bist, in Meinem liebevollen Dienst.
34 Denke im Geiste immer an Mich; werde Mein Geweihter, erweise Mir deine Ehrerbietung und verehre Mich. Wenn du auf diese Weise völlig in Mich vertieft bist, wirst du mit Gewissheit zu Mir kommen.

10. Die Herrlichkeit des Absoluten

Gott ist die Höchste Transzendenz

1 Der Höchste Persönliche Gott sprach: Höre weiter, o starkarmiger Arjuna! Weil du Mein geliebter Freund bist, werde Ich zu deinem Nutzen weiter sprechen und dir Wissen offenbaren, das alles bisher Gesagte übertrifft.
2 Weder die Scharen der Halbgötter noch die großen Weisen kennen Meinen Ursprung und Meine Herrlichkeit, denn Ich bin in jeder Hinsicht der Ursprung der Halbgötter und Weisen.
3 Nur derjenige unter den Menschen, der frei von Täuschung ist und Mich als den Ungeborenen, den Anfanglosen und den Höchsten Herrn aller Welten kennt, ist von allen Sünden befreit.
4–5 Intelligenz, Wissen, Freiheit von Zweifeln und Täuschung, Nachsicht, Wahrhaftigkeit, Beherrschung der Sinne und des Geistes, Glück und Leid, Geburt, Tod, Furcht, Furchtlosigkeit, Gewaltlosigkeit, Ausgeglichenheit, Zufriedenheit, Entsagung, Wohltätigkeit, Ruhm und Schmach – all diese Eigenschaften der Lebewesen wurden von Mir allein geschaffen.
6 Die sieben großen Weisen, vor ihnen die vier anderen großen Weisen und die Manus [die Vorväter der Menschheit] wurden von Mir, aus Meinem Geist geboren, und alle Lebewesen, die die verschiedenen Planeten bevölkern, stammen von ihnen ab.
7 Wer von dieser Meiner Herrlichkeit und Meinen mystischen Kräften tatsächlich überzeugt ist, beschäftigt sich im unvermischten hingebungsvollen Dienst; darüber besteht kein Zweifel.

Die vier zusammenfassenden Verse der Gītā

8 Ich bin der Ursprung aller spirituellen und materiellen Welten. Alles geht von Mir aus. Die Weisen, die dies vollkommen verstanden haben, beschäftigen sich in Meinem hingebungsvollen Dienst und verehren Mich von ganzem Herzen.
9 Die Gedanken Meiner reinen Geweihten weilen in Mir. Sie haben ihr Leben völlig Meinem Dienst geweiht, und sie erfahren große Zufriedenheit und Glückseligkeit, indem sie sich ständig gegenseitig erleuchten und über Mich sprechen.
10 Denjenigen, die Mir ständig hingegeben sind und Mir mit Liebe dienen, gebe Ich das Verständnis, durch das sie zu Mir gelangen können.
11 Um ihnen besondere Gnade zu erweisen, zerstöre Ich, der Ich in ihren Herzen weile, mit der leuchtenden Fackel des Wissens die aus Unwissenheit geborene Finsternis.

Kṛṣṇa ist die Essenz aller Manifestationen

12–13 Arjuna sprach: Du bist der Höchste Persönliche Gott, die höchste Wohnstatt, der Reinste, die Absolute Wahrheit. Du bist die ewige, transzendentale, ursprüngliche Person, der Ungeborene, der Größte. Alle bedeutenden Weisen, wie Nārada, Asita, Devala und Vyāsa, bestätigen diese Wahrheit über Dich, und jetzt erklärst Du sie mir selbst.
14 O Kṛṣṇa, alles, was Du mir gesagt hast, akzeptiere ich vollkommen als Wahrheit. Weder die Halbgötter noch die Dämonen, o Herr, können Dich verstehen.
15 Wahrlich, Du allein kennst Dich durch Deine innere Energie, o Höchste Person, Ursprung von allem, Herr aller Wesen, Gott der Götter, Herr des Universums!
16 Bitte beschreibe mir im Einzelnen Deine göttlichen Kräfte, mit denen Du all diese Welten durchdringst.
17 O Kṛṣṇa, o höchster Mystiker, wie soll ich ständig an Dich denken, und wie soll ich Dich verstehen? An welche Deiner mannigfaltigen Formen soll man sich erinnern, o Höchster Persönlicher Gott?

18 O Janārdana, bitte beschreibe mir abermals im Einzelnen die Fülle Deiner mystischen Kraft. Ich werde es niemals müde, über Dich zu hören, denn je mehr ich höre, desto mehr möchte ich den Nektar Deiner Worte kosten.
19 Der Höchste Persönliche Gott sprach: Ja, ich werde dir von Meinen herrlichen Manifestationen berichten, doch nur von den bedeutendsten, o Arjuna, denn Meine Fülle und Meine Herrlichkeit kennen keine Grenzen.
20 Ich bin die Überseele, o Arjuna, die in den Herzen aller Lebewesen weilt. Ich bin der Anfang, die Mitte und das Ende aller Wesen.
21 Von den Ādityas bin Ich Viṣṇu, von den Lichtquellen bin Ich die strahlende Sonne, von den Maruts bin Ich Marīci, und unter den Sternen bin Ich der Mond.
22 Von den Veden bin Ich der *Sāma Veda;* von den Halbgöttern bin Ich Indra, der König des Himmels; von den Sinnen bin Ich der Geist, und in den Lebewesen bin Ich die Lebenskraft [Bewusstsein].
23 Unter den Rudras bin Ich Śiva, unter den Yakṣas und Rākṣasas bin Ich der Herr des Reichtums [Kuvera], von den Vasus bin Ich das Feuer [Agni], und von den Bergen bin Ich Meru.
24 Wisse, o Arjuna, unter den Priestern bin Ich ihr Oberhaupt, Bṛhaspati; von den Generälen bin Ich Kārtikeya, und von den Gewässern bin Ich der Ozean.
25 Von den großen Weisen bin Ich Bhṛgu. Von den Klangschwingungen bin Ich das transzendentale *oṁ.* Von den Opfern bin Ich das Chanten der heiligen Namen *[japa],* und von den unbeweglichen Dingen bin Ich der Himālaya.
26 Von allen Bäumen bin Ich der Banyanbaum, und von den Weisen unter den Halbgöttern bin Ich Nārada. Von den Gandharvas bin Ich Citraratha, und von den vollkommenen Wesen bin Ich der Weise Kapila.
27 Wisse, unter den Pferden bin Ich Uccaiḥśravā, der aus dem Ozean geboren wurde, als dieser zum Erzeugen von Nektar gequirlt wurde. Von den Elefantenfürsten bin Ich Airāvata, und unter den Menschen bin Ich der Monarch.

28 Von den Waffen bin Ich der Donnerkeil; von den Kühen bin Ich die *surabhi.* Von den Ursachen der Zeugung bin Ich Kandarpa, der Liebesgott, und von den Schlangen bin Ich Vāsuki.
29 Von den vielköpfigen Nāgas bin Ich Ananta, und unter den Wasserlebewesen bin Ich der Halbgott Varuṇa. Von den verstorbenen Vorfahren bin Ich Aryamā, und von den Rechtsprechern bin Ich Yama, der Herr des Todes.
30 Von den Daitya-Dämonen bin Ich der hingegebene Prahlāda. Unter den Bezwingern bin Ich die Zeit. Unter den wilden Tieren bin Ich der Löwe, und unter den Vögeln bin Ich Garuḍa.
31 Von den reinigenden Kräften bin Ich der Wind. Von den Waffenträgern bin Ich Rāma. Von den Fischen bin Ich der Hai, und von den strömenden Flüssen bin Ich der Ganges.
32 Von allen Schöpfungen bin Ich der Anfang, das Ende und auch die Mitte, o Arjuna. Von allen Wissenschaften bin Ich die spirituelle Wissenschaft des Selbst, und unter den Logikern bin Ich die schlüssige Wahrheit.
33 Von den Buchstaben bin Ich das A, und von den Wortverbindungen bin Ich das Doppelwort. Ich bin die unerschöpfliche Zeit, und von den Schöpfern bin Ich Brahmā.
34 Ich bin der alles verschlingende Tod, und Ich bin das erzeugende Prinzip von allem, was in der Zukunft existieren wird. Unter den Frauen bin Ich Ruhm, Glück, erlesene Sprache, Gedächtnis, Intelligenz, Standhaftigkeit und Geduld.
35 Von den Hymnen im *Sāma Veda* bin Ich der *Bṛhat-sāma,* und von aller Dichtung bin Ich der Gāyatrī. Von den Monaten bin Ich Mārgaśīrṣa [November-Dezember], und von den Jahreszeiten bin Ich der blumenreiche Frühling.
36 Von allem Betrug bin Ich das Glücksspiel, und von allem Prachtvollen bin Ich die Pracht. Ich bin der Sieg, Ich bin das Abenteuer, und Ich bin die Stärke der Starken.
37 Von den Nachkommen Vṛṣṇis bin Ich Vāsudeva, und von den Pāṇḍavas bin Ich Arjuna. Von den Weisen bin Ich Vyāsa, und unter den großen Denkern bin Ich Uśanā.
38 Unter allen Mitteln, um Gesetzlosigkeit zu bekämpfen, bin Ich die Bestrafung, und in denjenigen, die nach Sieg streben, bin

Ich die Moral. Von den Geheimnissen bin Ich das Schweigen, und Ich bin die Weisheit der Weisen.

39 Des Weiteren, o Arjuna, bin Ich der ursprüngliche Same aller Schöpfungen. Es gibt kein Geschöpf, ob beweglich oder unbeweglich, das ohne Mich existieren kann.

40 O mächtiger Bezwinger der Feinde, Meine göttlichen Manifestationen haben kein Ende. Was Ich dir beschrieben habe, ist nur ein kleiner Hinweis auf Meine unendliche Fülle.

41 Wisse, alle majestätischen, schönen und herrlichen Schöpfungen entspringen nur einem Funken Meiner Pracht.

42 Doch wozu, o Arjuna, ist all dieses detaillierte Wissen notwendig? Mit einem einzigen Bruchteil Meiner selbst durchdringe und erhalte Ich das gesamte Universum.

11. Die kosmische Gestalt

Arjuna bittet den Herrn um die Schau Seiner kosmischen Gestalt

1 Arjuna sprach: Ich habe Deine Unterweisungen bezüglich dieser höchst vertraulichen spirituellen Themen vernommen, die Du mir in Deiner Güte erteilt hast, und meine Illusion ist jetzt von mir gewichen.

2 O Lotosäugiger, ich habe von Dir im Einzelnen über das Erscheinen und Fortgehen aller Lebewesen gehört und habe Deine unerschöpfliche Herrlichkeit erkannt.

3 O größte aller Persönlichkeiten, o höchste Form, obwohl ich Dich in Deiner wahren Identität hier vor mir sehe, so wie Du Dich selbst beschrieben hast, möchte ich sehen, wie Du in diese kosmische Manifestation eingegangen bist. Ich wünsche mir, diese Deine Form zu sehen.

4 Wenn Du denkst, dass ich imstande bin, Deine kosmische Gestalt zu sehen, o Herr, o Meister aller mystischen Kraft, dann sei bitte so gütig, mir dieses unbegrenzte universale Selbst zu zeigen.

5 Der Höchste Persönliche Gott sprach: Mein lieber Arjuna, o Sohn Pṛthās, betrachte nun Meine Fülle – Hunderttausende von verschiedenen göttlichen und vielfarbigen Formen.

6 O Bester der Bhāratas, sieh nur die verschiedenen Manifestationen der Ādityas, Vasus, Rudras, Aśvinī-kumāras und aller anderen Halbgötter. Betrachte diese wundervolle Vielfalt, die niemand zuvor jemals gesehen und von der niemand zuvor jemals gehört hat.
7 O Arjuna, alles, was du sehen möchtest, kannst du auf einmal in diesem Meinem Körper erblicken. Diese kosmische Gestalt kann dir alles zeigen, was du jetzt und in der Zukunft sehen möchtest. Alles – das Bewegliche und Unbewegliche – ist hier vollständig an einem Ort zu sehen.
8 Doch mit deinen gegenwärtigen Augen kannst du Mich nicht sehen. Deshalb gebe Ich dir göttliche Augen. Schaue Meinen mystischen Reichtum!

Die Offenbarung der kosmischen Gestalt

9 Sañjaya sprach: O König, nachdem der Herr aller mystischen Kräfte, der Höchste Persönliche Gott, diese Worte gesprochen hatte, offenbarte Er Arjuna die kosmische Gestalt.
10–11 Arjuna sah in der kosmischen Gestalt unzählige Münder, unzählige Augen und unbegrenzte wundervolle Erscheinungen. Die Gestalt war mit vielen himmlischen Schmuckstücken verziert und schwang viele göttliche Waffen. Sie trug himmlische Girlanden und Gewänder, und ihr Körper war mit vielen göttlichen Duftstoffen eingerieben. Alles war wunderbar, strahlend, unendlich und alldurchdringend.
12 Wenn Hunderttausende von Sonnen gleichzeitig am Himmel aufstiegen, käme ihr strahlender Glanz vielleicht dem Glanz der Höchsten Person in jener kosmischen Gestalt gleich.
13 Da gewahrte Arjuna in der kosmischen Gestalt des Herrn die grenzenlosen Erweiterungen des Universums, die sich alle an einem Ort befanden, obwohl sie in viele, viele Tausende aufgeteilt waren.
14 Arjuna, der verwirrt und erstaunt war und dessen Haare sich sträubten, neigte daraufhin seinen Kopf, um dem Höchsten Herrn seine Ehrerbietung zu erweisen, und mit gefalteten Händen brachte er Ihm Gebete dar.

15 Arjuna sprach: Mein lieber Śrī Kṛṣṇa, ich sehe in Deinem Körper alle Halbgötter und eine Vielfalt anderer Lebewesen versammelt. Ich sehe Brahmā auf der Lotosblume sitzen, und ich erblicke Śiva sowie alle Weisen und die göttlichen Schlangen.
16 O Herr des Universums, o kosmische Gestalt, ich sehe in Deinem Körper viele, viele Arme, Bäuche, Münder und Augen, die überall und ohne Grenzen verbreitet sind. Ich sehe in Dir kein Ende, keine Mitte und keinen Anfang.
17 Aufgrund Deiner blendenden Ausstrahlung, die sich in alle Richtungen ausbreitet wie das Lodern eines Feuers oder die unermesslichen Strahlen der Sonne, fällt es mir sehr schwer, Deine Gestalt zu betrachten. Und doch sehe ich überall diese gleißende Gestalt, die mit verschiedensten Kronen, Keulen und Feuerrädern geschmückt ist.
18 Du bist das höchste, ursprüngliche Ziel. Du bist die höchste Ruhestätte des gesamten Universums. Du bist unerschöpflich, und Du bist der Älteste. Du bist der Erhalter der ewigen Religion, der Persönliche Gott. Das ist meine Meinung.
19 Du hast keinen Anfang, keine Mitte und kein Ende. Deine Herrlichkeit ist unbegrenzt. Du hast zahllose Arme, und die Sonne und der Mond sind Deine Augen. Ich sehe loderndes Feuer aus Deinem Mund strömen; durch Deine Ausstrahlung erhitzt Du das gesamte Universum.
20 Obwohl Du eins bist, bist Du über den ganzen Himmel, die Planeten und den Raum dazwischen verbreitet. O große Persönlichkeit, während ich diese wundersame, Furcht erregende Gestalt betrachte, erbeben alle Planetensysteme.
21 All die Scharen der Halbgötter ergeben sich vor Dir und gehen in Dich ein. Einige bringen Dir voller Furcht mit gefalteten Händen Gebete dar. Scharen großer Weiser und vollkommener Wesen rufen „Frieden!" und singen Gebete und vedische Hymnen.
22 All die vielfältigen Manifestationen Śivas, die Ādityas, die Vasus, die Sādhyas, die Viśvedevas, die beiden Aśvīs, die Maruts, die Vorväter, die Gandharvas, die Yakṣas, die Asuras und die vollkommenen Halbgötter betrachten Dich mit Erstaunen.

23 O Starkarmiger, alle Planeten mit ihren Halbgöttern sind verwirrt beim Anblick Deiner unermesslichen Form mit ihren vielen Gesichtern, Augen, Armen, Schenkeln, Beinen und Bäuchen sowie ihren vielen schrecklichen Zähnen. Und so wie sie, bin auch ich verwirrt.

24 O alldurchdringender Viṣṇu, der Anblick Deiner vielen gleißenden Farben, die den Himmel berühren, Deiner aufgerissenen Münder und Deiner großen, glühenden Augen lässt meinen Geist vor Furcht erschaudern. Ich kann meine Standhaftigkeit und meinen Gleichmut nicht mehr bewahren.

25 O Herr der Herren, o Zuflucht der Welten, bitte sei mir gnädig. Ich kann meine Ausgeglichenheit nicht bewahren, da ich Deine lodernden, totengleichen Gesichter und Deine entsetzlichen Zähne sehe. In jeder Hinsicht bin ich verwirrt.

26–27 Alle Söhne Dhṛtarāṣṭras und ihre verbündeten Könige sowie Bhīṣma, Droṇa und Karṇa – und auch unsere führenden Krieger – stürzen in Deine Furcht erregenden Münder. Und einige sehe ich mit zermalmten Köpfen zwischen Deinen Zähnen stecken.

28 Wie die vielen Wellen der Flüsse ins Meer fließen, so gehen all diese großen Krieger brennend in Deine Münder ein.

29 Ich sehe alle Menschen mit rasender Geschwindigkeit in Deine Münder stürzen wie Motten in ein lodierndes Feuer, der Vernichtung entgegen.

30 O Viṣṇu, ich sehe, wie Du alle Menschen aus allen Richtungen mit Deinen flammenden Mündern verschlingst. Mit Deinem leuchtenden Glanz durchdringst Du das gesamte Universum. Schreckliche, sengende Strahlen gehen von Dir aus.

31 O Herr der Herren, Furcht erregende Gestalt, bitte sage mir, wer Du bist. Ich erweise Dir meine Ehrerbietung. Bitte sei mir gnädig. Du bist der ursprüngliche Herr. Ich will mehr über Dich erfahren, denn ich weiß nicht, was Deine Mission ist.

32 Der Höchste Persönliche Gott sprach: Zeit bin Ich, die große Zerstörerin der Welten, und Ich bin gekommen, um alle Menschen zu vernichten. Außer euch [den Pāṇḍavas] werden alle Soldaten hier auf beiden Seiten getötet werden.

33 Daher erhebe dich, rüste dich zum Kampf und werde glorreich. Besiege deine Feinde, und erfreue dich eines blühenden Königreiches. Durch Meine Vorkehrung sind sie bereits dem Tode geweiht, und du, o Savyasācī, kannst in diesem Kampf nur ein Werkzeug sein.
34 Droṇa, Bhīṣma, Jayadratha, Karṇa und die anderen großen Krieger sind bereits von Mir vernichtet worden. Töte sie also, und sei nicht beunruhigt. Kämpfe nur, und du wirst deine Feinde in der Schlacht besiegen.
35 Sañjaya sprach zu Dhṛtarāṣṭra: O König, nachdem der zitternde Arjuna diese Worte des Höchsten Persönlichen Gottes vernommen hatte, brachte er immer wieder mit gefalteten Händen seine Ehrerbietung dar. Ehrfurchtsvoll und mit stockender Stimme sprach er zu Śrī Kṛṣṇa die folgenden Worte.

Arjuna bringt Gebete dar

36 Arjuna sprach: O Meister der Sinne, die Welt wird von Freude erfüllt, wenn sie Deinen Namen hört, und so entwickelt jeder Zuneigung zu Dir. Während die vollkommenen Wesen Dir ihre achtungsvolle Ehrerbietung erweisen, fürchten sich die Dämonen und fliehen in alle Richtungen. All dies ist nur recht und billig.
37 O große Persönlichkeit, größer sogar als Brahmā, Du bist der ursprüngliche Schöpfer. Warum also sollten sie Dir nicht ihre achtungsvolle Ehrerbietung darbringen? O Unbegrenzter, Gott der Götter, Zuflucht des Universums! Du bist die unversiegliche Quelle, die Ursache aller Ursachen, und Du bist transzendental zur materiellen Manifestation.
38 Du bist der ursprüngliche Persönliche Gott, der Älteste, die höchste Ruhestätte der manifesten kosmischen Welt. Du besitzt alles Wissen, und Du bist das Ziel allen Wissens. Du bist die höchste Zuflucht jenseits der materiellen Erscheinungsweisen. O grenzenlose Form! Die gesamte kosmische Manifestation ist von Dir durchdrungen!
39 Du bist die Luft, und Du bist der höchste Herrscher! Du bist das Feuer, Du bist das Wasser, und Du bist der Mond! Du bist Brahmā, das ersterschaffene Lebewesen, und Du bist der

Urgroßvater. Deshalb erweise ich Dir tausendmal, immer und immer wieder, meine achtungsvolle Ehrerbietung!

40 Von vorn, von hinten, von allen Seiten erweise ich Dir meine Ehrerbietung! O ungebundene Kraft, Du bist der Meister grenzenloser Macht! Du bist alldurchdringend, und deshalb bist Du alles!

41 Da ich Dich für meinen Freund hielt, habe ich Dich in meiner Unbesonnenheit mit „o Kṛṣṇa“, „o Yādava“, „o Freund“ angesprochen, ohne Deine Herrlichkeit zu kennen. Bitte vergib mir alles, was ich aus Verrücktheit oder aus Liebe getan haben mag.

42 Ich habe Dich oft missachtet, indem ich mit Dir scherzte, während wir uns zusammen ausruhten, auf dem gleichen Bett lagen, zusammen saßen oder miteinander speisten, manchmal allein und manchmal in der Gegenwart vieler Freunde. O Unfehlbarer, bitte verzeihe mir all diese Vergehen.

43 Du bist der Vater der gesamten kosmischen Manifestation, des Beweglichen und des Unbeweglichen. Du bist ihr ehrwürdiges Oberhaupt, der höchste spirituelle Meister. Niemand kann Dir gleichkommen, und niemand kann eins mit Dir sein. Wie also könnte es in den drei Welten jemanden geben, der größer ist als Du, o Herr unermesslicher Macht?

44 Du bist der Höchste Herr, der für jedes Lebewesen verehrenswert ist. Deshalb falle ich vor Dir nieder, um Dir meine achtungsvolle Ehrerbietung zu erweisen und Deine Barmherzigkeit zu erflehen. Bitte sieh über alle Vergehen hinweg, die ich Dir gegenüber begangen habe, so wie ein Vater die Frechheit seines Sohnes erduldet, ein Freund die Unverschämtheit eines Freundes oder eine Frau die Ungezwungenheit ihres Ehemannes.

Arjuna ist erschrocken und bittet den Herrn, sich wieder in Seiner ursprünglichen Gestalt zu zeigen

45 Nachdem ich die kosmische Gestalt gesehen habe, die ich niemals zuvor sah, bin ich von Freude erfüllt, doch gleichzeitig ist mein Geist von Furcht erregt. Sei mir daher bitte gnädig und zeige Dich wieder in Deiner Gestalt des Höchsten Persönlichen Gottes, o Herr der Herren, o Zuflucht des Universums.

46 O kosmische Gestalt, o tausendarmiger Herr, ich möchte Dich in Deiner vierarmigen Gestalt sehen, mit Helm auf dem Haupt und mit Keule, Diskus, Muschelhorn und Lotosblume in den Händen. Ich sehne mich danach, Dich in dieser Form zu sehen.
47 Der Höchste Persönliche Gott sprach: Mein lieber Arjuna, mit Freuden habe Ich dir, durch Meine innere Kraft, diese höchste kosmische Gestalt innerhalb der materiellen Welt gezeigt. Niemand vor dir hat jemals diese ursprüngliche, unbegrenzte, gleißende Form gesehen.
48 O Bester unter den Kuru-Kriegern, niemand vor dir hat jemals diese Meine kosmische Gestalt gesehen, denn weder durch das Studium der Veden noch durch Opferdarbringungen, Wohltätigkeit, fromme Werke oder strenge Entsagung kann Ich in dieser Form in der materiellen Welt gesehen werden.
49 Der Anblick dieser Meiner schrecklichen Form hat dich verwirrt und beängstigt. Möge dies nun ein Ende haben. Mein Geweihter, sei wieder frei von aller Furcht! Mit friedvollem Geist sollst du jetzt die Gestalt sehen, nach der du dich sehnst.
50 Sañjaya sprach zu Dhṛtarāṣṭra: Nachdem Kṛṣṇa, der Höchste Persönliche Gott, diese Worte zu Arjuna gesprochen hatte, offenbarte Er Seine vierarmige Form und schließlich Seine zweiarmige Gestalt, um so den erschreckten Arjuna zu ermutigen.
51 Als Arjuna Kṛṣṇa so in Seiner ursprünglichen Gestalt gewahrte, sprach er: O Janārdana, nun, da ich diese menschengleiche Gestalt sehe, die so überaus schön ist, habe ich mich wieder gefasst und habe zu meinem ursprünglichen Wesen zurückgefunden.
52 Der Höchste Persönliche Gott sprach: Mein lieber Arjuna, diese Meine Gestalt, die du jetzt siehst, ist sehr schwer zu schauen. Selbst die Halbgötter suchen stets nach einer Gelegenheit, diese Gestalt zu sehen, die so anziehend ist.

Nur durch hingebungsvollen Dienst kann man Kṛṣṇa verstehen

53 Diese Form, die du jetzt mit deinen transzendentalen Augen siehst, kann weder durch ein bloßes Studium der Veden noch

durch strenge Buße, Wohltätigkeit oder Verehrung verstanden werden. Durch solche Mittel ist es nicht möglich, Mich zu sehen, wie Ich bin.

54 Mein lieber Arjuna, nur durch ungeteilten hingebungsvollen Dienst kann man Mich verstehen, wie Ich bin, so wie Ich vor dir stehe, und kann Mich direkt sehen. Nur so kannst du in das Geheimnis, Mich zu verstehen, eindringen.

55 Mein lieber Arjuna, wer sich in Meinem reinen hingebungsvollen Dienst beschäftigt, frei von den Verunreinigungen karmischer Werke und gedanklichen Spekulierens, wer für Mich tätig ist, wer Mich zum höchsten Ziel seines Lebens macht und wer jedem Lebewesen ein Freund ist, der gelangt mit Sicherheit zu Mir.

12. Hingebungsvoller Dienst

Persönliche Verehrung ist besser als unpersönliche

1 Arjuna fragte: Wer soll als vollkommener gelten – diejenigen, die stets in Deinem hingebungsvollen Dienst beschäftigt sind, oder diejenigen, die das unpersönliche Brahman, das Unmanifeste, verehren?

2 Der Höchste Persönliche Gott sprach: Diejenigen, die ihren Geist auf Meine persönliche Gestalt richten und Mich stets mit großem transzendentalem Glauben verehren, betrachte Ich als die Vollkommensten.

3–4 Diejenigen aber, die das Unmanifeste verehren, das, was jenseits der Sinneswahrnehmung liegt, das Alldurchdringende, Unbegreifliche, Unwandelbare und Unbewegliche – den unpersönlichen Aspekt der Absoluten Wahrheit –, indem sie die Sinne beherrschen und jedem gleich gesinnt sind, solche Menschen, die zum Wohle aller beschäftigt sind, erreichen am Ende ebenfalls Mich.

5 Für diejenigen, deren Geist am unmanifesten, unpersönlichen Aspekt des Höchsten haftet, ist Fortschritt sehr beschwerlich. Auf diesem Pfad fortzuschreiten ist für die verkörperten Seelen immer sehr schwierig.

Die Stufen des hingebungsvollen Dienstes

6–7 Doch diejenigen, die Mich verehren, die all ihre Tätigkeiten Mir weihen, Mir ohne Abweichung hingegeben sind, sich im hingebungsvollen Dienst beschäftigen und immer über Mich meditieren, indem sie ihren Geist fest auf Mich richten, sie, o Sohn Pṛthās, befreie Ich sehr schnell aus dem Ozean der Geburten und Tode.
8 Richte deinen Geist einfach auf Mich, den Höchsten Persönlichen Gott, und beschäftige all deine Intelligenz mit Mir. So wirst du ohne Zweifel immer in Mir leben.
9 Mein lieber Arjuna, o Gewinner von Reichtum, wenn du deinen Geist nicht ohne Abweichung auf Mich richten kannst, so befolge die regulierenden Prinzipien des *bhakti-yoga* und entwickle auf diese Weise den Wunsch, zu Mir zu gelangen.
10 Wenn du die Prinzipien des *bhakti-yoga* nicht befolgen kannst, dann versuche einfach, für Mich zu handeln, denn so kannst du die Stufe der Vollkommenheit erreichen.
11 Wenn du jedoch nicht imstande bist, in diesem Bewusstsein für Mich zu handeln, dann versuche, allen Früchten deiner Arbeit zu entsagen und im Selbst verankert zu sein.
12 Wenn du nicht auf diese Weise handeln kannst, dann beschäftige dich mit der Entwicklung von Wissen. Besser als Wissen jedoch ist Meditation, und besser als Meditation ist es, den Früchten seiner Tätigkeiten zu entsagen, denn durch solche Entsagung kann man inneren Frieden erlangen.

Die Merkmale eines reinen Bhakta

13–14 Wer nicht neidisch, sondern allen Lebewesen ein gütiger Freund ist, wer keinen Besitzanspruch erhebt und von falschem Ego frei ist, wer in Glück und Leid gleichmütig bleibt, wer duldsam, immer zufrieden und selbstbeherrscht ist und sich mit Entschlossenheit im hingebungsvollen Dienst beschäftigt, indem er Geist und Intelligenz auf Mich richtet – ein solcher Geweihter ist Mir sehr lieb.

15 Wer niemanden in Schwierigkeiten bringt und sich von niemandem verwirren lässt, wer in Glück und Leid, Furcht und Sorge ausgeglichen bleibt, ist Mir sehr lieb.
16 Mein Geweihter, der nicht vom gewohnten Verlauf der Tätigkeiten abhängig ist, der rein, sachkundig, ohne Sorgen und frei von allem Leid ist und nicht nach Ergebnissen trachtet, ist Mir sehr lieb.
17 Wer weder frohlockt noch bekümmert ist, weder klagt noch etwas begehrt und sowohl erfreulichen wie auch unerfreulichen Dingen entsagt – ein solcher *bhakta* ist Mir sehr lieb.
18–19 Wer Freunden und Feinden gleich gesinnt is; wer bei Ehre und Schmach, Hitze und Kälte, Glück und Leid sowie Ruhm und Schande Gleichmut bewahrt; wer stets frei ist von verunreinigender Gemeinschaft; wer immer schweigsam und mit allem zufrieden ist; wer sich nicht um eine Unterkunft sorgt; wer im Wissen gefestigt ist und sich in Meinem hingebungsvollen Dienst beschäftigt – ein solcher Mensch ist Mir sehr lieb.
20 Diejenigen, die diesem unvergänglichen Pfad des hingebungsvollen Dienstes folgen und die mit Glauben völlig darin aufgehen, indem sie Mich zu ihrem höchsten Ziel machen, sind Mir sehr, sehr lieb.

13. Natur, Genießer und Bewusstsein

Das Feld und der Kenner des Feldes

1 Arjuna sprach: O mein lieber Kṛṣṇa, ich möchte wissen, was *prakṛti* [Natur] und *puruṣa* [der Genießer], was das Feld und der Kenner des Feldes, was Wissen und das Objekt des Wissens ist.
2 Der Höchste Persönliche Gott sprach: Der Körper, o Sohn Kuntīs, wird als das Feld bezeichnet, und derjenige, der den Körper kennt, wird als der Kenner des Feldes bezeichnet.
3 O Nachkomme Bharatas, du solltest verstehen, dass Ich ebenfalls der Kenner in allen Körpern bin, und den Körper und seinen Besitzer zu kennen wird als Wissen bezeichnet. Das ist Meine Ansicht.

4 Höre nun bitte Meine kurze Beschreibung dieses Tätigkeitsfeldes, wie es beschaffen ist, welches seine Veränderungen sind, wodurch es verursacht wird, wer der Kenner des Tätigkeitsfeldes ist und was seine Einflüsse sind.
5 Dieses Wissen über das Tätigkeitsfeld und den Kenner der Tätigkeiten wird von verschiedenen Weisen in verschiedenen vedischen Schriften beschrieben. Es wird insbesondere im *Vedānta-sūtra* erklärt, mit aller Beweisführung in Bezug auf Ursache und Wirkung.
6–7 Die fünf großen Elemente, das falsche Ego, die Intelligenz, das Unmanifeste, die zehn Sinne, der Geist, die fünf Sinnesobjekte, Verlangen, Hass, Glück, Leid, die Gesamtheit, die Lebenssymptome und die Überzeugungen – all dies zusammen wird als das Tätigkeitsfeld und seine Wechselwirkungen bezeichnet.

Merkmale des Wissens

8–12 Demut, Freisein von Stolz, Gewaltlosigkeit, Duldsamkeit, Einfachheit, das Aufsuchen eines echten spirituellen Meisters, Sauberkeit, Unerschütterlichkeit, Selbstbeherrschung, Entsagung der Objekte der Sinnenbefriedigung, Freisein von falschem Ego, das Erkennen des Übels von Geburt, Tod, Alter und Krankheit, Loslösung, Freiheit von der Verstrickung mit Kindern, Frau, Heim und so weiter, Gleichmut inmitten erfreulicher und unerfreulicher Ereignisse, beständige und unverfälschte Hingabe zu Mir, das Bestreben, sich an einen einsamen Ort zurückzuziehen, Loslösung von der Masse der Menschen, die Einsicht in die Wichtigkeit der Selbsterkenntnis und die philosophische Suche nach der Absoluten Wahrheit – all diese Dinge erkläre Ich hiermit für Wissen, und alles andere, was es sonst noch geben mag, ist Unwissenheit.

Die Seele und die Überseele

13 Ich werde Dir nun das Objekt des Wissens erklären, und mit diesem Wissen wirst du das Ewige kosten. Das Brahman, die spirituelle Natur, ist ohne Anfang und Mir untergeordnet. Es liegt jenseits der Ursache und Wirkung der materiellen Welt.

14 Überall sind Seine Hände und Beine, Seine Augen, Köpfe und Gesichter, und überall sind Seine Ohren. Auf diese Weise existiert die Überseele, die alles durchdringt.
15 Die Überseele ist die ursprüngliche Quelle aller Sinne, doch Sie selbst ist ohne Sinne. Sie ist unangehaftet, obwohl Sie der Erhalter aller Lebewesen ist. Sie steht über den Erscheinungsweisen der Natur, und gleichzeitig ist Sie der Lenker aller Erscheinungsweisen der materiellen Natur.
16 Die höchste Wahrheit existiert innerhalb und außerhalb aller Lebewesen, der sich bewegenden und der sich nicht bewegenden. Aufgrund der subtilen Beschaffenheit des Höchsten ist es nicht möglich, Ihn mit den materiellen Sinnen zu sehen oder zu erkennen. Obwohl weit, weit entfernt, ist Er auch sehr nah.
17 Obwohl die Überseele unter allen Wesen aufgeteilt zu sein scheint, ist Sie niemals geteilt. Sie ist in Ihrer Existenz eins. Obwohl Sie der Erhalter eines jeden Lebewesens ist, sollte man verstehen, dass Sie alles verschlingt und hervorbringt.
18 Sie ist die Lichtquelle in allen Leuchtkörpern. Sie befindet sich jenseits der Dunkelheit der Materie und ist unmanifest. Sie ist das Wissen, Sie ist das Objekt des Wissens, und Sie ist das Ziel des Wissens. Sie befindet sich im Herzen eines jeden.
19 Somit habe Ich das Tätigkeitsfeld [den Körper], das Wissen und den Gegenstand des Wissens zusammenfassend beschrieben. Nur Meine Geweihten können dies vollständig verstehen, und so erreichen sie Meine Natur.
20 Man sollte verstehen, dass die materielle Natur und die Lebewesen ohne Anfang sind. Ihre Umwandlungen und die Erscheinungsweisen der Materie sind Produkte der materiellen Natur.
21 Die Natur gilt als die Ursache aller materiellen Ursachen und Wirkungen, wohingegen das Lebewesen die Ursache der verschiedenen Leiden und Genüsse in dieser Welt ist.
22 So folgt das Lebewesen in der materiellen Natur den Wegen des Lebens und genießt die drei Erscheinungsweisen der Natur. Das ist auf seine Verbindung mit der materiellen Natur zurückzuführen. So trifft es mit Gut und Schlecht in den verschiedenen Lebensformen zusammen.

23 Jedoch gibt es im Körper noch einen anderen, einen transzendentalen Genießer, und dies ist der Herr, der höchste Besitzer, der als Beobachter und Erlaubnisgeber gegenwärtig ist und der als Überseele bezeichnet wird.
24 Wer diese Philosophie von der materiellen Natur, dem Lebewesen und der Wechselwirkung der Erscheinungsweisen der Natur versteht, wird mit Sicherheit Befreiung erlangen. Er wird, ungeachtet seiner jetzigen Stellung, nicht mehr in dieser Welt geboren werden.
25 Einige erkennen die Überseele in ihrem Innern durch Meditation, andere durch die Entwicklung von Wissen und wieder andere durch Tätigkeiten ohne eigennützige Wünsche.
26 Und es gibt andere, die zwar im spirituellen Wissen nicht bewandert sind, die aber beginnen, die Höchste Person zu verehren, nachdem sie von anderen über Sie gehört haben. Weil sie die Neigung haben, von Autoritäten zu hören, überwinden auch sie den Pfad von Geburt und Tod.
27 O Oberhaupt der Bhāratas, wisse, dass alles Existierende, ob beweglich oder unbeweglich, nur die Verbindung des Tätigkeitsfeldes mit dem Kenner des Feldes ist.
28 Wer sieht, dass die Überseele die individuelle Seele in allen Körpern begleitet, und versteht, dass weder die Seele noch die Überseele im zerstörbaren Körper jemals zerstört werden, sieht wirklich.
29 Wer sieht, dass die Überseele überall, in allen Lebewesen, in gleichem Maße gegenwärtig ist, erniedrigt sich nicht durch seinen Geist. So nähert er sich dem transzendentalen Ziel.
30 Wer sieht, dass alle Tätigkeiten vom Körper ausgeführt werden, der von der materiellen Natur geschaffen wurde, und sieht, dass er selbst nichts tut, sieht wirklich.
31 Wenn ein einsichtiger Mensch aufhört, aufgrund verschiedener materieller Körper Unterschiede zu machen, und sieht, wie die Lebewesen überall gegenwärtig sind, erlangt er die Sicht des Brahman.
32 Diejenigen mit der Sicht der Ewigkeit sehen, dass die unvergängliche Seele transzendental und ewig ist und sich jenseits der

Erscheinungsweisen der Natur befindet. Trotz ihres Kontaktes mit dem materiellen Körper, o Arjuna, tut die Seele nichts und ist auch nicht verstrickt.

33 Aufgrund seiner feinstofflichen Natur vermischt sich der Himmel mit keinem anderen Element, obwohl er alldurchdringend ist. In ähnlicher Weise vermischt sich die Seele, die in der Sicht des Brahman verankert ist, nicht mit dem Körper, obwohl sie sich im Körper befindet.

34 O Nachkomme Bharatas, so wie die Sonne allein das ganze Universum erleuchtet, so erleuchtet das eine Lebewesen im Körper den gesamten Körper mit Bewusstsein.

35 Diejenigen, die mit den Augen des Wissens den Unterschied zwischen dem Körper und dem Kenner des Körpers sehen und auch den Vorgang der Befreiung aus der Knechtschaft der materiellen Natur verstehen, erreichen das höchste Ziel.

14. Die drei Erscheinungsweisen der materiellen Natur

Tugend, Leidenschaft und Unwissenheit

1 Der Höchste Persönliche Gott sprach: Abermals werde Ich dir diese höchste Weisheit erklären, die Essenz allen Wissens. Alle Weisen, die es verstanden, haben die höchste Vollkommenheit erreicht.

2 Wenn man in diesem Wissen gefestigt ist, kann man die transzendentale Natur erreichen, die Meiner eigenen Natur gleich ist. Wer auf dieser Stufe verankert ist, wird zurzeit der Schöpfung nicht geboren und zurzeit der Vernichtung nicht verwirrt.

3 Die gesamte materielle Substanz, Brahman genannt, ist die Quelle der Geburt, und es ist dieses Brahman, das Ich befruchte, wodurch die Geburt aller Lebewesen ermöglicht wird, o Nachkomme Bharatas.

4 Wisse, o Sohn Kuntīs, dass alle Lebensformen durch Geburt in der materiellen Natur ermöglicht werden und dass Ich der Samen gebende Vater bin.

5 Die materielle Natur besteht aus drei Erscheinungsweisen – Tugend, Leidenschaft und Unwissenheit. Wenn das ewige Lebewesen mit der Natur in Berührung kommt, o starkarmiger Arjuna, wird es durch diese Erscheinungsweisen bedingt.

6 O Sündloser, die Erscheinungsweise der Tugend, die reiner ist als die anderen, ist erleuchtend, und sie befreit einen von allen sündhaften Reaktionen. Diejenigen, die sich in dieser Erscheinungsweise befinden, werden durch das Gefühl bedingt, glücklich zu sein und Wissen zu besitzen.

7 Die Erscheinungsweise der Leidenschaft wird aus unbegrenzten Wünschen und Verlangen geboren, o Sohn Kuntīs, und aufgrund dieser Erscheinungsweise wird das verkörperte Lebewesen an materielle karmische Tätigkeiten gebunden.

8 O Nachkomme Bharatas, wisse, dass die Erscheinungsweise der Dunkelheit, geboren aus Unwissenheit, die Täuschung aller verkörperten Lebewesen verursacht. Die Folgen dieser Erscheinungsweise – Verrücktheit, Trägheit und Schlaf – binden die bedingte Seele.

9 O Nachkomme Bharatas, in der Erscheinungsweise der Tugend wird man durch Glück bedingt, in Leidenschaft durch Anhaftung an die Früchte des Handelns, und die Wissen bedeckende Erscheinungsweise der Unwissenheit bedingt den Menschen durch Verrücktheit.

10 Manchmal gewinnt die Erscheinungsweise der Tugend Oberhand über die Erscheinungsweisen der Leidenschaft und Unwissenheit, o Nachkomme Bharatas. Manchmal unterwirft die Erscheinungsweise der Leidenschaft Tugend und Unwissenheit, und ein anderes Mal unterwirft die Erscheinungsweise der Unwissenheit Tugend und Leidenschaft. Auf diese Weise findet ein ständiger Kampf um Vorherrschaft statt.

11 Die Merkmale der Erscheinungsweise der Tugend kann man erfahren, wenn alle Tore des Körpers durch Wissen erleuchtet sind.

12 O Oberhaupt der Bhāratas, wenn die materielle Erscheinungsweise der Leidenschaft zunimmt, entwickeln sich die Anzeichen von großer Anhaftung, egozentrierter, karmischer

Aktivität, intensiver Bemühung und ungezügelten Wünschen und Verlangen.

13 Wenn die Erscheinungsweise der Unwissenheit zunimmt, o Nachkomme Kurus, manifestieren sich Dunkelheit, Trägheit, Verrücktheit und Illusion.

14 Wenn man in der Erscheinungsweise der Tugend stirbt, gelangt man zu den reinen, höheren Planeten der großen Weisen.

15 Wenn man in der Erscheinungsweise der Leidenschaft stirbt, wird man unter denen geboren, die an den Früchten ihrer Handlungen hängen, und wenn man in der Erscheinungsweise der Unwissenheit stirbt, wird man im Tierreich geboren.

16 Das Ergebnis frommen Handelns ist rein, und es heißt, dass es sich in der Erscheinungsweise der Tugend befindet. Handlungen jedoch, die in der Erscheinungsweise der Leidenschaft verrichtet werden, führen zu Leid, und Handlungen, die in der Erscheinungsweise der Unwissenheit verrichtet werden, enden in Dummheit.

17 Aus der Erscheinungsweise der Tugend entwickelt sich wirkliches Wissen, aus der Erscheinungsweise der Leidenschaft entwickelt sich Gier, und aus der Erscheinungsweise der Unwissenheit entwickeln sich Dummheit, Verrücktheit und Illusion.

18 Diejenigen, die sich in der Erscheinungsweise der Tugend befinden, steigen allmählich zu den höheren Planeten auf; diejenigen in der Erscheinungsweise der Leidenschaft leben auf den irdischen Planeten, und diejenigen in der abscheulichen Erscheinungsweise der Unwissenheit fallen in die höllischen Welten hinab.

19 Wenn jemand wirklich erkennt, dass in allen Handlungen niemand anders als diese Erscheinungsweisen der Natur tätig sind, und weiß, dass der Höchste Herr transzendental zu diesen Erscheinungsweisen ist, erreicht er Meine spirituelle Natur.

Das Transzendieren der Erscheinungsweisen

20 Wenn es dem verkörperten Wesen gelingt, diese drei Erscheinungsweisen zu transzendieren, die mit dem materiellen Körper verbunden sind, kann es von Geburt, Tod, Alter und den dazugehörigen Leiden frei werden und bereits in diesem Leben Nektar genießen.

21 Arjuna fragte: O Herr, an welchen Merkmalen erkennt man jemanden, der zu diesen drei Erscheinungsweisen transzendental ist? Wie verhält er sich? Und wie transzendiert er die Erscheinungsweisen der Natur?

22–25 Der Höchste Persönliche Gott sprach: O Sohn Pāṇḍus, wer Erleuchtung, Anhaftung und Täuschung weder hasst, wenn sie auftreten, noch nach ihnen verlangt, wenn sie vergehen; wer trotz all dieser Reaktionen der materiellen Erscheinungsweisen unerschütterlich und unberührt bleibt und seine neutrale, transzendentale Stellung beibehält, da er versteht, dass allein die Erscheinungsweisen wirken; wer im Selbst verankert ist und zwischen Glück und Leid keinen Unterschied macht; für wen ein Klumpen Erde, ein Stein und ein Stück Gold das Gleiche sind; wer erwünschte und unerwünschte Dinge als gleich erachtet; wer stetig ist und bei Lob und Beleidigung, Ehre und Schmach Gleichmut bewahrt; wer Freund und Feind gleich behandelt und allen materiellen Tätigkeiten entsagt hat – von einem solchen Menschen sagt man, er habe die Erscheinungsweisen der Natur transzendiert.

26 Wer sich völlig im hingebungsvollen Dienst beschäftigt und unter keinen Umständen davon abweicht, transzendiert sogleich die Erscheinungsweisen der materiellen Natur und erreicht so die Ebene des Brahman.

27 Denn Ich bin die Grundlage des unpersönlichen Brahman, das unsterblich, unvergänglich und ewig ist und das höchstes Glück gewährt.

15. Der Yoga der Höchsten Person

Der Banyanbaum der materiellen Welt

1 Der Höchste Persönliche Gott sprach: Es heißt, dass es einen unzerstörbaren Banyanbaum gibt, dessen Wurzeln nach oben und dessen Äste nach unten gerichtet und dessen Blätter die vedischen Hymnen sind. Jemand, der diesen Baum kennt, kennt die Veden.

2 Die Äste dieses Baumes, der durch die drei Erscheinungsweisen der materiellen Natur genährt wird, erstrecken sich nach oben und nach unten. Die Zweige sind die Sinnesobjekte. Der Baum hat auch Wurzeln, die nach unten weisen, und diese sind an die karmischen Handlungen der menschlichen Gesellschaft gebunden.
3–4 Die wirkliche Form dieses Baumes kann man nicht in dieser Welt wahrnehmen. Niemand kann verstehen, wo er endet, wo er beginnt und wo sein Ursprung liegt. Doch mit Entschlossenheit muss man diesen fest verwurzelten Baum mit der Waffe der Loslösung fällen. Dann muss man den Ort suchen, von dem man, wenn man ihn erreicht, nie wieder zurückkehrt, und sich dort dem Höchsten Persönlichen Gott ergeben, dem Anfang von allem, von dem seit unvordenklichen Zeiten alles ausgeht.

Kṛṣṇas Reich

5 Diejenigen, die frei sind von Geltungssucht, Illusion und falscher Gemeinschaft, die das Ewige verstehen, die nichts mehr mit materieller Lust zu tun haben wollen, die befreit sind von der Dualität von Glück und Leid und die, frei von Verwirrung, wissen, wie man sich der Höchsten Person ergibt, gelangen in dieses ewige Reich.
6 Dieses Mein höchstes Reich wird weder von Sonne oder Mond noch von Feuer oder Elektrizität erleuchtet. Diejenigen, die dorthin gelangen, kehren nie wieder in die materielle Welt zurück.
7 Die Lebewesen in der bedingten Welt sind Meine ewigen fragmentarischen Teile. Aufgrund ihres bedingten Lebens kämpfen sie sehr hart mit den sechs Sinnen, zu denen auch der Geist gehört.
8 Das Lebewesen in der materiellen Welt trägt seine verschiedenen Lebensauffassungen von einem Körper zum anderen, so wie die Luft Düfte mit sich trägt. So nimmt es eine Art von Körper an und gibt ihn wieder auf, um einen anderen anzunehmen.
9 Das Lebewesen, das auf diese Weise einen weiteren materiellen Körper annimmt, erhält eine bestimmte Art von Ohren, Augen, Zunge, Nase und Tastsinn, die um den Geist gruppiert sind. So genießt es eine bestimmte Auswahl von Sinnesobjekten.

10 Törichte Menschen können nicht verstehen, wie ein Lebewesen seinen Körper verlässt und welche Art von Körper es im Banne der Erscheinungsweisen der Natur genießt. Doch jemand, dessen Augen im Wissen geschult sind, kann all dies erkennen.
11 Die strebenden Transzendentalisten, die in Selbstverwirklichung verankert sind, können all dies deutlich erkennen. Doch diejenigen, deren Bewusstsein nicht fortgeschritten ist und die nicht selbstverwirklicht sind, können nicht sehen, was vor sich geht, auch wenn sie sich darum bemühen.
12 Das Licht der Sonne, das die Dunkelheit der ganzen Welt vertreibt, kommt von Mir. Auch das Licht des Mondes und das Licht des Feuers kommen von Mir.
13 Ich gehe in alle Planeten ein, und durch Meine Energie bleiben sie in ihren Bahnen. Ich werde der Mond und versorge dadurch alle Pflanzen mit dem Saft des Lebens.
14 Ich bin das Verdauungsfeuer in den Körpern aller Lebewesen, und Ich vereinige Mich mit der Lebensluft, der ausströmenden und der einströmenden, um die vier Arten von Nahrung zu verdauen.
15 Ich weile im Herzen eines jeden, und von Mir kommen Erinnerung, Wissen und Vergessen. Das Ziel des Studiums aller Veden ist es, Mich zu erkennen. Wahrlich, Ich bin der Verfasser des *Vedānta,* und Ich bin der Kenner der Veden.
16 Es gibt zwei Arten von Lebewesen, die unfehlbaren und die fehlbaren. Jedes Lebewesen in der materiellen Welt ist fehlbar, und jedes Lebewesen in der spirituellen Welt wird unfehlbar genannt.
17 Über diesen beiden steht die Höchste Seele, der unvergängliche Herr selbst, der in die drei Welten eingegangen ist und sie erhält.
18 Weil Ich transzendental bin zu den Fehlbaren und Unfehlbaren und weil Ich der Größte bin, bin Ich sowohl in der Welt als auch in den Veden als die Höchste Person berühmt.
19 Jeder, der Mich als den Höchsten Persönlichen Gott kennt, ohne daran zu zweifeln, ist der Kenner aller Dinge. Daher beschäftigt er sich voll und ganz in Meinem hingebungsvollen Dienst, o Nachkomme Bharatas.

20 Dies ist der vertraulichste Teil der vedischen Schriften, o Sündloser, und er wurde nun von Mir offenbart. Wer dies versteht, wird weise werden, und seine Bemühungen werden zur Vollkommenheit gelangen.

16. Das Göttliche und das Dämonische

Die göttliche Wesensart

1–3 Der Höchste Persönliche Gott sprach: Furchtlosigkeit, Läuterung des Daseins, Kultivierung spirituellen Wissens, Mildtätigkeit, Selbstbeherrschung, Darbringung von Opfern, das Studium der Veden, Entsagung, Einfachheit, Gewaltlosigkeit, Wahrhaftigkeit, Freisein von Zorn, Entsagung, Ausgeglichenheit, Abneigung gegen Fehlerfinden, Mitleid mit allen Lebewesen, Freisein von Habsucht, Freundlichkeit, Bescheidenheit, feste Entschlossenheit, Stärke, Nachsicht, Standhaftigkeit, Reinlichkeit und das Freisein von Neid und dem leidenschaftlichen Verlangen nach Ehre – all diese transzendentalen Eigenschaften, o Nachkomme Bharatas, zeichnen heilige Menschen aus, die von göttlichem Wesen sind.
4 Stolz, Überheblichkeit, Selbstgefälligkeit, Zorn, Grobheit und Unwissenheit – diese Eigenschaften gehören zu denen, die von dämonischem Wesen sind, o Sohn Pṛthās.

Die dämonische Wesensart

5 Die transzendentalen Eigenschaften führen zu Befreiung, wohingegen die dämonischen Eigenschaften Bindung verursachen. Sorge dich nicht, o Sohn Pāṇḍus, denn du bist mit göttlichen Eigenschaften geboren.
6 O Sohn Pṛthās, in dieser Welt gibt es zwei Arten von erschaffenen Wesen. Die einen nennt man göttlich und die anderen dämonisch. Ich habe dir bereits ausführlich die göttlichen Eigenschaften erklärt. Höre jetzt von Mir über die dämonischen.
7 Diejenigen, die dämonisch sind, wissen nicht, was getan werden muss und was nicht getan werden darf. In ihnen ist weder Reinheit noch richtiges Verhalten noch Wahrheit zu finden.

8 Sie sagen, die Welt sei unwirklich, sie habe keine Grundlage und es gebe keinen Gott, der sie beherrsche. Sie sagen, sie sei durch sexuelles Verlangen erzeugt worden und habe keine andere Ursache als Lust.

9 Weil die Dämonen, die sich selbst ausgeliefert sind und die keine Intelligenz besitzen, sich nach solchen Schlussfolgerungen richten, gehen sie unheilvollen, abscheulichen Tätigkeiten nach, die dazu bestimmt sind, die Welt zu zerstören.

10 Die Dämonen, die bei unersättlicher Lust Zuflucht suchen und von Stolz und falscher Ehre berauscht sind, befinden sich auf diese Weise in tiefer Illusion. Bezaubert vom Unbeständigen, sind sie immer unreinen Tätigkeiten verschworen.

11–15 Sie glauben, die Sinne zu befriedigen sei die vorrangigste Notwendigkeit für die menschliche Zivilisation. So sind ihre Ängste und Sorgen bis an ihr Lebensende unermesslich. Durch ein Netz von Tausenden und Abertausenden von Wünschen gebunden und erfüllt von Lust und Zorn, verschaffen sie sich mit unrechtmäßigen Mitteln Geld für Sinnenbefriedigung.

13–15 Der dämonische Mensch denkt: „So viel Reichtum besitze ich heute, und nach meinen Plänen werde ich noch mehr erlangen. So viel gehört mir jetzt, und es wird in Zukunft mehr und mehr werden. Dies ist mein Feind, und ich habe ihn umgebracht, und meine anderen Feinde werden ebenfalls getötet werden. Ich bin der Herr über alles. Ich bin der Genießer. Ich bin vollkommen, mächtig und glücklich. Ich bin der reichste Mann, umgeben von adligen Verwandten. Es gibt niemanden, der so mächtig und glücklich ist wie ich. Ich werde Opfer darbringen, ich werde einige Spenden geben, und so werde ich genießen."

16 Auf diese Weise von vielfachen Ängsten verwirrt und in einem Netzwerk von Illusionen gefangen, entwickeln sie zu starke Anhaftung an Sinnengenuss und fallen in die Hölle hinab.

17 Selbstgefällig und immer unverschämt, von Reichtum und falscher Ehre verblendet, führen sie manchmal voller Stolz Opfer durch, die nur dem Namen nach Opfer sind, und beachten dabei weder Regeln noch Vorschriften.

18 Verwirrt durch falsches Ego, Stärke, Stolz, Lust und Zorn,

werden die Dämonen neidisch auf den Höchsten Persönlichen Gott, der in ihrem eigenen Körper und in den Körpern der anderen wohnt, und lästern die wirkliche Religion.
19 Die Neidischen und Boshaften, die Niedrigsten unter den Menschen, werfe Ich unaufhörlich in den Ozean des materiellen Daseins, in die verschiedenen dämonischen Arten des Lebens.

Drei Tore zur Hölle

20 Da solche Menschen immer wieder unter den dämonischen Lebensformen geboren werden, o Sohn Kuntīs, können sie sich Mir niemals nähern. Nach und nach sinken sie in die abscheulichsten Formen des Daseins hinab.
21 Es gibt drei Tore, die zu dieser Hölle führen – Lust, Zorn und Gier. Jeder vernünftige Mensch sollte diese drei Dinge aufgeben, denn sie führen zur Erniedrigung der Seele.
22 Derjenige, der diesen drei Toren zur Hölle entgangen ist, o Sohn Kuntīs, führt Handlungen aus, die ihn zur Selbstverwirklichung erheben, und erreicht so allmählich das höchste Ziel.
23 Wer die Anweisungen der Schriften missachtet und nach seinen eigenen Launen handelt, erreicht weder Vollkommenheit noch Glück noch das höchste Ziel.
24 Man sollte daher anhand der Unterweisungen der Schriften lernen, was Pflicht und was nicht Pflicht ist. Wenn man diese Regeln und Vorschriften kennt, sollte man so handeln, dass man allmählich erhoben wird.

17. Die verschiedenen Arten des Glaubens

Glaube gemäß den drei Erscheinungsweisen

1 Arjuna fragte: O Kṛṣṇa, in welcher Lage befinden sich diejenigen, die die Prinzipien der Schriften nicht befolgen, sondern nach ihrer eigenen Vorstellung Verehrung ausführen? Befinden sie sich in Tugend, Leidenschaft oder Unwissenheit?
2 Der Höchste Persönliche Gott antwortete: Gemäß den drei Erscheinungsweisen der Natur, die von der verkörperten Seele

angenommen werden, kann ihr Glaube von dreierlei Art sein – in Tugend, Leidenschaft oder Unwissenheit. Höre nun darüber.
3 O Nachkomme Bharatas, gemäß dem Leben, das man unter dem Einfluss der verschiedenen Erscheinungsweisen der Natur führt, entwickelt man eine bestimmte Art von Glauben. Gemäß den Erscheinungsweisen, die das Lebewesen annimmt, kann es einem bestimmten Glauben zugeordnet werden.
4 Menschen in der Erscheinungsweise der Tugend verehren die Halbgötter; Menschen in der Erscheinungsweise der Leidenschaft verehren die Dämonen, und Menschen in der Erscheinungsweise der Unwissenheit verehren Geister und Gespenster.
5–6 Diejenigen, die sich harte, nicht in den Schriften empfohlene Entsagung und Buße auferlegen – und dies aufgrund von Stolz und Egoismus –, getrieben von Lust und Anhaftung, die töricht sind und die materiellen Elemente des Körpers sowie auch die Überseele im Innern quälen, sind als Dämonen anzusehen.
7 Selbst die Speisen, die ein Mensch vorzieht, sind von dreierlei Art, entsprechend den drei Erscheinungsweisen der materiellen Natur. Das Gleiche gilt für Opfer, Askese und Almosen. Höre nun, wodurch sie sich unterscheiden.

Speisen, Opfer, Askese und Almosen in den Erscheinungsweisen

8 Speisen, die von Menschen in der Erscheinungsweise der Tugend geschätzt werden, verlängern die Lebensdauer, reinigen das Dasein und geben Kraft, Gesundheit, Glück und Zufriedenheit. Solche Speisen sind saftig, fetthaltig und bekömmlich und erfreuen das Herz.
9 Speisen, die zu bitter, zu sauer, zu salzig, zu scharf oder beißend, trocken und brennend sind, werden von Menschen geschätzt, die sich in der Erscheinungsweise der Leidenschaft befinden. Solche Nahrung verursacht Schmerz, Leid und Krankheit.
10 Nahrung, die mehr als drei Stunden vor dem Essen gekocht wurde, Nahrung, die ohne Geschmack, faul und vergoren ist, und Nahrung, die aus Speiseresten und unsauberen Dingen besteht, wird von denjenigen geschätzt, die sich in der Erscheinungsweise der Unwissenheit befinden.

11 Unter den Opfern befindet sich dasjenige, das gemäß den Anweisungen der Schriften ausgeführt wird, einfach um der Pflicht willen, ohne Wunsch nach Belohnung, in der Erscheinungsweise der Tugend.
12 Doch wisse, o Oberhaupt der Bhāratas, das Opfer, das für einen materiellen Zweck oder aus Stolz ausgeführt wird, befindet sich in der Erscheinungsweise der Leidenschaft.
13 Jedes Opfer, das ohne Beachtung der Anweisungen der Schriften, ohne die Verteilung von *prasādam* [spirituelle Speisen], ohne das Rezitieren der vedischen Hymnen, ohne Belohnung der Priester und ohne Glauben ausgeführt wird, gilt als Opfer in der Erscheinungsweise der Unwissenheit.
14 Körperliche Askese besteht in der Verehrung des Höchsten Herrn, der *brāhmaṇas,* des spirituellen Meisters und der Oberen, wie Vater und Mutter, und in Reinheit, Einfachheit, Zölibat und Gewaltlosigkeit.
15 Askese in Bezug auf das Reden besteht darin, nur Worte zu sprechen, die wahrheitsgemäß, erfreulich und nützlich sind und andere nicht erregen, und auch darin, regelmäßig die vedischen Schriften vorzutragen.
16 Und Zufriedenheit, Einfachheit, Ernst, Selbstbeherrschung und Läuterung des Daseins sind Formen geistiger Askese.
17 Die dreifache Askese, die mit transzendentalem Glauben von denjenigen ausgeführt wird, die keine materiellen Gewinne erwarten, sondern nur für die Zufriedenstellung des Höchsten tätig sind, wird als Askese in der Erscheinungsweise der Tugend bezeichnet.
18 Askese, die aus Stolz ausgeführt wird, nur um Respekt, Ansehen und Verehrung zu bekommen, wird Askese in der Erscheinungsweise der Leidenschaft genannt. Sie ist weder stetig noch dauerhaft.
19 Und Askese, die aus Torheit ausgeführt wird, bei der man sich selbst quält oder andere vernichten oder schädigen will, gilt als Askese in der Erscheinungsweise der Unwissenheit.
20 Jenes Almosen, das aus Pflichtgefühl gegeben wird, ohne etwas dafür zu erwarten, zur rechten Zeit, am rechten Ort und einer

würdigen Person, gilt als Almosen in der Erscheinungsweise der Tugend.

21 Doch wenn ein Almosen in der Erwartung einer Gegenleistung oder eines Gewinn bringenden Ergebnisses oder mit Widerwillen gegeben wird, gilt es als Almosen in der Erscheinungsweise der Leidenschaft.

22 Almosen, die an einem unreinen Ort, zu einer ungünstigen Zeit oder unwürdigen Personen gegeben werden, und Almosen, die ohne gebührende Achtung und Wertschätzung dargebracht werden, werden Almosen in der Erscheinungsweise der Unwissenheit genannt.

Oṁ tat sat

23 Seit dem Beginn der Schöpfung wurden die drei Silben *oṁ tat sat* verwendet, um auf die Höchste Absolute Wahrheit hinzuweisen. Diese drei Klangsymbole wurden von *brāhmaṇas* artikuliert, während diese die Hymnen der Veden sangen und Opfer zur Zufriedenstellung des Höchsten ausführten.

24 Deshalb beginnen Transzendentalisten die Ausführung von Opfern, Wohltätigkeit und Buße entsprechend den Anweisungen der Schriften immer mit *„oṁ"*, um den Höchsten zu erreichen.

25 Ohne sich Gewinn bringende Ergebnisse zu wünschen, sollte man die verschiedenen Arten von Opfern, Bußen und Wohltätigkeit ausführen, und dies in Verbindung mit dem Wort *„tat"* Der Zweck solcher transzendentalen Tätigkeiten besteht darin, von materieller Verstrickung frei zu werden.

26–27 Die Absolute Wahrheit ist das Ziel der hingebungsvollen Opfer, und sie wird mit dem Wort *„sat"* bezeichnet. Der Ausführende solcher Opfer wird auch als *„sat"* bezeichnet, ebenso wie alle Arten von Opferzeremonien, Askese und Almosen, deren Ausführung aufgrund ihres Einklangs mit der absoluten Natur die Höchste Person erfreut, o Sohn Pṛthās.

28 Alles, was ohne Glauben an den Höchsten als geopfert, als Almosen gegeben oder als Askese ausgeübt wird, o Sohn Pṛthās, ist nicht von Dauer. Es wird *„asat"* genannt und hat weder im gegenwärtigen noch im nächsten Leben Nutzen.

18. Schlussfolgerung: Die Vollkommenheit der Entsagung

Der Zweck von Entsagung

1 Arjuna sprach: O Starkarmiger, ich möchte wissen, was der Zweck von Entsagung *[tyāga]* und dem Lebensstand der Entsagung *[sannyāsa]* ist, o Töter des Keśī-Dämons, Meister der Sinne.
2 Der Höchste Persönliche Gott sprach: Alle Tätigkeiten, die in materiellen Wünschen wurzeln, aufzugeben ist das, was die großen Gelehrten als den Lebensstand der Entsagung *[sannyāsa]* bezeichnen. Und die Ergebnisse all seiner Tätigkeiten aufzugeben wird von den Weisen Entsagung *[tyāga]* genannt.
3 Einige Gelehrte erklären, dass jegliches karmische Handeln Illusion sei und daher aufgegeben werden solle; doch andere Weise sind der Meinung, Opferhandlungen, Wohltätigkeit und Askese sollten niemals aufgegeben werden.
4 O Bester der Bhāratas, höre nun Mein Urteil über Entsagung. O Tiger unter den Menschen, die Schriften erklären, dass es dreierlei Arten von Entsagung gibt.
5 Opferhandlungen, Wohltätigkeit und Askese sollten niemals aufgegeben werden; man muss sie ausführen. Opfer, Wohltätigkeit und Askese läutern in der Tat sogar die großen Seelen.
6 All diese Tätigkeiten sollten ohne Anhaftung ausgeführt werden, ohne dafür ein Ergebnis zu erwarten. Sie sollten allein aus Pflichtgefühl ausgeführt werden, o Sohn Pṛthās. Das ist Meine endgültige Meinung.

Vorgeschriebene Pflichten sollten nicht aufgegeben werden

7 Vorgeschriebene Pflichten sollten niemals aufgegeben werden. Wenn man aufgrund von Illusion seine vorgeschriebenen Pflichten aufgibt, befindet sich solche Entsagung in der Erscheinungsweise der Unwissenheit.
8 Wer seine vorgeschriebenen Pflichten aufgibt, weil sie ihm zu mühsam erscheinen oder weil er sich vor körperlichen Unannehmlichkeiten fürchtet, gilt als jemand, dessen Entsagung sich in

der Erscheinungsweise der Leidenschaft befindet. Durch solches Handeln erlangt man niemals den Fortschritt der Entsagung.

9 O Arjuna, wenn jemand seine vorgeschriebene Pflicht erfüllt, einfach weil sie getan werden muss, und alle materielle Gemeinschaft und alle Anhaftung an das Ergebnis aufgibt, dann heißt es, dass sich seine Entsagung in der Erscheinungsweise der Tugend befindet.

10 Der intelligente Entsagende in der Erscheinungsweise der Tugend, der weder unerfreuliche Tätigkeiten hasst noch an erfreulichen Tätigkeiten haftet, kennt in seinen Handlungen keine Zweifel.

11 Für ein verkörpertes Wesen ist es in der Tat unmöglich, alle Tätigkeiten aufzugeben. Aber wer den Früchten seiner Tätigkeiten entsagt, gilt als jemand, der wahre Entsagung ausführt.

12 Jemandem, der nicht entsagungsvoll ist, fallen nach dem Tod die dreifachen Früchte des Handelns zu – erfreuliche, unerfreuliche und vermischte. Diejenigen aber, die im Lebensstand der Entsagung stehen, brauchen solche Ergebnisse nicht zu erleiden oder zu genießen.

Die fünf Faktoren einer Handlung

13 O starkarmiger Arjuna, gemäß dem *Vedānta* gibt es fünf Ursachen für die Ausführung einer jeden Tätigkeit. Höre nun von Mir darüber.

14 Der Ort der Handlung [der Körper], der Ausführende, die verschiedenen Sinne, die vielen verschiedenen Arten von Bemühung und letztlich die Überseele – dies sind die fünf Faktoren einer Handlung.

15 Jede richtige oder falsche Handlung, die ein Mensch mit Körper, Geist oder Worten ausführt, ist von diesen fünf Faktoren bestimmt.

16 Daher ist jemand, der sich für den alleinigen Handelnden hält und diese fünf Faktoren nicht in Betracht zieht, gewiss nicht sehr intelligent und kann die Dinge nicht so sehen, wie sie sind.

17 Jemand, der nicht vom falschen Ego motiviert ist und dessen Intelligenz nie in Verwirrung gerät, tötet nicht, selbst wenn er in dieser Welt Menschen tötet. Und er wird durch seine Handlungen auch nicht gebunden.

Drei Arten von Wissen, Handlungen und Handelnden

18 Wissen, das Objekt des Wissens und der Wissende sind die drei Faktoren, die eine Handlung hervorrufen. Die Sinne, die Tätigkeit und der Ausführende sind die drei Komponenten einer Handlung.
19 Entsprechend den drei Erscheinungsweisen der materiellen Natur gibt es drei Arten von Wissen, Handlungen und Handelnden. Höre nun von Mir darüber.
20 Jenes Wissen, durch das die eine, ungeteilte spirituelle Natur in allen Lebewesen gesehen wird, obwohl diese in unzählige Formen aufgeteilt sind, solltest du als Wissen in der Erscheinungsweise der Tugend betrachten.
21 Jenes Wissen, durch das man in jedem Körper eine unterschiedliche Art von Lebewesen sieht, solltest du als Wissen in der Erscheinungsweise der Leidenschaft betrachten.
22 Und das Wissen, durch das man, ohne Wissen von der Wahrheit, an einer bestimmten Art von Tätigkeit haftet und denkt, sie sei das ein und alles, dieses Wissen, das nur sehr dürftig ist, gilt als Wissen in der Erscheinungsweise der Dunkelheit.
23 Jene Handlung, die reguliert ist und ohne Anhaftung, ohne Liebe oder Hass und ohne Wunsch nach den Früchten der Handlung ausgeführt wird, wird Handlung in der Erscheinungsweise der Tugend genannt.
24 Aber jene Handlung, die man mit großer Anstrengung ausführt, mit dem Ziel, seine Wünsche zu befriedigen, und die vom falschen Ego ausgeht, wird als Handlung in der Erscheinungsweise der Leidenschaft bezeichnet.
25 Jene Handlung, die in Illusion und unter Missachtung der Anweisungen der Schriften ausgeführt wird, ohne sich um zukünftige Bindung, Gewalt oder das Leid, das anderen zugefügt wird, zu kümmern, wird als Handlung in der Erscheinungsweise der Unwissenheit bezeichnet.
26 Jemand, der seine Pflicht frei von der Gemeinschaft mit den

Erscheinungsweisen der materiellen Natur, ohne falsches Ego und mit großer Entschlossenheit und mit Enthusiasmus ausführt und in Erfolg und Misserfolg unerschütterlich bleibt, gilt als Handelnder in der Erscheinungsweise der Tugend.

27 Der Handelnde, der an seiner Arbeit und ihren Früchten hängt und diese Früchte genießen will und der gierig, stets neidisch und unsauber ist und von Freude und Sorge bewegt wird, gilt als Handelnder in der Erscheinungsweise der Leidenschaft.

28 Jemand, der fortwährend entgegen den Anweisungen der Schriften handelt, der materialistisch, starrsinnig und betrügerisch ist und es versteht, andere zu beleidigen, und der träge, immer verdrießlich und zögernd ist, gilt als Handelnder in der Erscheinungsweise der Unwissenheit.

Drei Arten von Intelligenz und Entschlossenheit

29 O Gewinner von Reichtum, höre nun bitte, wie Ich dir im Einzelnen die verschiedenen Arten von Intelligenz und Entschlossenheit in Entsprechung zu den drei Erscheinungsweisen der materiellen Natur erkläre.

30 O Sohn Pṛthās, die Art von Intelligenz, mit der man erkennt, was getan werden muss und was nicht getan werden darf, wovor man sich fürchten muss und wovor man sich nicht zu fürchten braucht, was bindend und was befreiend ist, gründet in der Erscheinungsweise der Tugend.

31 O Sohn Pṛthās, jene Intelligenz, die zwischen Religiosität und Irreligiosität sowie zwischen Handlungen, die ausgeführt werden sollten, und Handlungen, die nicht ausgeführt werden sollten, nicht zu unterscheiden vermag, befindet sich in der Erscheinungsweise der Leidenschaft.

32 Jene Intelligenz, die Irreligiosität für Religiosität und Religiosität für Irreligiosität hält, die unter dem Bann der Illusion und Dunkelheit steht und immer in die falsche Richtung strebt, o Pārtha, befindet sich in der Erscheinungsweise der Unwissenheit.

33 O Sohn Pṛthās, jene Entschlossenheit, die unerschütterlich ist, die durch die Ausübung von *yoga* gestützt wird und so die

Tätigkeiten des Geistes, des Lebens und der Sinne beherrscht, ist Entschlossenheit in der Erscheinungsweise der Tugend.

34 Jene Entschlossenheit, mit der man nach Ergebnissen in Religion, wirtschaftlicher Entwicklung und Sinnenbefriedigung strebt, ist Entschlossenheit in der Erscheinungsweise der Leidenschaft, o Arjuna.

35 Aber jene Entschlossenheit, die nicht über Träume, Angst, Klagen, Verdrießlichkeit und Illusion hinausgeht – solch unintelligente Entschlossenheit, o Sohn Pṛthās, befindet sich in der Erscheinungsweise der Dunkelheit.

Drei Arten von Glück

36 O Bester der Bhāratas, höre nun von Mir über die drei Arten des Glücks, die die bedingte Seele genießt und durch die sie manchmal an das Ende allen Leids gelangt.

37 Das, was am Anfang wie Gift sein kann, doch am Ende wie Nektar ist und einen zur Selbsterkenntnis erweckt, gilt als Glück in der Erscheinungsweise der Tugend.

38 Jenes Glück, das aus dem Kontakt der Sinne mit ihren Objekten entsteht und das am Anfang wie Nektar erscheint, doch am Ende wie Gift ist, gilt als Glück in der Erscheinungsweise der Leidenschaft.

39 Und jenes Glück, das der Selbsterkenntnis gegenüber blind ist, das von Anfang bis Ende Täuschung ist und aus Schlaf, Trägheit und Illusion entsteht, gilt als Glück in der Erscheinungsweise der Unwissenheit.

40 Es existiert kein Wesen – weder hier noch unter den Halbgöttern auf den höheren Planetensystemen –, das von diesen drei aus der materiellen Natur geborenen Erscheinungsweisen frei ist.

41 *Brāhmaṇas, kṣatriyas, vaiśyas* und *śūdras* unterscheiden sich durch die Eigenschaften, die dem Einfluss der materiellen Erscheinungsweisen gemäß ihrer Natur entsprechen, o Feindesbezwinger.

Die Pflichten der vier gesellschaftlichen Klassen

42 Friedfertigkeit, Selbstbeherrschung, Entsagung, Reinheit, Duldsamkeit, Ehrlichkeit, Wissen, Weisheit und Religiosität sind die natürlichen Eigenschaften, die die Handlungsweise der *brāhmaṇas* bestimmen.

43 Heldenmut, Macht, Entschlossenheit, Geschicklichkeit, Mut in der Schlacht, Großzügigkeit und Führungskunst sind die natürlichen Eigenschaften, die die Handlungsweise der *kṣatriyas* bestimmen.

44 Ackerbau, Kuhschutz und Handel sind die natürliche Arbeit für die *vaiśyas,* und die Aufgabe der *śūdras* besteht darin, zu arbeiten und anderen Dienste zu leisten.

45 Jeder Mensch kann die Vollkommenheit erreichen, indem er seinen Eigenschaften der Arbeit folgt. Höre nun bitte von mir, wie dies erreicht werden kann.

46 Wenn ein Mensch den Herrn verehrt, der die Quelle aller Wesen ist und der alles durchdringt, kann er durch die Ausführung seiner Arbeit die Vollkommenheit erlangen.

47 Es ist besser, der eigenen Pflicht nachzugehen – selbst wenn man sie unvollkommen erfüllt –, als die Pflicht eines anderen anzunehmen und sie vollkommen zu erfüllen. Pflichten, die einem entsprechend dem eigenen Wesen vorgeschrieben sind, werden niemals von sündhaften Reaktionen berührt.

48 Jede Bemühung ist von einem Fehler überschattet, ebenso wie Feuer von Rauch verhüllt ist. Deshalb sollte man die Tätigkeit, die der eigenen Natur entspringt, nicht aufgeben, o Sohn Kuntīs, auch wenn diese Tätigkeit voller Fehler ist.

49 Wer selbstbeherrscht und unangehaftet ist und materiellem Genuss den Rücken kehrt, kann durch das Ausführen von Entsagung die vollkommene Stufe der Freiheit von Reaktionen erlangen.

Vollkommenheit durch Hingabe an die Höchste Person

50 O Sohn Kuntīs, höre von Mir, wie jemand, der diese Vollkommenheit erlangt hat, auf die höchste Stufe der Vollkommenheit, Brahman, die Stufe höchsten Wissens, gelangen kann, indem er so handelt, wie Ich es nun zusammenfassend beschreiben werde.

51–53 Wer durch seine Intelligenz geläutert ist und den Geist mit Entschlossenheit beherrscht, die Objekte der Sinnenbefriedigung aufgibt und von Anhaftung und Hass befreit ist, wer an einem abgelegenen Ort lebt, wenig isst und seinen Körper, seinen Geist und den Drang zu sprechen beherrscht, wer sich immer in Trance befindet und losgelöst ist, frei von falschem Ego, falscher Stärke, falschem Stolz, Lust, Zorn und dem Annehmen materieller Dinge, wer keinen falschen Besitzanspruch erhebt und friedvoll ist – ein solcher Mensch wird gewiss zur Stufe der Selbstverwirklichung erhoben.

54 Wer auf diese Weise in der Transzendenz verankert ist, erkennt sogleich das Höchste Brahman und wird von Freude erfüllt. Er klagt niemals und begehrt nichts. Er ist jedem Lebewesen gleich gesinnt. In diesem Zustand erreicht er reinen hingebungsvollen Dienst für Mich.

55 Nur durch hingebungsvollen Dienst kann man Mich so, wie Ich bin, als den Höchsten Persönlichen Gott erkennen. Und wenn man sich durch solche Hingabe vollkommen Meiner bewusst ist, kann man in das Reich Gottes eingehen.

56 Obwohl Mein reiner Geweihter allen möglichen Tätigkeiten nachgeht, erreicht er unter Meinem Schutz und durch Meine Gnade das ewige, unvergängliche Reich.

57 Mache dich in allen Tätigkeiten einfach von Mir abhängig und handle immer unter Meinem Schutz. Sei dir bei solchem hingebungsvollen Dienst Meiner voll bewusst.

58 Wenn du dir Meiner bewusst wirst, wirst du durch Meine Gnade alle Hindernisse des bedingten Lebens überwinden. Wenn du jedoch nicht in diesem Bewusstsein, sondern aus falschem Ego heraus handelst und nicht auf Mich hörst, wirst du verloren sein.

59 Wenn du nicht Meiner Anweisung gemäß handelst und nicht kämpfst, wirst du in die Irre gehen. Und durch deine Natur wirst du gezwungen sein, an Kriegen teilzunehmen.

60 Aufgrund von Illusion weigerst du dich jetzt, Meiner Anweisung gemäß zu handeln. Doch gezwungen durch die Handlungsweise, die deinem eigenen Wesen entspringt, wirst du dennoch auf genau die gleiche Weise handeln, o Sohn Kuntīs.

61 Der Höchste Herr weilt im Herzen eines jeden, o Arjuna, und lenkt die Wege aller Lebewesen, die gleichsam an eine Maschine aus materieller Energie gefesselt sind.

62 O Nachkomme Bharatas, ergib dich Ihm ohne Vorbehalt. Durch Seine Gnade wirst du transzendentalen Frieden und das höchste, ewige Reich erlangen.
63 Somit habe Ich dir Wissen erklärt, das noch vertraulicher ist. Denke gründlich darüber nach, und tue dann, was immer dir beliebt.
64 Weil du Mein geliebter Freund bist, teile Ich dir Meine höchste Unterweisung mit, das allervertraulichste Wissen. Höre dies von Mir, denn es ist zu deinem Nutzen.

Die Schlussfolgerung der Gītā

65 Denke immer an Mich, werde Mein Geweihter, verehre Mich und bringe Mir deine Ehrerbietung dar. Auf diese Weise wirst du zweifellos zu Mir kommen. Ich verspreche dir dies, weil du Mein inniger Freund bist.
66 Gib alle Arten von Religion auf, und ergib dich einfach Mir. Ich werde dich von allen sündhaften Reaktionen befreien. Fürchte dich nicht.
67 Dieses vertrauliche Wissen darf niemals denen erklärt werden, die nicht entsagt, nicht hingegeben und nicht im hingebungsvollen Dienst tätig sind oder die Mich beneiden.
68 Demjenigen, der dieses höchste Geheimnis den *bhaktas* erklärt, ist reiner hingebungsvoller Dienst garantiert, und am Ende wird er zu Mir zurückkehren.
69 Kein Diener auf dieser Welt ist Mir lieber als er, und niemals wird Mir einer lieber sein.
70 Ich erklare, dass derjenige, der dieses unser heiliges Gespräch studiert, Mich mit seiner Intelligenz verehrt.
71 Jemand, der ihm mit Glauben und ohne Neid zuhört, wird von allen sündhaften Reaktionen frei und erreicht die Glück verheißenden Planeten, auf denen die Frommen leben.
72 O Sohn Pṛthās, o Eroberer von Reichtum, hast du all dies mit wachem Geist vernommen? Sind deine Unwissenheit und deine Illusionen nun von dir gewichen?
73 Arjuna sprach: Mein lieber Kṛṣṇa, o Unfehlbarer, meine Illusion ist jetzt vergangen. Durch Deine Gnade habe ich meine Erin-

nerung zurückgewonnen. Ich bin nun gefestigt und frei von Zweifeln, und ich bin bereit, nach Deinen Anweisungen zu handeln.
74 Sañjaya sprach: Somit hörte ich das Gespräch der beiden großen Seelen, Kṛṣṇa und Arjuna. So wunderbar ist diese Botschaft, dass sich mir die Haare sträuben.
75 Durch die Gnade Vyāsas habe ich dieses höchst vertrauliche Gespräch direkt vom Meister aller Mystik, Kṛṣṇa, gehört, der persönlich zu Arjuna sprach.
76 O König, indem ich mich immer wieder an dieses wunderbare und heilige Gespräch zwischen Kṛṣṇa und Arjuna erinnere, erbebe ich jeden Augenblick vor Freude.
77 O König, wenn ich mich an die wunderbare Gestalt Kṛṣṇas erinnere, überwältigt mich immer größeres Erstaunen, und ich erfahre ständig neue Freude.
78 Überall dort, wo Kṛṣṇa, der Meister aller Mystiker, und Arjuna, der größte Bogenschütze, anwesend sind, werden gewiss auch Reichtum, Sieg, außergewöhnliche Macht und Moral zu finden sein. Das ist meine Meinung.

Bhāgavata Purāṇa

(kommentierte Auszüge)

Die Ankunft Śrī Kṛṣṇas

Einst litt die Welt unter der Last der riesigen Streitkräfte einiger mächtiger Herrscher, die sich mit den Insignien des Königsstandes schmückten, in Wirklichkeit aber Dämonen waren. Die ganze Erde versetzten diese Tyrannen in Angst und Schrecken, und schließlich begab sich die Erdgöttin Bhūmi zum Schöpfergott Brahmā, um ihm ihr Leid zu klagen. Bhūmi hatte die Gestalt einer Kuh angenommen und trat weinend vor Brahmā hin. Mit ihren Tränen erhoffte sie das Mitleid des Halbgottes zu erwecken.

Sie berichtete ihm von den verheerenden Zuständen auf der Erde, und Brahmā, von ihrer Schilderung tief betroffen, beschloss auf der Stelle, zum Milchozean aufzubrechen, wo Śrī Viṣṇu residiert. Śiva und die anderen Halbgötter, darunter auch Bhūmi, begleiteten Brahmā. Am Ufer des Milchozeans angekommen, brachte Brahmā Śrī Viṣṇu Gebete dar, um Ihn wohlwollend zu stimmen. Er dachte daran, wie Śrī Viṣṇu in Seiner Eber-Inkarnation einst den Erdplaneten vor dem Untergang bewahrt hatte.

In den vedischen *mantras* gibt es ein Gebet, *Puruṣa-sūkta* genannt, das die Halbgötter rezitieren, um Viṣṇu, dem Höchsten

Herrn, ihre Ehrerbietung zu erweisen. Wenn auf einem Planeten Störungen auftreten, kann die Gottheit dieses Planeten bei Brahmā, dem höchsten Halbgott des Universums, eine Audienz bekommen. Brahmā seinerseits kann sich an Viṣṇu wenden, jedoch nicht direkt, sondern vom Ufer des Milchozeans aus. In unserem Universum gibt es einen Planeten namens Śvetadvīpa, auf dem sich ein Ozean aus Milch befindet. Ähnlich wie es auf der Erde einen Salzwasserozean gibt, gibt es laut den vedischen Schriften auf anderen Planeten andere Arten von Ozeanen. So hören wir von einem Ozean aus Milch, einem Ozean aus Öl, einem Ozean aus Alkohol, usw. Das *Puruṣa-sūkta* ist das traditionelle Gebet der Halbgötter, um die Gunst Kṣīrodakaśāyī Viṣṇus, des Höchsten Herrn, zu erflehen. Sein Name ist Kṣīrodakaśāyī Viṣṇu, weil Er auf dem Milchozean ruht. Er ist die Form des Höchsten Herrn, von dem alle Inkarnationen in diesem Universum ausgehen.

Die Halbgötter brachten dem Herrn also das *Puruṣa-sūkta*-Gebet dar, doch sie vernahmen keine Antwort. Daraufhin versenkte sich Brahmā persönlich in Meditation, und schließlich empfing er eine Botschaft von Viṣṇu, die er dann an die Halbgötter weitergab. Das ist das System, vedisches Wissen zu empfangen. Das vedische Wissen wurde zuerst Brahmā mitgeteilt, dem es der Höchste Herr im Herzen offenbarte. So wird es auch am Anfang des *Śrīmad-Bhāgavatam* beschrieben: *tene brahma hṛdā ya ādi-kavaye* – Brahmā empfing das transzendentale Wissen der Veden in seinem Herzen. Auch in diesem Fall konnte nur Brahmā die Botschaft Viṣṇus verstehen, und er gab sie an die Halbgötter weiter, damit sie sofort entsprechend handeln konnten. Die Botschaft lautete: Der Höchste Herr wird sehr bald zusammen mit Seinen unvergleichlich mächtigen Energien auf der Erde erscheinen. Solange Er auf der Erde bleibt, um Seine Mission – die Vernichtung der Dämonen und die Errettung der *bhaktas* – zu erfüllen, sollen auch die Halbgötter dort sein und Ihn unterstützen. Sie sollen umgehend auf die Erde herabkommen, und zwar durch Geburt in der gleichen Dynastie wie der Herr, der Yadu-Dynastie. Der Höchste Persönliche Gott, Kṛṣṇa, wird als Sohn Vasudevas zur Welt kommen. Noch zuvor sollen alle Halbgötter mit ihren Frauen in verschiedenen frommen Familien auf der Erde erscheinen, um dem Herrn bei der Ausführung Seiner Mission behilflich zu sein. Das in diesem Zusammenhang gebrauchte Wort *tat-priyārtham* drückt aus, dass die Halbgötter auf die Erde herabkommen sollten, um den Herrn zu erfreuen. (Das ist die natürliche Funktion der Halbgötter, und im Grunde kann man jeden, der ausschließlich zur Freude des Herrn lebt, als Halbgott bezeichnen.)

Die Halbgötter erfuhren außerdem, dass Ananta (eine vollständige Erweiterung Kṛṣṇas), der die Planeten mit Seinen Millionen von Häuptern in der Schwebe hält, ebenfalls vor der Ankunft Śrī Kṛṣṇas auf die Erde herabkommen werde. Auch die äußere Energie Viṣṇus (Māyā), die alle bedingten Seelen bezaubert, sollte auf Geheiß des Höchsten Herrn erscheinen, um Ihn in Seinem Vorhaben zu unterstützen.

Brahmā, der Vater aller *prajāpatis,* teilte den Halbgöttern und Bhūmi diese Botschaft mit und beruhigte sie mit wohlmeinenden Worten. Dann kehrte er zu seiner Residenz zurück, nach Brahmaloka, dem höchsten materiellen Planeten.

König Śūrasena, das Oberhaupt der Yadu-Dynastie, regierte damals das Land Mathurā, in dem die gleichnamige Stadt liegt. Er beherrschte außerdem den nach ihm benannten Distrikt Śūrasena. Da Śūrasena das Oberhaupt der Yadus war, wurde Mathurā unter seiner Herrschaft zur Hauptstadt aller Yadu-Könige gewählt. Ein anderer Grund für diese Wahl bestand darin, dass die Yadus eine sehr fromme Familie waren und wussten, dass Mathurā – genau wie Dvārakā – ein ewiger Aufenthaltsort Śrī Kṛṣṇas ist.

Der Sohn Śūrasenas war Vasudeva, und Kṛṣṇa sollte als Sohn Vasudevas erscheinen. Vasudeva heiratete Devakī, dessen Vater, Devaka, seiner Tochter eine großzügige Mitgift zukommen ließ. Das frisch vermählte Brautpaar wurde von Devakīs Bruder Kaṁsa in einer großen Prozession nach Hause gefahren. Plötzlich hörte Kaṁsa eine Stimme vom Himmel erschallen, die ihm prophezeite, das achte Kind seiner Schwester werde ihn töten. Kaṁsa war ein solch übler Dämon, dass er sich sogleich anschickte, Devakī zu töten, doch es gelang Vasudeva, ihn zu überreden, sie am Leben zu lassen. Zu diesem Zweck versprach er Kaṁsa, dass sie ihm alle Kinder, die ihnen geboren würden, ausliefern werde.

Später besuchte der Weise Nārada Kaṁsa und teilte ihm mit, dass er in einem vergangenen Leben von Viṣṇu getötet worden war und dass die Weissagung von dem Kind, das ihn töten werde, sich auf Viṣṇu bezog, der als Sohn Vasudevas und Devakīs erscheinen werde.

Daraufhin beschloss Kaṁsa, Devakī und Vasudeva einzukerkern. Die beiden wurden in ein Verließ gesperrt und in Ketten gelegt. Jahr für Jahr gebar Devakī ein männliches Kind, und Kaṁsa, der jeden der Knaben für die prophezeite Inkarnation Viṣṇus hielt, tötete ein Kind nach dem anderen.

Als Devakī zum siebten Mal schwanger wurde, erschien eine Erweiterung Kṛṣṇas namens Ananta in ihrem Leib. Kṛṣṇa, der Höchste Herr, befahl Seiner inneren Energie, Yogamāyā, Ananta in den Leib Rohiṇīs zu überführen, einer anderen Frau Vasudevas, die aufgrund der Verfolgungen Kaṁsas im Hause König Nandas und Yaśodās in Vṛndāvana lebte. Daraufhin teilte Er Yogamāyā mit, dass sie als Tochter Nandas und Yaśodās geboren würde.

Die Geburt Śrī Kṛṣṇas

Als die Zeit für das Erscheinen des Herrn gekommen war, bildeten die Gestirne günstige Konstellationen. Besonders stark war der Einfluss des Sternes Rohiṇī, der als sehr glückverheißend gilt. Er steht unter der direkten Aufsicht Brahmās. Nach der Erkenntnis der Astrologen gibt es günstige und ungünstige Momente nicht nur gemäß dem Stand der Sterne, sondern auch gemäß dem Stand der Planetensysteme. Zurzeit der Geburt Kṛṣṇas ordneten sich die Planetensysteme von selbst so um, dass ihr Einfluss sehr glückverheißend wurde.

Zu jener Zeit herrschte überall – im Osten, Westen, Süden und Norden – eine Atmosphäre des Friedens und des Wohlstands. Am Himmel waren günstige Gestirne sichtbar, und auf der Erde zeigten sich in allen Städten und Dörfern, auf allen Weiden und Wiesengründen und im Geiste eines jeden Zeichen des Glücks.

Die Flüsse führten reichlich Wasser, und die Seen waren mit farbenprächtigen Lotosblumen übersät. In den Wäldern waren überall schöne Vögel und Pfauen zu sehen. Die Waldvögel sangen mit lieblichen Stimmen, und die Pfauen mit ihren Weibchen tanzten. Sanfte Brisen, die den Duft vieler Blüten mit sich trugen, wehten wohltuend. Die *brāhmaṇas*, die seit jeher im Feuer Opfergaben darbrachten, fanden in ihren Häusern wieder sehr günstige Bedingungen für solche Opfer vor. Aufgrund der Behinderungen durch die dämonischen Könige waren in den Häusern der *brāhmaṇas* fast keine Feueropfer mehr durchgeführt worden, doch nun bot sich ihnen wieder die Gelegenheit, das Feuer in Frieden zu entzünden. Als den *brāhmaṇas* das Darbringen von Opfern verboten wurde, überschattete Betrübtheit ihre Gedanken, ihre Intelligenz und ihr Tun. Doch zu der Zeit, da Śrī Kṛṣṇa erscheinen sollte, wurden sie von Freude erfüllt, denn sie vernahmen transzendentale Klänge vom Himmel, die das Erscheinen des Höchsten Herrn ankündigten.

Die Bewohner der Gandharva- und Kinnara-Planeten begannen zu singen, und die Bewohner von Siddhaloka und Cāraṇaloka brachten zur Freude des Herrn Gebete dar. Auf den himmlischen Planeten tanzten die Engel und die Vidhyādharas mit ihren Gemahlinnen. Die erhabenen Weisen und Halbgötter ließen voller Freude Blumen niederregnen. An der Meeresküste war das Rauschen sanfter Wellen zu vernehmen, und aus den Wolken über dem Meer erklang ein angenehm schallendes Donnern.

Als sich alles in solcher Harmonie befand, erschien in einer dunklen Nacht Śrī Viṣṇu, der im Herzen eines jeden Lebewesens gegenwärtig ist, in der Gestalt des Höchsten Persönlichen Gottes vor Devakī, die wie eine Halbgöttin anmutete. Das Erscheinen Śrī Viṣṇus zu jener Zeit kann mit dem Aufgehen des Vollmondes am östlichen Horizont verglichen werden. Man könnte einwenden, es sei nicht möglich, dass der Vollmond zu diesem Zeitpunkt aufgegangen sei, da Śrī Kṛṣṇa doch am achten Tag des abnehmenden Mondes erschien. Die Antwort darauf ist: Kṛṣṇa erschien in der Dynastie, die vom Mond abstammt. Der Mond war überwältigt vor Freude über das Erscheinen des Herrn in seinem eigenen

Geschlecht, und durch die Gnade Kṛṣṇas durfte er daher als Vollmond erscheinen, obwohl er in jener Nacht normalerweise nur eine Sichel gewesen wäre.

In einer astrologischen Abhandlung namens *Khamaṇikya* wird die Konstellation der Gestirne zur Erscheinungszeit Śrī Kṛṣṇas sehr genau beschrieben. Dort wird bestätigt, dass das in jenem günstigen Augenblick geborene Kind das Höchste Brahman, die Absolute Wahrheit, war.

Vasudeva betrachtete das wundervolle Kind, das vier Arme hatte und in den Händen Muschelhorn, Keule, Diskus und Lotosblume hielt. Das Kind war mit dem Śrīvatsa-Zeichen geschmückt, trug eine Halskette aus *kaustubha*-Juwelen, war in gelbe Seide gekleidet und glänzte wie eine schwärzliche Wolke. Auf Seinem Kopf befand sich ein Helm, der mit *vaidūrya*-Steinen besetzt war, Es trug wertvolle Armreife, Ohrringe und viele andere Schmuckstücke, und Sein Gesicht wurde von einer prächtigen Haarfülle umrahmt. Vasudeva war über die außergewöhnliche Erscheinung des Kindes von Verwunderung ergriffen. Wie konnte ein neugeborenes Kind so geschmückt sein? Er schloss daraus, dass nun Śrī Kṛṣṇa erschienen war, und diese Erkenntnis überwältigte ihn. Voller Demut fragte sich Vasudeva, wie es möglich sei, dass der allgegenwärtige Gott, Viṣṇu, Kṛṣṇa, als Kind in Seiner ursprünglichen Gestalt im Hause eines gewöhnlichen Lebewesens wie ihm erschienen war, der er doch unter dem Einfluss der materiellen Natur stand und dazu noch im Kerker Kaṁsas in Ketten lag. Kein irdisches Kind wird mit vier Armen geboren, geschmückt mit Juwelen und schönen Kleidern und versehen mit allen Zeichen des Höchsten Herrn.

Immer wieder betrachtete Vasudeva sein Kind und überlegte sich, wie er diesen glücklichen Augenblick würdigen könne. Er dachte bei sich: „Gewöhnlich feiert man die Geburt eines männlichen Kindes mit freudvollen Festen, und nun wurde mir der Höchste Herr geboren, obwohl ich eingesperrt bin. Wie viele Millionen und Abermillionen Male müsste ich also diese Zeremonien durchführen!“ Als Vasudeva, der auch Ānakadundubhi genannt wird, sein neugeborenes Kind ansah, war er so glücklich, dass er den *brāhmaṇas* viele tausend Kühe als Spende geben wollte. Nach vedischem Brauch verteilt ein *kṣatriya*-König großzügige Spenden, wenn in seinem Palast eine Freudenzeremonie begangen wird. Dabei werden den *brāhmaṇas* und Weisen viele mit goldenem Gehänge geschmückte Kühe geschenkt. Auch Vasudeva wollte eine solche Zeremonie durchführen, um Kṛṣṇas Erscheinen zu feiern, doch die äußeren Umstände ließen es nicht zu. Deshalb schenkte er den *brāhmaṇas* einstweilen in Gedanken Tausende von Kühen.

Als Vasudeva überzeugt war, dass das neugeborene Kind der Höchste Persönliche Gott war, verbeugte er sich mit gefalteten Händen und brachte dem Herrn Gebete dar. Vasudeva befand sich nun auf der transzendentalen Ebene und war von jeglicher Furcht vor Kaṁsa befreit. Das neugeborene Kind erfüllte den ganzen Raum, in dem Es erschienen war, mit Seiner lichten Ausstrahlung.

Vasudeva betete: „O Herr, ich verstehe, wer Du bist. Du bist der Höchste Persönliche Gott, die Überseele aller Lebewesen und die Absolute Wahrheit. Du bist in Deiner ursprünglichen, ewigen Gestalt herabgestiegen, und wir können Dich in dieser Gestalt unmittelbar wahrnehmen. Ich weiß, dass Du erschienen bist, um mich von meiner Furcht vor Kaṁsa zu befreien. Du gehörst nicht zur materiellen Welt, denn Du bist es, der einfach nur durch einen Blick über die materielle Natur den gesamten Kosmos erschafft."

Der Herr sprach zu Devakī und Vasudeva: „Ich zeige Mich euch in dieser Viṣṇu-Gestalt, um euch davon zu überzeugen, dass Ich der Höchste Herr bin. Ich hätte auch als ein gewöhnliches Kind erscheinen können, doch dann hättet ihr nicht geglaubt, dass dieses Kind aus deinem Schoß der Höchste Persönliche Gott ist. Meine lieben Eltern, ihr habt Mich viele Male mit großer Zuneigung und Liebe als euer Kind aufgezogen. Ich bin daher sehr zufrieden mit euch und versichere euch, dass ihr dieses Mal nach Hause, zu Gott, zurückkehren werdet, denn eure Mission ist erfüllt. Ich weiß, dass ihr um Mich besorgt seid, denn ihr fürchtet Kaṁsa. Bringt Mich deshalb sofort nach Gokula und tauscht Mich gegen die Tochter aus, die gerade von Yaśodā geboren wurde."

Nachdem der Herr so zu Seinem Vater und Seiner Mutter gesprochen hatte, nahm Er in ihrer Gegenwart die Gestalt eines gewöhnlichen Kindes an und lag schweigend da.

Um der Anweisung des Höchsten Herrn Folge zu leisten, traf Vasudeva sofort alle notwendigen Vorkehrungen, um mit seinem Sohn das Gefängnis, den Schauplatz Seiner Geburt, zu verlassen. Zur gleichen Zeit wurde Nanda und Yaśodā eine Tochter geboren. Es war Yogamāyā, die innere Energie des Herrn, und durch ihren Einfluss wurden alle Bewohner im Palast Kaṁsas, vor allem die Torwächter, von tiefem Schlaf übermannt. Die Palasttore öffneten sich, obwohl sie vergittert und mit eisernen Ketten gesichert waren. In dieser Nacht herrschte tiefste Finsternis, doch als Vasudeva mit Kṛṣṇa auf dem Arm in die Nacht hinaustrat, konnte er wie am helllichten Tage alles deutlich erkennen.

Im *Caitanya-caritāmṛta* heißt es: Kṛṣṇa ist wie das Sonnenlicht, und wo Kṛṣṇa ist, kann die illusionierende Energie, die mit Dunkelheit verglichen wird, nicht standhalten. Als Vasudeva Kṛṣṇa aus dem Gefängnis trug, wich die Dunkelheit der Nacht. Alle Gefängnistüren öffneten sich wie von selbst. Zur gleichen Zeit donnerte es, und schwerer Regen setzte ein. Während Vasudeva seinen Sohn Kṛṣṇa durch den prasselnden Regen trug, breitete Śeṣa in der Gestalt einer Schlange Seine Häupter über dem Kopf Vasudevas aus, sodass der Regen ihm nichts anhaben konnte. Als Vasudeva zum Ufer der Yamunā kam, sah er, dass das Wasser mit schäumenden Wogen dahinbrauste. Obwohl der Fluss so wild erschien, gab er dennoch eine Furt frei, damit Vasudeva ungehindert ans andere Ufer gelangen konnte – so wie einst der Indische Ozean einen Weg für Śrī Rāma freigegeben hatte. Auf diese Weise überquerte Vasudeva die Yamunā. Als er das Haus Nanda Mahārājas in Gokula erreichte, fand er alle Kuhhirten in tiefem Schlaf vor. Schnell nutzte er die Gelegenheit, betrat leise das Haus Yaśodās und vertauschte seinen Sohn ungehindert mit ihrem neugeborenen Mädchen. Daraufhin kehrte er zum Gefängnis Kaṁsas zurück, platzierte das Mädchen vorsichtig auf dem Schoß Devakīs und legte sich wieder die Ketten an, damit Kaṁsa nicht bemerken konnte, dass so vieles geschehen war.

Mutter Yaśodā war sich bewusst, dass sie ein Kind zur Welt gebracht hatte, aber weil die anstrengende Geburt sie sehr erschöpft hatte, war sie sofort eingeschlafen. Als sie erwachte, konnte sie sich nicht mehr erinnern, ob sie einen Jungen oder ein Mädchen geboren hatte.

Kaṁsa beginnt seine Verfolgungen

Vasudeva richtete alles wieder so her, wie es gewesen war, bevor er Kṛṣṇa nach Gokula gebracht hatte, und die Türen und Tore schlossen sich wieder. Darauf erwachten die Torwächter und hörten das neugeborene Kind weinen. Sofort benachrichtigten sie Kaṁsa, der die Geburt bereits ungeduldig erwartete. Als die Wächter Kaṁsa die Nachricht überbrachten, fuhr er augenblicklich aus seinem Bett empor und rief aus: „Nun ist mein grausamer Tod geboren!“ Er war entsetzt, da er sein Ende nahen sah, und die Haare standen ihm zu Berge. Sofort eilte er in den Kerker, wo das Kind geboren worden war.

Als Devakī ihren Bruder hereinstürzen sah, flehte sie ihn demütig an: „Lieber Bruder, bitte töte dieses Kind nicht! Es ist ein Mädchen, und ich verspreche dir, dass ich sie deinem Sohn zur Frau geben werde. Schone deswegen bitte ihr Leben! Nach der Prophezeiung sollst du ja nicht von einem Mädchen getötet werden, sondern durch die Hand eines männlichen Kindes. Daher töte sie bitte nicht! Mein Bruder, du hast so viele meiner Kinder umgebracht, die gerade erst das Licht der Welt erblickt hatten und die wie die Sonne leuchteten. Es war ja nicht dein Fehler – dämonische Freunde hatten dir geraten, meine Kinder zu ermorden. Aber nun bitte ich dich, wenigstens diesem Mädchen gnädig zu sein! Lass sie bitte am Leben, sie ist meine Tochter!“

Kaṁsa war jedoch so grausam, dass ihn die flehentlichen Bitten seiner Schwester Devakī nicht berührten. Mit Gewalt, als wolle er seine Schwester bestrafen, riss er ihr das neugeborene Kind aus den Armen und wollte es gnadenlos auf dem Boden zerschmettern. Dieses Verhalten zeigt, wie ein grausamer Dämon alle verwandtschaftlichen Beziehungen vergessen kann, wenn es um seine eigene Person geht. Das Kind jedoch entschlüpfte blitzschnell seinen Händen, erhob sich zum Himmel und erschien in einer achtarmigen Gestalt als die jüngere Schwester Viṣṇus. Sie trug ein prächtiges Gewand, war mit Blumengirlanden und Geschmeide behängt und hielt in ihren Händen Bogen, Lanze, Pfeile, Schwert, Muschel, Diskus, Keule und Schild.

Als die Halbgötter der verschiedenen Planeten wie Siddhaloka, Cāraṇaloka, Gandharvaloka, Apsaroloka, Kinnaraloka und Uragaloka die Erscheinung des Kindes sahen, das in Wirklichkeit die Göttin Durgā war, brachten sie ihr viele Gaben dar und verehrten sie mit Gebeten. Aus der Höhe rief die Göttin Kaṁsa zu: „Elender, was würdest du erreichen, wenn du mich tötest? Das Kind, das dich vernichten wird, ist bereits vor mir an einem anderen Ort geboren worden. Sei nicht so grausam zu deiner armen Schwester!“ Nach diesem Ereignis wurde die Göttin Durgā unter verschiedenen Namen in vielen Teilen der Welt bekannt.

Kaṁsa begann sich so sehr zu fürchten, dass er Vasudeva und Devakī aus dem Gefängnis entließ. Tags darauf jedoch redeten seine dämonischen Berater auf ihn ein, er solle versuchen, die tödliche Gefahr abzuwenden, indem er alle Kinder töten ließe, die in den letzten zehn Tagen geboren worden waren, und indem er die *brāhmaṇas* und Vaiṣṇavas verfolgen ließe. Kaṁsa folgte dem Rat seiner Männer; der kleine Kṛṣṇa jedoch lebte inkognito als Sohn Nandas in Vṛndāvana und entging somit den Nachstellungen Kaṁsas. Trotz Seines zarten Alters begann Er bereits wunderbare Taten und Spiele zu offenbaren. So kam es, dass gigantische Dämonen wie Putanā und Tṛṇāvarta, die den Auftrag hatten, kleine Kinder zu töten, von Kṛṣṇa getötet wurden, der damit Seine unvergleichliche Macht offenbarte. Vasudeva hatte es für sich behalten, dass eigentlich er der Vater Kṛṣṇas war, aber er empfahl Nanda, sich sorgsam um das Wohl des Kindes zu kümmern.

Die Offenbarung der kosmischen Gestalt

Nach diesem Ereignis bat Vasudeva seinen Familienpriester Garga Muni, Nanda Mahārāja zu besuchen, um die Zukunft Kṛṣṇas astrologisch zu berechnen. Garga Muni, ein großer Heiliger, der strenge Entsagung auf sich genommen hatte, war der Priester der Yadu-Dynastie. Nanda Mahārāja freute sich sehr über die Ankunft Garga Munis, und sogleich erhob er sich mit gefalteten Händen, um ihm seine Achtung zu erweisen. Er empfing Garga Muni mit dem gleichen Respekt, mit dem man den Höchsten Herrn verehrt. Er bot ihm einen bequemen Sitz an, und nachdem Garga Muni Platz genommen hatte, hieß ihn Nanda Mahārāja mit herzlichen Worten willkommen: „Lieber *brāhmaṇa*“, sagte er, „du erscheinst im Heim eines Haushälters nur, um Erleuchtung zu bringen. Wir Haushälter sind immer so sehr mit unserer Familie beschäftigt, dass wir darüber unsere eigentliche Pflicht vergessen, nämlich nach Selbsterkenntnis zu streben. Du kommst zu uns, um uns im spirituellen Leben zu unterweisen. Nur aus diesem Grund besuchst du die Haushälter.“

Eigentlich gibt es für einen Heiligen oder für einen *brāhmaṇa* nicht den geringsten Grund, Haushälter zu besuchen, die sich gewöhnlich nur mit Geldangelegenheiten beschäftigen. Wenn sie es trotzdem tun, dann bloß, um die Haushälter zu erleuchten. Man wird sich vielleicht fragen, warum die Haushälter nicht selbst zu einem Heiligen oder einem *brāhmaṇa* gehen, um sich unterweisen zu lassen. Die Antwort lautet, dass die Haushälter oft sehr engstirnig sind und glauben, es sei ihre vornehmste Pflicht, sich um Familienangelegenheiten zu kümmern. Selbsterkenntnis und Erleuchtung im spirituellen Wissen halten sie für weniger wichtig. Allein aus Mitleid besuchen Heilige und *brāhmaṇas* daher die Haushälter.

Nanda Mahārāja bezeichnete Garga Muni als eine der großen Autoritäten in der astrologischen Wissenschaft. Die Voraussagen der Astrologie, wie zum Beispiel der Zeitpunkt einer Sonnen- oder Mondfinsternis, beruhen auf eindrucksvollen Berechnungen. Durch diese Wissenschaft erhält man ein klares Verständnis von der Zukunft. Garga Muni war auf diesem Gebiet sehr erfahren. Mit Hilfe der Astrologie kann man auch die Tätigkeiten in einem letzten Leben feststellen, die die Leiden und Freuden des gegenwärtigen Lebens verursachen.

Auf diese Bitte Nandas hin antwortete Garga Muni: „Vasudeva hat mich hierher geschickt, damit ich für diese Knaben, und ganz besonders für Kṛṣṇa, die Läuterungszeremonien durchführe. Wenn ich das jedoch tue, könnte es den Eindruck erwecken, dass Kṛṣṇa der Sohn Devakīs sei, denn ich bin Vasudevas Familienpriester." Anhand seiner astrologischen Berechnungen wusste Garga Muni, dass Kṛṣṇa der Sohn Devakīs war, was Nanda nicht bekannt war. Er deutete indirekt an, dass sowohl Kṛṣṇa als auch Balarāma Söhne Vasudevas waren. Es war allen bekannt, dass Balarāma ein Sohn Vasudevas war, denn Seine Mutter Rohiṇī wohnte in Vṛndāvana, doch Nanda Mahārāja wusste nicht, dass Kṛṣṇa Devakīs Sohn war. Indirekt offenbarte Garga Muni also dieses Geheimnis. Garga Muni warnte Nanda Mahārāja gleichzeitig: Wenn er die Läuterungszeremonie durchführte, würde der sündhafte Kaṁsa sofort glauben, dass Kṛṣṇa der Sohn von Vasudeva und Devakī ist. Die astrologischen Berechnungen hätten auch ergeben, dass das achte Kind von Devakī unmöglich ein Mädchen sein konnte, wie es alle annahmen. Damit deutete Garga Muni Nanda Mahārāja gegenüber an, dass in Wirklichkeit Yaśodā das Mädchen zur Welt gebracht hatte und dass Kṛṣṇa der Sohn Devakīs war, dass die beiden aber vertauscht wurden. Darüber hinaus hatte das weibliche Kind (die Göttin Durgā), Kaṁsa mitgeteilt, dass der Knabe, der ihn töten werde, bereits an einem anderen Ort geboren worden war. Garga Muni gab zu bedenken: „Wenn ich deinem Kind einen Namen gebe und wenn Kaṁsa erfährt, dass dieser Knabe genau mit der Prophezeiung des Mädchens übereinstimmt, dann wird dieser frevlerische Dämon nicht zögern, nach der Namengebungszeremonie hierher zu kommen, um auch dieses Kind zu töten. Ich möchte nicht für all dieses zukünftige Unheil verantwortlich sein."

Nachdem Nanda Mahārāja die Worte Garga Munis vernommen hatte, sagte er: „Wenn die Lage derart gefährlich ist, dann ist es ratsam, keine festliche Namengebungszeremonie abzuhalten. Das Beste wird sein, dass du einfach die erforderlichen vedischen Hymnen rezitierst und die Läuterung vollziehst. Wir gehören zu den Zweimalgeborenen, und ich möchte deine Anwesenheit hier nutzen. Bitte führe doch die Namengebungszeremonie in aller Stille durch.“ Nanda Mahārāja wollte, dass die Namengebungszeremonie ein Geheimnis blieb, doch gleichzeitig wollte er auch die günstige Gelegenheit der Anwesenheit Garga Munis nutzen und diese Zeremonie von ihm durchführen lassen.

Als Garga Muni so inständig von Nanda Mahārāja gebeten wurde, vollzog er die Namengebungszeremonie so unauffällig wie möglich im Kuhstall Mahārāja Nandas. Er erklärte Nanda, dass Balarāma, der Sohn Rohiṇīs, Seinen Familienmitgliedern und Verwandten sehr viel Freude bereiten werde. Deswegen werde einer Seiner Namen Rāma sein. Außerdem werde Er ungewöhnliche Stärke besitzen und deshalb auch Baladeva genannt werden. Dann sagte Garga Muni: „Weil deine Familie durch so tiefe Zuneigung eng mit der Familie der Yadus verbunden ist, wird man Ihn auch Saṅkarṣaṇa nennen.“ Garga Muni gab dem Sohn Rohiṇīs also drei Namen: Balarāma, Saṅkarṣaṇa und Baladeva. Doch er sagte vorsichtshalber nichts davon, dass Balarāma ebenfalls im Schoße Devakīs erschienen und daraufhin in den Schoß Rohiṇīs versetzt worden war. Kṛṣṇa und Balarāma sind Brüder, denn Sie sind ursprünglich Söhne Devakīs.

Anschließend sagte Garga Muni zu Nanda Mahārāja: „Dein Sohn ist bereits in anderen *yugas* (Zeitaltern) erschienen, und zwar mit unterschiedlicher Hautfarbe: zuerst mit weißer, dann mit roter, dann mit gelber und nun mit schwarzer Hautfarbe. Außerdem wurde Er früher einmal als der Sohn Vasudevas geboren, und deshalb soll Er sowohl Vāsudeva als auch Kṛṣṇa heißen. Manche Menschen werden Ihn Kṛṣṇa nennen und andere Vāsudeva. Und Du solltest auch wissen, dass dieses Kind bereits viele andere Namen hat, die sich auf Seine verschiedenen Taten und Spiele beziehen.“

Garga Muni erklärte Nanda Mahārāja außerdem, dass ein weiterer Name seines Sohnes Giridhārī sein werde, wobei er auf den Govardhana-Hügel Bezug nahm, den Kṛṣṇa später auf wunderbare Weise hochheben sollte. Da Garga Muni ein Astrologe war, hatte er Einblick in Vergangenheit und Zukunft. So fuhr er fort: „Ich kenne alle Seine Taten und Namen, doch andere wissen nichts davon. Dein Sohn wird allen Kuhhirten und Kühen sehr viel Freude bereiten. Er wird in Vṛndāvana sehr beliebt sein, und deswegen wird Er dir viel Glück bringen. Durch Seine Anwesenheit wirst du trotz vieler Hindernisse alle materiellen Schwierigkeiten überwinden."

Garga Muni fuhr fort: „Mein lieber König von Vraja, in Seinen früheren Leben hat dieses Kind in Zeiten politischer Wirren viele Male die rechtschaffenen Menschen vor Räubern und Schurken beschützt. Dein Kind ist so mächtig, dass jeder, der Sein Geweihter wird, vor Feinden sicher ist. Wie die Halbgötter immer von Śrī Viṣṇu beschützt werden, so werden die Geweihten deines Sohnes immer von Nārāyaṇa, dem Höchsten Herrn, beschützt. Dieses Kind wird an Macht, an Schönheit und an Reichtum – in jeder Hinsicht – dem Höchsten Herrn, Nārāyaṇa, gleichkommen. Deshalb gebe ich dir den Rat, deinen Sohn sorgsam zu behüten, sodass Er ungestört aufwachsen kann." Mit anderen Worten: Garga Muni erklärte Nanda Mahārāja, dass Śrī Nārāyaṇa ihm einen Sohn gegeben hatte, der Nārāyaṇa selbst glich, weil Nanda ein großer Geweihter Nārāyaṇas war. Gleichzeitig jedoch sagte Garga Muni zu Nanda Mahārāja, sein Sohn werde von vielen Dämonen angegriffen werden. Nanda sollte deshalb vorsichtig sein und Ihn beschützen. Auf diese Weise überzeugte Garga Muni Nanda Mahārāja davon, dass Nārāyaṇa persönlich sein Sohn geworden war. Er beschrieb in vielen Einzelheiten die transzendentalen Eigenschaften Kṛṣṇas. Nach diesem Gespräch kehrte Garga Muni nach Hause zurück. Nanda Mahārāja freute sich sehr über die Segnung, die er bekommen hatte, und er hielt sich für den glücklichsten Menschen der Welt.

Kurz danach begannen Kṛṣṇa und Balarāma, auf Händen und Knien umherzukriechen, was Ihre Mütter mit großer Freude erfüllte. Die Glöckchen an Ihren Hüften und Fußgelenken klingelten lieblich, und Ihre Bewegungen boten einen erfreulichen Anblick. Manchmal wurden Sie genau wie gewöhnliche Kinder von anderen erschreckt, worauf Sie sogleich zu Ihren Müttern flüchteten und bei ihnen Schutz suchten. Manchmal fielen Sie auch in den Schlamm von Vṛndāvana und krochen dann ganz mit

Lehm und Safran beschmiert zu ihren Müttern. Eigentlich waren Sie von Ihren Müttern mit Safran und Sandelholzpaste eingerieben worden, doch weil Sie im schlammigen Lehm gespielt hatten, waren Ihre Körper auch voller Lehm. Sowie Sie zu Yaśodā und Rohiṇī gekrochen kamen, nahmen die Mütter ihre beiden Kinder auf den Schoß, bedeckten Sie mit dem unteren Teil ihres Saris und gaben Ihnen die Brust. Als die Kinder an ihren Brüsten saugten, bemerkten die Mütter, dass ihnen bereits die ersten Zähnchen kamen. So steigerte sich ihre Freude noch mehr, da sie sahen, wie ihre Kinder heranwuchsen.

Manchmal krabbelten die beiden auch zum Kuhstall, ergriffen den Schwanz eines Kalbes und zogen sich daran hoch. Die erschreckten Kälber begannen sofort, wild durcheinander zu laufen, und zogen die Kinder durch Kuhfladen und Schlammpfützen hinter sich her. Yaśodā und Rohiṇī riefen dann sogleich ihre Freundinnen im Dorf, die *gopīs*, damit alle diesen Spaß miterleben konnten. Die Spiele Śrī Kṛṣṇas tauchten die *gopīs* in transzendentale Glückseligkeit, und in ihrer Freude lachten sie aus vollem Halse.

Kṛṣṇa und Balarāma waren so lebhaft, dass ihre Mütter ständig damit zu tun hatten, sie vor Kühen, Stieren, Affen, Wasser, Feuer und Vögeln zu schützen, während sie gleichzeitig auch ihren Haushaltspflichten nachkommen mussten. Weil sie ständig ängstlich darum bemüht waren, auf die Kinder aufzupassen und gleichzeitig ihre übrigen Pflichten zu erfüllen, kamen die beiden Mütter nie zur Ruhe. Nach kurzer Zeit schon machten Kṛṣṇa und Balarāma Ihre ersten, unbeholfenen Schritte. Als Sie so umhertappten, schlossen sich Ihnen einige gleichaltrige Freunde an, und zusammen bereiteten sie den *gopīs* die höchste transzendentale Freude, besonders Mutter Yaśodā und Rohiṇī.

All die *gopī*-Freundinnen von Yaśodā und Rohiṇī hatten ihre Freude an Kṛṣṇas und Balarāmas unartigen, kindlichen Spielen in Vṛndāvana. Um noch größeres transzendentales Glück zu erfahren, taten sie sich eines Tages alle zusammen und gingen zu Mutter Yaśodā, um sich bei ihr über die ungezogenen Jungen zu beklagen. Während Kṛṣṇa gerade bei Mutter Yaśodā saß, brachten die älteren *gopīs* ihre Klagen gegen Ihn vor, sodass auch Er sie hören konnte. Sie sagten: „Liebe Yaśodā, warum lässt du deinen frechen Kṛṣṇa tun, was immer Er will? Jeden Morgen und Abend, bevor die Kühe gemolken werden, kommt Er mit Balarāma zu unseren Häusern und bindet die Kälber los, die dann natürlich sofort die Euter der Kühe leer trinken. Wenn wir dann die Kühe melken wollen, haben sie keine Milch mehr, und so müssen wir mit leeren Eimern und Töpfen zurückkehren. Und tadeln wir Kṛṣṇa und Balarāma deswegen, dann lächeln Sie einfach so zauberhaft, dass wir Ihnen gar nicht böse sein können. Auch bereitet es Kṛṣṇa und Balarāma große Freude, unseren Joghurt und unsere Butter zu stehlen. Ganz gleich wo wir unsere Vorräte aufbewahren, die beiden finden sie immer. Wenn wir Kṛṣṇa und Balarāma dabei ertappen, wie Sie den Joghurt und die Butter davontragen, entgegnen Sie: ‚Warum sagt ihr, dass Wir stehlen? Denkt ihr etwa, dass Wir zu Hause nicht genug Butter und Joghurt hätten?‘ Manchmal nehmen Sie auch den Joghurt, die Butter und die Milch und verteilen sie an die Affen. Wenn die Affen dann satt sind und nichts mehr nehmen wollen, schimpfen deine Söhne: ‚Diese Milch, die Butter und auch der Joghurt sind wertlos – nicht einmal die Affen wollen davon nehmen.‘ Dann zerbrechen Sie die Töpfe und werfen sie wild umher. Und selbst wenn wir unsere Butter, den Joghurt und die Milch an einem versteckten, dunklen Ort aufbewahren, finden Kṛṣṇa und Balarāma unsere Vorräte, weil Ihr Schmuck einen leuchtenden Schimmer verbreitet. Sollten Sie aber zufällig einmal die versteckte Butter und den Joghurt nicht finden, dann gehen Sie zu unseren kleinen Kindern und zwicken sie, bis sie zu weinen beginnen, und dann machen sich die beiden schnell aus dem Staub. Selbst wenn wir aus Angst vor diesen ungezogenen Jungen unsere Butter- und Joghurtvorräte hoch unter der Zimmerdecke auf einer Schaukel lagern, damit Sie nicht heranreichen können, gelingt es Ihnen dennoch, an die Vorräte heranzukommen, indem Sie auf einem umgestülpten Mörser Bretter aufeinander stapeln. Und wenn Sie die Butter einmal nicht erreichen können, werfen Sie ein Loch in den Topf. Wir möchten dich daher bitten, deinen Kindern den Juwelenschmuck abzunehmen.“

Als Mutter Yaśodā diese Klagen hörte, sagte sie: „Gut, ich werde Kṛṣṇa allen Schmuck wegnehmen, sodass Er in der Dunkelheit die versteckte Butter nicht mehr finden kann.“ Doch die *gopīs* erwiderten schnell: „O nein, tu das nicht! Es würde sowieso nichts nützen, wenn du Ihnen den Schmuck wegnimmst. Wir wissen nicht, was es mit diesen Jungen auf sich hat, denn auch ohne Schmuck geht ein Leuchten von Ihnen aus, sodass Sie sogar in der Dunkelheit alles sehen können.“ Mutter Yaśodā sagte daraufhin zu den *gopīs*: „Ihr müsst eure Butter und euren Joghurt eben sicher aufbewahren, damit die Jungen eure Vorräte nicht erreichen können.“ Doch die *gopīs* entgegneten: „Das tun wir schon, aber weil wir auch unseren Haushaltspflichten nachgehen müssen, schaffen es diese ungezogenen Jungen irgendwie immer, sich unbemerkt ins Haus zu schleichen und Unordnung zu stiften. Und wenn es Ihnen nicht gelingt, die Butter und den Joghurt zu entwenden, pinkeln Sie manchmal auf den sauberen Fußboden oder spucken aus. Da, sieh nur, wie dein Kṛṣṇa sich unsere Beschwerden anhört! Den ganzen Tag heckt Er Pläne aus, wie Er an unsere Butter und unseren Joghurt herankommen kann, und nun sitzt Er da wie ein Unschuldsengel. Schau Dir nur mal Sein Gesicht an!“ Als Mutter Yaśodā all diese Klagen hörte, überlegte sie, wie sie Kṛṣṇa bestrafen könne, doch sobald sie Sein reuiges Gesicht sah, musste sie lächeln und vergaß ihr Vorhaben.

Ein anderes Mal, als Kṛṣṇa und Balarāma mit Ihren Freunden spielten, taten sich alle Jungen mit Balarāma zusammen und beschwerten sich bei Mutter Yaśodā, dass Kṛṣṇa Lehm gegessen habe. Als Mutter Yaśodā das hörte, nahm sie Kṛṣṇa sofort bei der Hand und sagte zu Ihm: „Mein lieber Kṛṣṇa, warum hast Du heimlich Erde gegessen? Sieh doch nur, all Deine Freunde, selbst Balarāma, beklagen sich über Dich.“ Weil sich Kṛṣṇa vor Seiner Mutter fürchtete, antwortete Er: „Meine liebe Mutter, diese Jungen und auch Mein älterer Bruder Balarāma verbreiten Lügen über Mich. Ich habe keinen Lehm gegessen. Als wir heute zusammen spielten, wurde Balarāma wütend auf Mich, und deshalb hat Er sich mit den anderen verbündet, um sich bei dir über Mich zu beschweren. Sie stecken alle unter einer Decke. Sie wollen Mich bei dir anschwärzen und hoffen, dass du ärgerlich wirst und Mich bestrafst. Wenn du glaubst, dass sie die Wahrheit sagen, dann schau doch in Meinen Mund und sieh nach, ob Ich Lehm gegessen habe oder nicht." – „Gut", erwiderte Mutter Yaśodā, „wenn Du wirklich keinen Lehm gegessen hast, dann mach Deinen Mund auf. Ich werde es ja sehen."

Als Kṛṣṇa, der Höchste Persönliche Gott, von Seiner Mutter diese Aufforderung erhielt, machte Er wie ein gewöhnlicher Junge gehorsam Seinen Mund auf – und da erblickte Mutter Yaśodā die gesamte Fülle der Schöpfung. Sie sah die grenzenlosen Dimensionen des Weltraums, alle Berge, Inseln, Ozeane, Meere und Planeten sowie die Luft, das Feuer, den Mond und die Sterne. Zusammen mit dem Mond und den Sternen sah sie auch alle Elemente: das Wasser, den Himmel, den alldurchdringenden Äther, das gesamte Ego und dessen Erzeugnisse, also die Sinne, die Beherrscher der Sinne (die Halbgötter) und die Sinnesobjekte wie Klang und Geruch. In Seinem Mund erblickte sie auch die drei Erscheinungsweisen der materiellen Natur, alle Lebewesen, die ewige Zeit, die materielle und die spirituelle Natur, Aktivität, Bewusstsein und die verschiedenen Zustände der gesamten Schöpfung. Yaśodā sah im Munde ihres Kindes alles, was zur materiellen Manifestation gehört. Sie sah sogar sich selbst, wie sie Kṛṣṇa auf ihren Schoß nahm und Ihm die Brust gab. Als sie all das erblickte, wurde sie von Ehrfurcht ergriffen und fragte sich, ob sie träume oder ob sie tatsächlich Zeuge eines außergewöhnlichen Schauspiels sei. Sie kam zu dem Schluss, sie müsse entweder träumen oder dem Spiel der illusionierenden Energie des Höchsten Persönlichen Gottes zusehen. Sie war verwirrt und glaubte, den Verstand verloren zu haben, weil sie solch seltsame Erscheinungen sah. „Vielleicht ist das ja eine überirdische, mystische Kraft meines Kindes", dachte sie bei sich. „Vielleicht sehe ich deshalb solche Visionen in Seinem Mund. Ich erweise dem Höchsten Herrn meine respektvolle Ehrerbietung, denn Er befindet sich jenseits der Dimensionen des Bewusstseins, des Verstandes, aller Tätigkeiten und philosophischer Überlegungen, und Seine vielfältigen Energien bringen alle Dinge und Erscheinungen hervor, sowohl die für uns wahrnehmbaren als auch die nicht wahrnehmbaren. Unter dem Einfluss Seiner Energie hält man den Körper für das Selbst und identifiziert sich mit seinen Besitztümern." Darauf sagte sie: „Ich erweise meine demütige Ehrerbietung dem Herrn, unter dessen illusionierender Energie ich glaube, Nanda Mahārāja sei mein Ehemann, Kṛṣṇa sei mein Sohn, all das, was Nanda Mahārāja besitzt, gehöre auch mir, und die Kuhhirten und ihre Frauen seien meine Untergebenen. All diese falschen Vorstellungen haben ihre Ursache in der illusionierenden Energie des Höchsten Herrn. Deshalb bete ich zu Ihm, dass Er mich immer beschützen möge."

Während Mutter Yaśodā über solch hehre philosophische Gedanken nachsann, erweiterte Śrī Kṛṣṇa Seine innere Energie erneut, um ihr diese Sicht mit dem Gefühl mütterlicher Liebe zu bedecken. Augenblicklich vergaß Mutter Yaśodā alle philosophischen Überlegungen und hielt Kṛṣṇa wieder für ihr Kind. Sie nahm Ihn auf den Schoß und wurde von mütterlicher Zuneigung überwältigt. Gott, die Höchste Person, kann man erkennen, indem man sich Wissen aus den Upaniṣaden und dem *Vedānta-sūtra* aneignet, indem man mystischen *yoga* praktiziert oder die *sāṅkhya*-Philosophie studiert – doch sie hielt den Höchsten Herrn wieder für ihr eigenes Kind.

Kṛṣṇa tötet den Dämon Aghāsura

Einmal wollte der Herr mit Seinen Hirtenfreunden früh am Morgen in den Wald gehen und später gemeinsam mit ihnen dort zu Mittag essen. Sofort nachdem Er aufgestanden war, blies Er in Sein Büffelhorn, um alle Seine Freunde zusammenzurufen. Wie in einem großen Festumzug machten sie sich auf den Weg in den Wald und trieben ihre Kälber vor sich her. So versammelte Śrī Kṛṣṇa Tausende Seiner Freunde um sich. Sie alle trugen einen Hirtenstab, eine Flöte, ein Büffelhorn und einen Proviantbeutel mit sich, und jedem waren Tausende von Kälbern anvertraut worden. Alle waren auf dem Ausflug ausgelassen und fröhlich. Jeder von ihnen, auch Kṛṣṇa, kümmerte sich um seine persönlichen Kälber und ließ sie an verschiedenen Orten im Wald grasen. Die

Jungen trugen bereits üppigen Goldschmuck; dennoch sammelten sie in ihrer Verspieltheit im Wald Blumen, Blätter, Zweige, Pfauenfedern und roten Ton und schmückten sich damit weiter. Während sie so durch den Wald zogen, stahl zuweilen einer der Jungen einem anderen den Proviantbeutel und gab ihn an einen dritten weiter. Wenn der bestohlene Knabe bemerkte, dass sein Beutel verschwunden war, und versuchte, ihn zurückzubekommen, wurde der Beutel dem nächsten zugeworfen. So vergnügten sich die Knaben mit kindlichen Spielen.

Wenn Śrī Kṛṣṇa manchmal weit vorausging, um einen Ausblick auf die Landschaft zu bekommen, versuchten die Jungen Ihn einzuholen, und jeder wollte Ihn als erster berühren. Jedes Mal entstand ein großer Wettstreit, und wenn einer sagte: „Ich werde Kṛṣṇa als Erster berühren", riefen andere sofort: „Von wegen! Ich werde als Erster bei Kṛṣṇa sein." Manche spielten auch auf ihrer Flöte oder bliesen in ihr Büffelhorn, und wieder andere verfolgten die Pfauen oder ahmten die Lockrufe der Kuckucke nach. Einige von Kṛṣṇas Freunden liefen so schnell sie konnten dem Schatten der Vögel nach und versuchten, ihrem Flug genau zu folgen; andere gingen zu den Affen und setzten sich leise neben sie, und wieder andere ahmten die Tänze der Pfauen nach. Manchmal ergriffen die Knaben die Affen beim Schwanz und spielten mit ihnen, und wenn diese entflohen und auf einen Baum sprangen, rannten ihnen die Jungen nach. Wenn die Affen Grimassen schnitten und die Zähne fletschten, ließen sich die Jungen nicht einschüchtern, sondern zeigten ihnen ebenfalls die Zähne. Andere Hirtenjungen spielten mit den Fröschen am Ufer der Yamunā, und wenn die Frösche aus Angst ins Wasser sprangen, tauchten die Jungen hinter ihnen her. Wenn sie dann wieder herauswateten und im Wasser ihr Spiegelbild sahen, beugten sie sich vor, schnitten Grimassen und lachten vergnügt. Manchmal liefen sie auch zu einem leeren Brunnen und riefen laut hinein, und wenn das Echo widerhallte, beschimpften sie es und lachten.

Wie der Höchste Herr selbst in der *Bhagavad-gītā* sagt, wird Er von den Transzendentalisten entweder als Brahman, als Paramātmā oder als der Höchste Persönliche Gott erkannt. Hier sehen wir – in Bestätigung dieser Aussage –, wie Śrī Kṛṣṇa, der den Unpersönlichkeitsanhängern mit Seiner körperlichen Ausstrahlung die Freude der Brahman-Erkenntnis gewährt, als der Höchste Herr auch Seinen Geweihten Freude spendet. Von *māyā*, der äußeren Energie, verwirrte Menschen halten Kṛṣṇa einfach nur für ein schönes Kind. Doch Seinen Spielgefährten, den Hirtenjungen, gewährte Er unversiegliche spirituelle Glückseligkeit. Weil diese Knaben in ihren früheren Leben unzählige fromme Tätigkeiten ausgeführt hatten, bekamen sie nun die Gelegenheit, persönlich mit dem Höchsten Herrn zusammen zu sein. Wer kann das transzendentale Glück der Einwohner von Vṛndāvana ermessen? Sie sahen den Höchsten Persönlichen Gott von Angesicht zu Angesicht, Ihn, den viele große *yogīs* nicht einmal durch härteste Askese erkennen können, obwohl Er in ihren Herzen weilt. Die *Brahma-saṁhitā* bestätigt: Man kann Kṛṣṇa, den Höchsten Herrn, zwar in den Texten der Veden und Upaniṣaden suchen, aber es ist schwierig, Ihn dort zu finden. Wer jedoch das große Glück hat, mit einem *bhakta* zusammenzukommen, kann dem Höchsten Herrn persönlich gegenübertreten. Nachdem die Kuhhirtenjungen viele Leben hindurch fromme Tätigkeiten ausgeführt hatten, konnten sie mit Kṛṣṇa zusammen sein und als Freunde mit Ihm spielen. Sie konnten nicht verstehen, dass Kṛṣṇa der Höchste Persönliche Gott ist, aber dennoch waren sie Kṛṣṇas vertraute Freunde, die in inniger Liebe an Seinen Spielen teilnahmen.

Als sich Śrī Kṛṣṇa und Seine Freunde unbekümmert ihrer Kindheitsspiele erfreuten, wurden sie von einem Dämon namens Aghāsura beobachtet, und dieser Dämon vermochte seinen Hass kaum mehr zu zügeln. Es war ihm unerträglich, Kṛṣṇa so glücklich spielen zu sehen, und deshalb erschien er vor den Jungen, um sie alle zu töten. Aghāsura war so gefährlich, dass sich selbst die Himmelsbewohner vor ihm fürchteten. Obgleich die Halbgötter den Nektar der Unsterblichkeit tranken, fürchteten sie sich vor Aghāsura und fragten sich: „Wann wird dieser Dämon endlich getötet?“ Denn eigentlich hatten sie kein allzu großes Vertrauen in ihre „Unsterblichkeit“. Aber die Jungen, die mit Kṛṣṇa spielten, hatten keine Angst vor Dämonen. Sie waren frei von aller Angst.

Keine materielle Schutzmaßnahme, mit der man sich vor dem Tod retten möchte, ist verlässlich, doch wenn man Kṛṣṇa-bewusst ist, erlangt man mit Sicherheit Unsterblichkeit.

So erschien der Dämon Aghāsura vor Kṛṣṇa und Seinen Freunden. Aghāsura war der jüngere Bruder von Pūtanā und Bakāsura, und er dachte: „Kṛṣṇa hat meinen Bruder und meine Schwester getötet. Dafür werde ich jetzt Ihn und all Seine Freunde und Kälber töten." Aghāsura war von Kaṁsa angestachelt worden, und daher war er in seinem Vorhaben fest entschlossen. Würde er Kṛṣṇa zusammen mit allen Hirtenjungen töten und dann zum Gedächtnis an seinen Bruder und seine Schwester Getreide und Wasser opfern, so überlegte sich Aghāsura, dann würden auch die Einwohner von Vṛndāvana sterben. Eltern lieben ihre Kinder gewöhnlich genauso wie ihr eigenes Leben, und wenn die Kinder sterben, können aufgrund der starken Bande der Zuneigung auch die Eltern nicht mehr weiterleben.

Um also seinen Plan, alle Einwohner von Vṛndāvana zu töten, in die Tat umzusetzen, vergrößerte sich Aghāsura mit Hilfe der *yoga-siddhi* namens *mahimā.* Die Dämonen beherrschen oftmals viele Arten mystischer Kräfte. Hat man im *yoga* die Vollkommenheit der *mahimā-siddhi* erreicht, kann man sich nach Belieben ausweiten. Der Dämon Aghāsura dehnte sich also zu einer Größe von etwa acht Meilen aus und nahm die Gestalt einer fetten Schlange an. Nach dieser seltsamen Verwandlung öffnete der Dämon sein Maul, das so groß war wie eine Berghöhle. Er wollte die Knaben – auch Kṛṣṇa und Balarāma – auf einen Sitz verschlingen, und so legte er sich ihnen in den Weg und wartete.

Der Dämon, der sich in diese gigantische Schlange verwandelt hatte, lag mit weit aufgerissenem Maul da, das vom Erdboden bis zum Himmel reichte. Seine Unterlippe lag auf dem Boden, und seine Oberlippe berührte die Wolken. Sein Rachen glich einer riesigen Berghöhle, deren Tiefe nicht abzuschätzen war, und seine Zähne sahen aus wie Bergspitzen. Seine Zunge glich einer breiten Landstraße, sein Atem ging wie ein Wirbelsturm, und Seine Augen loderten wie Feuer. Anfangs dachten die Jungen, der Dämon sei nur eine riesige Statue, doch nachdem sie das Ungetüm genauer betrachtet hatten, sahen sie, dass es eine große Schlange war, die mit aufgerissenem Maul vor ihnen auf dem Weg lag. Einer der Jungen sagte: „Liebe Freunde, dieses Monstrum sieht aus wie ein großes Tier, und es liegt da, als wolle es uns verschlingen. Seht doch nur – ist dieses Ungeheuer nicht eine riesige Schlange, die ihr Maul aufgesperrt hat, um uns alle zu fressen?“ Ein anderer sagte: „Ja, was du sagst, ist wahr. Die Oberlippe dieses Tieres gleicht dem Sonnenschein, und seine Unterlippe ist wie die Spiegelung des roten Sonnenlichts auf dem Boden. Liebe Freunde, schaut euch nur einmal die Seitenwände seines Maules an. Dieses Maul ist so groß wie eine Höhle, und man kann nicht abschätzen, wie hoch es ist. Sein Kiefer ragt wie eine Bergspitze hervor. Die lange Straße dort ist allem Anschein nach seine Zunge, und im Innern seines Maules ist es finster wie in einer Berghöhle. Dieser heiße, orkanartige Wind ist sein Atem, und der Fleischgestank, der seinem Maul entströmt, kommt von seinen Eingeweiden.“

Sie berieten sich weiter: „Diese Riesenschlange kann uns unmöglich verschlingen, wenn wir alle gleichzeitig in sein Maul hineingehen. Doch selbst wenn es ihr gelingen sollte, uns alle auf einen Sitz herunterzuschlucken, könnte sie doch niemals Kṛṣṇa verschlingen. Kṛṣṇa wird dieses Ungeheuer einfach töten, wie Er es auch mit Bakāsura getan hat.“ Mit diesen Worten drehten sich die Jungen nach Kṛṣṇa um, blickten lächelnd in Sein wunderschönes, lotosgleiches Gesicht, klatschten fröhlich in die Hände und marschierten dann in das Maul der gigantischen Schlange hinein.

In der Zwischenzeit hatte Kṛṣṇa, der als Überseele im Herzen aller Lebewesen weilt, bereits erkannt, dass die gewaltige, reglose Gestalt in Form einer Schlange in Wirklichkeit ein Dämon war. Die Jungen wussten das nicht, und so begaben sie sich zusammen mit ihren Kälbern ahnungslos in den Rachen des Ungeheuers. Kṛṣṇa jedoch folgte ihnen nicht, sondern überlegte, wie Er die Vernichtung Seiner Freunde verhindern könne. Der Dämon wartete darauf, dass Kṛṣṇa ebenfalls in sein Maul eintrete, und dachte bei sich: „Alle sind gekommen, jetzt fehlt nur noch Kṛṣṇa, der meinen Bruder und meine Schwester getötet hat.“

Wer von Kṛṣṇa beschützt wird, ist immer in Sicherheit. Aber als Kṛṣṇa sah, dass Seine Freunde nicht mehr bei Ihm waren, sondern in den Bauch der großen Schlange verschwunden waren, war Er einen Augenblick lang bekümmert und verwirrt angesichts der Wirkungsweise Seiner äußeren Energie. Dann aber überlegte Er, wie Er den Dämon töten und gleichzeitig die Jungen und die Kälber retten könne. Obgleich es für Kṛṣṇa eigentlich keinen Grund zur Sorge gab, machte Er sich solche Gedanken. Schließlich jedoch, nach kurzem Nachdenken, betrat Er ebenfalls das Maul des Dämons.

Als nun auch Kṛṣṇa in das riesige Maul hineinging, waren die Halbgötter, die sich, hinter den Wolken verborgen, versammelt hatten, um das Schauspiel mit anzusehen, zutiefst bestürzt und riefen: „O weh, o weh!" Die Freunde Aghāsuras – allen voran Kaṁsa –, die alle Fleisch und Blut zu essen pflegten, jubelten dagegen triumphierend.

Während der Dämon versuchte, Kṛṣṇa und Seine Gefährten zu vernichten, hörte Kṛṣṇa die angstvollen Rufe der Halbgötter, und so begann Er sofort, sich in der Kehle des Dämons auszudehnen. Obwohl der Dämon einen riesengroßen Körper besaß, begann er fürchterlich zu röcheln, als Kṛṣṇa sich ausdehnte. Die gewaltigen Augen des Dämons rollten hin und her, und schon bald erstickte er. Seine Lebensluft konnte nirgends aus ihm herausströmen und schoss schließlich aus einer Öffnung in der Schädeldecke hervor. Nachdem der Dämon sein Leben ausgehaucht hatte, rief Kṛṣṇa alle Knaben und Kälber einfach durch Seinen transzendentalen Blick ins Leben zurück und verließ mit ihnen den toten Körper des Ungeheuers. Noch während sich Kṛṣṇa in Aghāsuras Maul befunden hatte, war die Seele des Dämons wie ein strahlendes Licht aus dem Körper ausgetreten und schwebte nun wartend am Himmel, wobei die gesamte Umgebung erleuchtet wurde. Sowie Kṛṣṇa mit Seinen Kälbern und Freunden aus dem Maul des Dämons hervorkam, ging das strahlende Licht vor den Augen aller Halbgötter in den Körper Kṛṣṇas ein.

Die Halbgötter waren außer sich vor Freude, und sie überschütteten Kṛṣṇa, den Höchsten Herrn, mit Blumen, um Ihm ihre Ehre zu erweisen. Die Bewohner des Himmels begannen frohlockend zu tanzen, und die Bewohner von Gandharvaloka brachten die verschiedensten Gebete dar, während überall zum Zeichen des Sieges Trommeln und Pauken ertönten. Die *brāhmaṇas* sangen vedische Hymnen, und alle *bhaktas* riefen: „*Jaya! Jaya!* Gepriesen sei der Höchste Herr!"

Sobald Brahmā diese freudigen Klänge hörte, die durch das obere Planetensystem hallten, eilte er herbei, um zu sehen, was sich ereignet hatte. Als er Aghāsura tot am Boden liegen sah, wunderte er sich sehr über die ungewöhnlichen und ruhmreichen Spiele des Herrn.

Das gigantische Maul des Dämons blieb viele Tage lang aufgesperrt liegen, trocknete langsam aus und wurde schließlich zu einem Spielplatz für die Hirtenjungen.

Aghāsura wurde getötet, als Kṛṣṇa und Seine Freunde noch nicht ganz fünf Jahre alt waren. Kinder unter fünf Jahren werden *kaumāra* genannt. Im Alter zwischen fünf und zehn nennt man sie *paugaṇḍa* und nach dem zehnten bis zum fünfzehnten Lebensjahr *kaiśora.* Nach dem fünfzehnten Lebensjahr werden sie als Jugendliche bezeichnet. Der Zwischenfall mit dem Aghāsura-Dämon wurde im Dorf Vraja ein ganzes Jahr lang mit keinem Wort erwähnt. Erst als die Jungen vor der Vollendung ihres sechsten Lebensjahres standen, erzählten sie ihren Eltern voller Erstaunen von diesem Abenteuer.

Für Śrī Kṛṣṇa, den Höchsten Herrn, der weit erhabener ist als Halbgötter wie Brahmā, ist es nicht schwierig, jemanden in Seinen ewigen Körper eingehen zu lassen, und diese Segnung gewährte Er Aghāsura. Aghāsura war zweifellos das sündhafteste aller Lebewesen, und sündigen Lebewesen ist es normalerweise nicht möglich, in die Existenz der Absoluten Wahrheit einzugehen. Doch weil Kṛṣṇa in diesem besonderen Fall persönlich in den Körper Aghāsuras eintrat, wurde der Dämon von allen Reaktionen auf seine Sünden vollkommen geläutert. Wer fortwährend an den Herrn denkt, sei es in Form Seiner Bildgestalt oder auch im Geist, erhält die transzendentale Segnung, in das Reich Gottes aufgenommen zu werden und mit dem Höchsten Herrn zusammen zu sein. Wir können uns also vorstellen, wie erhaben die Position Aghāsuras gewesen sein muss, in dessen Körper Kṛṣṇa, der Höchste Herr, persönlich eintrat. Die fortgeschrittenen Weisen, *yogīs* und *bhaktas* meditieren ständig über die Gestalt des Herrn in ihrem Herzen oder betrachten die transzendentale Bildgestalt des Herrn im Tempel. Auf diese Weise werden sie von aller materiellen Verunreinigung befreit, und wenn sie den Körper verlassen, werden sie in das Reich Gottes erhoben. Diese Stufe der Vollkommenheit kann man erreichen, wenn man einfach ständig an die transzendentale Gestalt des Herrn denkt. Im Falle Aghāsuras jedoch trat der Höchste Herr selbst in seinen Körper ein. Aghāsuras Position ist demnach weitaus höher als die eines gewöhnlichen *bhakta* oder die des größten *yogī.*

Mahārāja Parīkṣit war in das Hören der transzendentalen Spiele Śrī Kṛṣṇas vertieft, der ihm einst das Leben gerettet hatte, als er sich im Leib seiner Mutter befand. So wurde er immer begieriger, noch mehr über Kṛṣṇa zu hören. Deshalb stellte er dem Weisen Śukadeva Gosvāmī, der ihm das *Śrīmad-Bhāgavatam* vortrug, eine weitere Frage.

König Parīkṣit war verwundert, dass ein Jahr lang nicht über die Vernichtung des Aghāsura-Dämons gesprochen wurde – bis die Knaben bereits das *paugaṇḍa*-Alter erreicht hatten. Mahārāja Parīkṣit war neugierig, mehr darüber zu erfahren, denn er war davon überzeugt, dass ein solcher Vorfall seine Ursache im Wirken der Energien Kṛṣṇas haben musste.

Im Allgemeinen sind die *kṣatriyas* (die verwaltende Klasse) so sehr mit politischen Angelegenheiten beschäftigt, dass sie nur wenig Gelegenheit haben, die Beschreibungen der transzendentalen Spiele Śrī Kṛṣṇas zu hören. Parīkṣit Mahārāja aber schätzte sich sehr glücklich, als er von diesen transzendentalen Spielen hörte, und zudem hörte er nicht nur einfach die Erzählungen der Spiele Kṛṣṇas, sondern er vernahm sie direkt von Śukadeva Gosvāmī, der größten Autorität des *Śrīmad-Bhāgavatam.* Auf Mahārāja Parīkṣits Bitte hin fuhr Śukadeva Gosvāmī fort, über Śrī Kṛṣṇas transzendentale Spiele, Seine Gestalt, Seine Eigenschaften und Seinen Ruhm zu sprechen.

Brahmā stiehlt die Knaben und die Kälber

Śukadeva Gosvāmī war sehr erfreut, als Mahārāja Parīkṣit ihn fragte, warum die Kuhhirtenjungen erst nach einem Jahr über die Vernichtung Aghāsuras sprachen. Er antwortete ihm: „Mein lieber König, durch deine Wissbegierde machst du die Erzählung der transzendentalen Spiele Kṛṣṇas noch frischer."

Es heißt, die natürliche Neigung eines *bhakta* ist es, seine Gedanken, seine Energie, seine Worte, seine Ohren usw. immer damit zu beschäftigen, über Kṛṣṇa zu hören und Kṛṣṇa zu lobpreisen. Das bezeichnet man als Kṛṣṇa-Bewusstsein, und wer voller Aufmerksamkeit über Kṛṣṇa hört und Ihn preist, wird diese transzendentalen Themen niemals eintönig oder alltäglich finden. Darin besteht der Unterschied zwischen transzendentalen und materiellen Themen. Materielle Themen werden langweilig: Man kann sich etwas Bestimmtes nicht lange anhören, sondern verlangt schnell nach Abwechslung. Themen mit transzendentalem Inhalt hingegen werden *nitya-nava-navāyamāna* genannt. Das bedeutet, dass man fortwährend, ohne zu ermüden, den Herrn lobpreisen und über den Herrn hören kann und dabei immer begieriger wird, noch mehr über Ihn zu erfahren.

Es ist die Pflicht des spirituellen Meisters, dem wissbegierigen und ernsthaften Schüler alle vertraulichen Dinge zu offenbaren, und so erklärte Śukadeva Gosvāmī dem König, warum ein Jahr lang nicht über die Vernichtung Aghāsuras gesprochen wurde. Er sagte: „Bitte höre aufmerksam zu, während ich dir dieses Geheimnis enthülle."

Nachdem Śrī Kṛṣṇa Seine Freunde aus dem Rachen Aghāsuras gerettet und den Dämon getötet hatte, führte Er sie ans Ufer der Yamunā und sagte: „Seht nur, liebe Freunde, wie gut dieser Platz zum Mittagessen geeignet ist und wie schön man auf dem weichen, sandigen Ufer der Yamunā spielen kann. Die Lotosblumen stehen in voller Blüte und erfüllen die ganze Umgebung mit ihrem Duft. Das Zwitschern der Vögel, das Rufen der Pfauen und das Rauschen der Blätter antworten einander und machen diesen schönen

Ort hier unter den Bäumen noch lieblicher. Lasst uns also an diesem Ort zu Mittag essen, denn es ist bereits spät, und wir alle sind hungrig. Wir behalten die Kälber in unserer Nähe, damit sie vom Wasser der Yamunā trinken können, und während wir speisen, lassen wir sie hier im saftigen Gras weiden."

Die Jungen stimmten Kṛṣṇas Vorschlag freudig zu und sagten: „O ja, lasst uns hier eine Mittagspause einlegen." So ließen sie die Kälber frei umherlaufen, damit diese sich am frischen Gras erfreuen konnten. Nachdem sich alle Kuhhirtenjungen um Kṛṣṇa herum niedergesetzt hatten, öffneten sie die Proviantkörbe, die sie von zu Hause mitgebracht hatten. Śrī Kṛṣṇa saß in der Mitte Seiner Freunde, die Ihm alle ihr Gesicht zugewandt hatten, und während sie aßen, genossen sie es, den Herrn von Angesicht zu Angesicht zu sehen. Kṛṣṇa glich dem Fruchtknoten einer Lotosblume, und die Knaben umgaben Ihn wie die Blütenblätter. Sie benutzten gesammelte Blumen, Blätter und Baumrinde oder ihre Picknickkörbe als Teller und aßen so mit Kṛṣṇa ihr Mittagsmahl. Während des Essens entfaltete jeder der Jungen seine ihm eigene Beziehung zu Kṛṣṇa, und in einer vergnügten Stimmung tauschten sie scherzhafte Worte aus. Kṛṣṇa hatte Seine Flöte rechts in den Gürtel geschoben, und in der linken Seite Seines Gewandes steckten das Büffelhorn und der Hirtenstab. In Seiner Linken, zwischen Seinen blütengleichen Fingern hielt Er eine Süßigkeit aus Joghurt, Butter, Reis und Fruchtstückchen. Der Höchste Herr, der Genießer der Ergebnisse aller Opfer, lachte und scherzte, während Er mit Seinen Spielgefährten in Vṛndāvana das Mittagsmahl genoss. Erstaunt beobachteten die Halbgötter des Himmels diese Szene, während die Hirtenknaben völlig unbeschwert in das transzendentale Glück der Gemeinschaft mit dem Höchsten Herrn vertieft waren.

Unterdessen betraten die in der Nähe weidenden Kälber den tiefen Wald, angelockt von den frischen Gräsern, die dort wuchsen. Sie entfernten sich allmählich immer mehr, und als die Jungen plötzlich bemerkten, dass die Kälber verschwunden waren, ängstigten sie sich um ihre Kälber und riefen: „Kṛṣṇa!" Kṛṣṇa ist der Vernichter der Furcht in Person, vor der sich jeder fürchtet.

Die Furcht selbst jedoch fürchtet sich vor Kṛṣṇa. Als die Jungen „Kṛṣṇa!“ riefen, überwanden sie daher sofort ihre Furcht. Weil Kṛṣṇa Seinen Freunden sehr zugetan war, wollte Er nicht, dass sie mit dem Essen aufhörten, um nach den Kälbern zu suchen, und so sagte Er: „Meine lieben Freunde, ihr braucht eure Mahlzeit nicht zu unterbrechen. Esst ruhig weiter. Ich werde Mich selbst um die Kälber kümmern.“ Und so machte Er sich, mit der Süßigkeit in der linken Hand, auf den Weg, um die Kälber zu suchen. Überall in den Wäldern und Berghöhlen hielt Er nach ihnen Ausschau, doch Er konnte sie nirgends finden.

Als zuvor die Halbgötter mit Staunen beobachtet hatten, wie Aghāsura von Kṛṣṇa getötet wurde, war auch Brahmā herbeigekommen, der auf dem Lotos geboren wurde, welcher aus dem Nabel Viṣṇus wächst. Es hatte ihn sehr überrascht, wie so ein kleiner Junge wie Kṛṣṇa derartige Heldentaten vollbringen konnte. Brahmā hatte zwar gehört, dass der kleine Kuhhirtenjunge der Höchste Persönliche Gott war, wollte aber mehr von den großartigen Spielen des Herrn sehen. Und so stahl er alle Kälber und Kuhhirtenjungen und brachte sie in ein Versteck. Deshalb konnte Śrī Kṛṣṇa trotz emsigen Suchens die Kälber nicht finden, und als Er ans Ufer der Yamunā zurückkehrte, wo Er alle Seine Freunde zurückgelassen hatte, musste Er feststellen, dass auch sie verschwunden waren. Kṛṣṇa war in Seiner Gestalt als Kuhhirtenjunge im Vergleich zu Brahmā winzig klein, doch weil Er Gott selbst ist, wusste Er sofort, dass die Kälber und Knaben von Brahmā gestohlen worden waren. Er sagte sich: „Brahmā hat Meine Freunde und die Kälber entführt, doch Ich kann unmöglich ohne sie nach Vṛndāvana zurückkehren – ihren Müttern würde vor Kummer das Herz brechen!“

Um den Müttern Seiner Freunde unnötige Sorgen zu ersparen und um gleichzeitig Brahmā von der Allmacht des Höchsten Herrn zu überzeugen, erweiterte sich Kṛṣṇa auf der Stelle in die Kuhhirtenjungen und Kälber. In den Veden wird erklärt, dass sich der Höchste Persönliche Gott durch Seine Energie bereits in unzählige Lebewesen erweitert hat. Deshalb war es für Ihn nicht weiter schwierig, sich auch noch in die vielen Jungen und Kälber zu erweitern. Er nahm das genaue Aussehen der Jungen an, die alle von unterschiedlicher Gestalt waren, verschiedene Gesichtszüge und Körpermerkmale hatten und sich auch in ihren Gewändern, ihrem Schmuck und ihrem Verhalten voneinander unterschieden. Mit anderen Worten: Da jedes Lebewesen eine individuelle Seele ist, unterscheidet es sich in seinen Neigungen, seinem Tun und Verhalten deutlich von allen anderen. Dennoch nahm Kṛṣṇa genau die Gestalt jedes einzelnen Kuhhirtenjungen an, und Er erweiterte sich auch in die Kälber, die ebenfalls von verschiedener Größe und Farbe waren und sich unterschiedlich verhielten. Das war nur deshalb möglich, weil Kṛṣṇas Energie die Quelle alles Existierenden ist. Im *Viṣṇu Purāṇa* heißt es dazu: *parasya brahmaṇaḥ śaktiḥ*. Alles, was wir in der kosmischen Schöpfung sehen, sei es Materie oder seien es die Handlungen der Lebewesen, ist nichts anderes als eine Erweiterung der Energien des Herrn, die von Ihm ausgehen wie Licht und Hitze vom Feuer.

Kṛṣṇa erweiterte sich also in all die Kuhhirtenjungen und Kälber und kehrte, umgeben von Seinen Erweiterungen, in das Dorf Vṛndāvana zurück. Die Einwohner von Vṛndāvana ahnten nicht, was geschehen war. Als die Kuhhirtenjungen mit ihren Herden ins Dorf heimkehrten, gingen die Kälber in ihre Ställe, und die Knaben gingen nach Hause zu ihren Müttern.

Schon bevor die Jungen das Dorf erreichten, hatten die Mütter ihr Flötenspiel vernommen. Sie kamen aus den Häusern und umarmten ihre Kinder zur Begrüßung. Aufgrund ihrer starken mütterlichen Zuneigung strömte Milch aus ihren Brüsten, und sie erlaubten den Jungen, davon zu trinken. Sie ahnten nicht, dass sie eigentlich nicht ihre Söhne, sondern den Höchsten Herrn nährten, der sich in ihre eigenen Kinder erweitert hatte. So hatten alle Mütter von Vṛndāvana die Möglichkeit, den Herrn mit ihrer Milch zu stillen. Śrī Kṛṣṇa gab auf diese Weise also nicht nur Yaśodā, sondern auch allen anderen älteren *gopīs* die Gelegenheit, Ihn zu stillen.

Die Jungen verhielten sich ihren Müttern gegenüber, wie sie es immer getan hatten. Am Abend badeten die Mütter wie gewöhnlich ihre Kinder, versahen sie mit *tilaka* und Schmuckstücken und gaben ihnen nach der langen Arbeit des Tages reichlich zu essen. Die Kühe, die tagsüber auf den Weidegründen gegrast hatten, kehrten am Abend ins Dorf zurück und riefen nach ihren Kälbern. Die Kälber kamen augenblicklich herbeigelaufen, und ihre Mütter beleckten sie freudig. Die Beziehung zwischen den Kühen und ihren Kälbern und zwischen den *gopīs* und ihren Kindern blieb erhalten, ja sie schien sich auf unerklärliche Weise sogar noch zu vertiefen. Ihre gegenseitige Zuneigung vergrößerte sich ganz von selbst, obwohl die wirklichen Kälber und Knaben gar nicht zugegen waren. Bisher hatten sich die Kühe und die älteren *gopīs* von Vṛndāvana mehr zu Kṛṣṇa hingezogen gefühlt als zu ihren eigenen Nachkommen, doch nach diesem Vorfall verstärkte sich ihre Zuneigung zu ihnen ins Unermessliche, sodass sie zu ihnen die gleiche Liebe verspürten wie zu Kṛṣṇa. Ein Jahr lang verblieb Kṛṣṇa ohne Unterbrechung in der Gestalt der Kälber und der Kuhhirtenjungen, und so war es allein Kṛṣṇa, der auf den Weidegründen gegenwärtig war.

Wie in der *Bhagavad-gītā* erklärt wird, weilt Kṛṣṇa als Überseele im Herzen eines jeden Lebewesens. In diesem Falle jedoch erweiterte Er sich nicht als Überseele, sondern in die Gestalt der Kälber und Kuhhirtenjungen, und das für die Dauer eines ganzen Jahres.

Eines Tages, kurz bevor ein Jahr verstrichen war, hüteten Kṛṣṇa und Balarāma im Wald die Kälber, als Sie von weitem einige Kühe auf dem Govardhana Hügel weiden sahen. Als die Kühe den Hang hinunterblickten und die Jungen mit den Kälbern entdeckten, rannten sie sofort mit weit ausgreifenden Beinen zu ihnen hinunter. Sie liebten ihre Kälber so innig, dass sie gar nicht bemerkten, wie steinig der Pfad war, der vom Govardhana-Hügel hinunter zu den Weiden führte. Mit prall gefüllten Eutern und steil erhobenen Schwänzen stürmten sie den Abhang hinab, während ihre Euter Ströme von Milch vergossen – so sehr waren die Kühe den Kälbern zugetan, die in Wahrheit gar nicht ihre eigenen waren. Diese Kühe hatten bereits neue Kälber zur Welt gebracht, und die am Fuß des Govardhana-Hügels grasenden Kälber waren bereits aus dem Alter heraus, wo sie noch vom Euter der Mutter trinken mussten; sie waren eigentlich mit Gras zufrieden. Dennoch liefen die Kühe direkt auf die Kälber zu und begannen sie zu belecken, während die Kälber ihrerseits die Milch aus den Eutern ihrer Mütter tranken. Zwischen den Kühen und den Kälbern bestand offensichtlich eine ungewöhnlich starke liebevolle Beziehung.

Als die Kühe von der Höhe des Govardhana-Hügels hinabrannten, versuchten die Hirten sie aufzuhalten. Die älteren Kühe werden nämlich von den Männern gehütet und die Kälber von den Knaben. Soweit wie möglich wurden die Kälber von den Kühen getrennt gehalten, damit sie nicht die Euter leer tranken, und deshalb versuchten die Männer auf dem Govardhana-Hügel, ihre Tiere zurückzuhalten. All ihre Bemühungen waren jedoch vergebens, und das machte sie beschämt und ärgerlich. Doch als sie vom Berg hinunterkamen und ihre Kinder bei den Kälbern sahen, regten sich in ihnen plötzlich tiefe Gefühle der Liebe. Es war erstaunlich. Die Männer waren enttäuscht und verdrossen den Hügel heruntergekommen, doch beim Anblick ihrer Söhne schmolz ihnen vor Zuneigung das Herz. Ihre Unzufriedenheit und ihr Missmut verflogen im Nu, und mit väterlicher Liebe nahmen sie ihre Kinder in die Arme, drückten sie an sich und rochen an ihren Köpfen. Es erfüllte sie mit überwältigender Freude, mit ihren Kindern zusammen zu sein. Nach dieser Liebkosung trieben die Männer die Kühe auf den Govardhana-Hügel zurück, und als sie dabei an ihre Kinder dachten, traten ihnen Tränen der Zuneigung in die Augen.

Balarāma beobachtete diesen ungewöhnlichen Austausch von Zuneigung zwischen den Kühen und ihren Kälbern wie auch zwischen den Vätern und ihren Söhnen. Eigentlich benötigten die Kälber und die Kinder keine derartige Fürsorge, und deshalb suchte Balarāma nach einer Erklärung für dieses außergewöhnliche Verhalten. Es wunderte Ihn, dass die Einwohner Vṛndāvanas ihren Kindern gegenüber eine ebenso große Zuneigung empfanden wie gegenüber Kṛṣṇa und dass auch die Kühe ihren Kälbern jetzt genauso zugetan waren wie Kṛṣṇa. Balarāma vermutete, dass hinter diesem außergewöhnlichen Zeugnis von Zuneigung ein Geheimnis steckte, das entweder auf die Halbgötter oder auf einen mächtigen Menschen zurückzuführen war. Wie sonst hätte diese wundersame Veränderung stattfinden können? Balarāma kam zur Überzeugung, dass diese mystische Wandlung nur Kṛṣṇa zur Ursache haben konnte, den Er als Gott, Seinen verehrungswürdigen Herrn, betrachtete. Er sagte sich: „All diese Vorfälle wurden von Kṛṣṇa gelenkt, und nicht einmal Ich konnte Seine mystischen Kräfte durchschauen." So erkannte Balarāma, dass die Knaben und die Kälber Erweiterungen Kṛṣṇas waren.

Balarāma wandte sich an Kṛṣṇa, um die wahren Zusammenhänge zu erfahren. Er sagte: „Mein lieber Kṛṣṇa, anfangs dachte Ich, die Kälber und Hirtenjungen seien entweder große Heilige und Weise oder Halbgötter, doch nun scheint es Mir, dass sie Deine Erweiterungen sind. Sie alle sind Du. Du selbst spielst die Rolle der Kälber und Knaben. Welches Geheimnis verbirgt sich dahinter? Wo sind die ursprünglichen Kälber und Knaben, und warum hast Du Dich erweitert und ihre Gestalt angenommen? Bitte erkläre Mir die Hintergründe all dessen." Auf diese Bitte Balarāmas hin schilderte Kṛṣṇa in kurzen Worten, wie die Kälber und die Knaben von Brahmā gestohlen worden waren und wie Er diesen Vorfall geheim hielt und sich erweiterte, damit die Dorfbewohner das Verschwinden der ursprünglichen Kälber und Kuhhirtenjungen nicht bemerken würden.

Während sich Kṛṣṇa und Balarāma unterhielten, kehrte Brahmā nach Vṛndāvana zurück, nachdem er (gemessen an seiner Lebensdauer) für einen Augenblick fort gewesen war. In der *Bhagavad-gītā* finden wir folgende Information über die Lebensdauer Brahmās: Zwölf Stunden in Brahmās Leben umfassen vier Zeitalter, multipliziert mit tausend, also 432 000 × 1000 Jahre. Ein kurzer Augenblick in Brahmās Leben ist daher so lang wie ein ganzes unserer Sonnenjahre. Nach einem Augenblick seiner Zeitrechnung also kehrte er zurück, um die Verwirrung zu sehen, die er durch die Entführung der Kälber und Knaben verursacht hatte. Doch gleichzeitig befürchtete er auch, mit dem Feuer zu spielen. Kṛṣṇa war sein Herr, und er hatte sich einen schlechten Scherz mit Ihm erlaubt, als er Seine Kälber und Freunde entführte. Er hatte große Angst und wagte es deshalb nicht, lange fortzubleiben, sondern kehrte (gemessen an seiner Zeit) schon nach einem Augenblick wieder zurück. Erstaunt stellte er fest, dass alle Kälber und Hirtenjungen immer noch da waren und mit Kṛṣṇa spielten, genau wie zu der Zeit, als er sie das erste Mal gesehen hatte. Er hätte schwören können, dass er sie entführt und durch seine mystischen Kräfte in Schlaf versetzt hatte, und so dachte er: „Alle diese Knaben und Kälber habe ich doch entführt, und ich bin mir ganz sicher, dass sie immer noch fest schlafen. Wie ist es dann möglich, dass hier die gleiche Gruppe von Hirtenjungen und Kälbern mit Kṛṣṇa spielt? Hat meine mystische Kraft etwa versagt? Haben sie während des ganzen vergangenen Jahres mit Kṛṣṇa gespielt?" Brahmā versuchte zu verstehen, wer die Kuhhirtenjungen waren und wie es möglich war, dass sie nicht von seiner mystischen Kraft beeinflusst wurden, doch trotz allen Nachdenkens konnte er die Ursache nicht herausfinden. Mit anderen Worten, er wurde ein Opfer seiner eigenen mystischen Kräfte. Die Macht der mystischen Kräfte Brahmās hatte den gleichen Effekt wie glänzender Schnee in der Dunkelheit oder ein leuchtendes Glühwürmchen am Tage. Nachts, wenn es dunkel ist, leuchtet ein Glühwürmchen ein wenig, und am Tage glänzt Schnee auf einem Hügel oder auf einer Wiese. Doch tagsüber hat ein Glühwürmchen keine Leuchtkraft, und der Schnee verliert in der Nacht seinen silbrigen Glanz. Ebenso verhielt es sich auch mit der mystischen Kraft Brahmās, als er sie vor der Allmacht Kṛṣṇas entfaltete: Sie glich Schnee in der Nacht oder einem Glühwürmchen am Tag. Wenn jemand mit geringen mystischen Kräften seine Macht in der Gegenwart einer Persönlichkeit mit größeren mystischen Kräften zur Schau stellen will, dann vergrößert er sein eigenes Ansehen nicht, sondern vermindert es. Selbst eine so bedeutende Persönlichkeit wie Brahmā machte sich nur lächerlich, als er seine mystische Kraft in der Gegenwart Kṛṣṇas entfalten wollte. So wurde Brahmā durch seine eigenen mystischen Kräfte verwirrt.

Kṛṣṇa wollte Brahmā beweisen, dass die Kälber und die Knaben, die nun mit Ihm spielten, nicht die ursprünglichen waren, und so verwandelte sich jeder Knabe und jedes Kalb in eine *viṣṇu-mūrti*. Die ursprünglichen Knaben und Kälber schliefen tatsächlich immer noch unter dem Zauber der mystischen Kräfte Brahmās, die Kälber und Knaben jedoch, denen Brahmā jetzt gegenüberstand, waren direkte Erweiterungen Kṛṣṇas, Viṣṇus. Viṣṇu ist eine Erweiterung Kṛṣṇas, und diese *viṣṇu-mūrtis* erschienen nun vor Brahmā. Alle Viṣṇus hatten eine blaue Körpertönung und waren in gelbe Gewänder gekleidet. Sie hatten vier Arme, und in Ihren Händen hielten Sie Keule, Feuerrad, Lotosblume und Muschelhorn. Sie trugen funkelnde, mit Juwelen besetzte, goldene Diademe; Sie waren mit Perlen und Ohrringen geschmückt und mit prächtigen Blumengirlanden bekränzt. Auf Ihrer Brust konnte man das Śrīvatsa-Zeichen erkennen, und Ihre Arme wurden von Armreifen und anderen Schmuckstücken geziert. Ihr Hals glich Muschelhörnern; an Ihren Fußgelenken hingen Glöckchen; um Ihre Hüfte schwang sich ein goldener Gürtel, und an Ihren Fingern steckten juwelenbesetzte Ringe. Brahmā sah ebenfalls, dass über den ganzen Körper jeder *viṣṇu-mūrti*, von den Lotosfüßen bis zum Kopf, frische *tulasī*-Blätter und -Knospen gestreut waren. Ein weiteres auffälliges Merkmal der Viṣṇu-Erweiterungen war Ihre transzendentale Schönheit. Ihr Lächeln glich dem Mondschein, und Ihre Blicke waren wie der Sonnenaufgang. Allein schon durch Ihren Blick offenbarten Sie sich als die Schöpfer und Erhalter der Erscheinungsweisen der Unwissenheit und Leidenschaft. Viṣṇu ist zuständig für die Erscheinungsweise der Tugend, Brahmā für die Erscheinungsweise der Leidenschaft und Śiva für die Erscheinungsweise der Unwissenheit. Als Erhalter der gesamten kosmischen Schöpfung ist Viṣṇu auch der Schöpfer und der Erhalter Brahmās und Śivas.

Nach dieser Offenbarung Śrī Viṣṇus sah Brahmā, wie alle beweglichen und unbeweglichen Lebewesen – angefangen mit vielen anderen Brahmās, Śivas und Halbgöttern bis hin zu so unbedeutenden Lebewesen wie Ameisen und Gräsern – Śrī Viṣṇu tanzend umringten. Dazu erklangen verschiedene Arten von Musik, und jeder brachte Śrī Viṣṇu seine Verehrung dar. Brahmā erkannte auch, dass die Viṣṇu-Erweiterungen alle mystischen Kräfte besaßen, angefangen von *aṇimā-siddhi,* durch die man so klein wie ein Atom werden kann, bis hin zur Fähigkeit, so unendlich groß wie der gesamte Kosmos zu werden. Alle mystischen Kräfte Brahmās, Śivas und der anderen Halbgötter sowie die vierundzwanzig Elemente des Kosmos waren in der Person Viṣṇus vereint. Aufgrund der unermesslichen Macht Śrī Viṣṇus verehrten Ihn alle untergeordneten mystischen Kräfte. Alle brachten Ihm ihre Verehrung dar: die Zeit, der Raum, die kosmische Manifestation, die Kraft der Erneuerung, die Wünsche, die Aktivitäten und die drei Erscheinungsweisen der materiellen Natur. Brahmā erkannte auch, dass Śrī Viṣṇu die Quelle aller Wahrheit, allen Wissens und aller Glückseligkeit ist. Er vereint in sich die drei transzendentalen Aspekte Ewigkeit, Wissen und Glückseligkeit, und Er ist das Ziel der Verehrung für alle Anhänger der Upaniṣaden.

Es war Brahmā klar, dass die Verwandlung der Knaben und Kälber in Viṣṇu-Erweiterungen nicht durch die Art mystischer Kräfte stattgefunden hatte, wie sie einem *yogī* oder einem Halbgott verliehen sind. All diese Gestalten, in die sich die Knaben und die Kälber verwandelt hatten, waren als *viṣṇu-mūrtis* keine Manifestationen *viṣṇu-māyās*, der Energie Viṣṇus, sondern Viṣṇu selbst. Die Eigenschaften Viṣṇus und *viṣṇu-māyās* sind mit Feuer und Hitze vergleichbar. Hitze besitzt zwar die Eigenschaft des Feuers, nämlich Wärme, doch sie ist nicht das Feuer. Die *viṣṇu-mūrtis* waren also nicht wie die Hitze, sondern wie das Feuer, denn Sie alle waren Viṣṇu selbst. Die Eigenschaften Viṣṇus sind vollkommene Wahrheit, vollkommenes Wissen und vollkommene Glückseligkeit. Diesen Unterschied kann man auch anhand eines materiellen Gegenstandes verdeutlichen, der sich gleichzeitig an vielen Orten widerspiegelt. Wenn sich zum Beispiel die Sonne in einer Reihe von Wassertöpfen spiegelt, so sind die Spiegelbilder nicht die Sonne selbst. Sie sehen zwar wie die Sonne aus, doch von ihnen geht keine wirkliche Hitze und kein wirkliches Licht aus. Im Gegensatz dazu waren alle *viṣṇu-mūrtis*, in die sich Kṛṣṇa erweitert hatte, mit Viṣṇu selbst vollkommen identisch. Der in diesem Zusammenhang verwendete Ausdruck ist *satya-jñānānantānanda: Satya* bedeutet „Wahrheit", *jñāna* „vollkommenes Wissen", *ananta* bedeutet „unbegrenzt" und *ānanda* „vollkommene Glückseligkeit".

Die transzendentalen Erweiterungen des Höchsten Persönlichen Gottes sind so großartig und mächtig, dass die Unpersönlichkeitsanhänger, die die Upaniṣaden studieren, niemals die Stufe des Wissens erreichen können, auf der sie in der Lage wären, diese Erweiterungen zu verstehen. Die transzendentalen Erweiterungen des Herrn entziehen sich völlig dem Vorstellungsvermögen der Unpersönlichkeitsanhänger, die durch ihr Studium der Upaniṣaden lediglich erkennen können, dass die Absolute Wahrheit nicht materiell ist oder dass sie keinen materiellen Beschränkungen unterliegt. Dadurch, dass sich Kṛṣṇa in die *viṣṇu-mūrtis* erweitert hatte, konnte Brahmā mit seinen begrenzten Möglichkeiten erkennen, dass die Erweiterung der Energie des Höchsten Herrn die Ursache aller beweglichen und unbeweglichen Wesen und Dinge im ganzen Kosmos ist.

Brahmā war völlig verwirrt, und er wurde sich seiner Begrenztheit innerhalb der Schranken der elf Sinne bewusst. So erkannte er, dass auch er nur eine Schöpfung der materiellen Energie ist, vergleichbar mit einer Marionette. Genau wie eine Marionette nicht unabhängig nach ihrem eigenen Willen tanzen kann, sondern sich unter der Führung des Puppenspielers bewegen muss, sind auch die Halbgötter und alle anderen Lebewesen dem Höchsten Herrn untergeordnet. Wie im *Caitanya-caritāmṛta* festgestellt wird, ist Kṛṣṇa der einzige Meister und alle anderen sind Seine Diener. Die ganze Welt schwimmt auf den Wellen des materiellen Zaubers, und die Lebewesen werden wie Strohhalme hin und her geschwemmt. So kämpfen sie ständig um ihr Leben. Doch sobald man sich bewusst wird, dass man der ewige Diener des Höchsten Herrn ist, hat diese *māyā*, das heißt der illusorische Kampf ums Dasein, sofort ein Ende.

Brahmā, der Herr der Göttin der Gelehrsamkeit, gilt als die größte Autorität im vedischen Wissen. Und dennoch war er verwirrt, denn er war nicht in der Lage, die ungewöhnliche Macht zu verstehen, die der Höchste Herr entfaltete. Niemand in der materiellen Welt ist imstande, die mystischen Kräfte des Höchsten Herrn zu verstehen, nicht einmal eine so große Persönlichkeit wie Brahmā. Allein der Anblick des Schauspiels, das Kṛṣṇa ihm offenbarte, verwirrte Brahmā vollends, und begreifen konnte er es schon gar nicht.

Kṛṣṇa hatte Mitleid mit Brahmā, der nicht einmal verstehen konnte, wie Er die Viṣṇu-Erweiterungen erscheinen ließ und sich in die Kälber und Knaben erweiterte. Während der Offenbarung zog Er daher plötzlich den Vorhang *yogamāyās* über den Schauplatz. In der *Bhagavad-gītā* wird erklärt, dass Kṛṣṇa, der Höchste Herr, nicht sichtbar ist, weil Er vom Schleier *yogamāyās* verhüllt wird. Der die Wirklichkeit verhüllende Schleier wird als *mahāmāyā*, die äußere Energie, bezeichnet. *Mahāmāyā* erlaubt es der bedingten Seele nicht, Gott zu verstehen, der sich jenseits der Manifestation des Kosmos befindet. Die Energie jedoch, durch die der Höchste Herr in mancher Hinsicht enthüllt wird, teilweise aber auch verborgen bleibt, wird *yogamāyā* genannt. Brahmā ist keine gewöhnliche bedingte Seele. Er ist allen anderen Halbgöttern weit überlegen, aber dennoch konnte er die Entfaltung der Energien des Höchsten Herrn nicht verstehen. Aus diesem Grunde verzichtete Kṛṣṇa darauf, weitere Macht zur Schau zu stellen. Angesichts derartiger Manifestationen wird die bedingte Seele verwirrt, unfähig, irgendetwas davon zu verstehen. Daher ließ Kṛṣṇa den Schleier *yogamāyās* über die Szene fallen, um Brahmās Verwirrung zu beenden.

Als Brahmā von seiner Verwirrung befreit war, war es, als erwachte er aus einem todähnlichen Zustand. Mit Mühe öffnete er langsam die Augen und nahm die äußere, kosmische Welt wieder mit gewöhnlicher Sichtweise wahr. Er sah sich um und erblickte die unvergleichliche Schönheit Vṛndāvanas – mit seinen zahllosen Bäumen –, das die Lebensquelle aller Lebewesen ist. Er bewunderte das Land von Vṛndāvana, wo alle Lebewesen transzendental zur gewöhnlichen Natur sind. Im Wald von Vṛndāvana leben selbst Raubtiere wie Tiger friedlich mit den Rehen und den Menschen zusammen. Brahmā erkannte, dass Vṛndāvana aufgrund der Anwesenheit des Höchsten Herrn transzendental zu allen anderen Orten ist und dass dort weder Lust noch Gier zu finden sind.

Brahmā erblickte Śrī Kṛṣṇa, den Höchsten Herrn, der die Rolle eines gewöhnlichen Kuhhirtenjungen spielte. Er sah diesen kleinen Jungen, der in Seiner linken Hand eine Süßigkeit hielt und nach Seinen Freunden und den Kälbern Ausschau hielt, genau wie Er es vor einem Jahr getan hatte, als die Knaben und Kälber plötzlich verschwunden waren.

Brahmā stieg augenblicklich von seinem großen Schwan herunter und warf sich wie ein goldener Stab vor dem Herrn zu Boden. Das Wort, das die Vaiṣṇavas für diese Art der Ehrerbietung gebrauchen, lautet *daṇḍavat.* Es bedeutet „wie ein Stock zu Boden fallen". Man sollte einem höher stehenden Vaiṣṇava seine Ehrerbietung erweisen, indem man sich wie ein Stab lang ausgestreckt vor ihm zu Boden wirft. So brachte Brahmā seine Ehrerbietung dar, und weil er eine goldene Körperfarbe hat, glich er einem goldenen Stab, der vor Śrī Kṛṣṇa lag. Alle vier Diademe auf den Köpfen Brahmās berührten Kṛṣṇas Lotosfüße. Brahmā war von Glückseligkeit erfüllt, und er vergoss Freudentränen, die Kṛṣṇas Lotosfüße badeten. Immer wieder erhob sich Brahmā, um Kṛṣṇa erneut seine Ehrerbietung darzubringen, und dabei erinnerte er sich unablässig an die wunderbaren Taten des Herrn. Nachdem Brahmā auf diese Weise für lange Zeit Kṛṣṇa immer wieder seine Ehrerbietung dargebracht hatte, erhob er sich und rieb sich die Augen. Zitternd stand er vor dem Herrn und begann so, Ihm mit großer Achtung, Demut und Aufmerksamkeit Gebete darzubringen.

Brahmā betete: „Lieber Herr, Du bist der einzige verehrungswürdige Herr, der Höchste Persönliche Gott. Ich bringe Dir meine demütige Ehrerbietung und meine Gebete dar, um Dich zu erfreuen. Deine Körpertönung gleicht der Farbe frischer Regenwolken, und um Dich herum erstrahlt ein silbrig glänzender Schimmer, der von Deinem gelben Gewand ausgeht.

Immer wieder erweise ich dem Sohn Nanda Mahārājas, der mit Muschelohrringen und mit einer Pfauenfeder im Haar vor mir steht, meine respektvolle Ehrerbietung. Sein Antlitz ist wunderschön, Er trägt einen Helm, um Seinen Hals schwingt eine Girlande aus Waldblumen, und in Seiner Hand hält Er eine Süßigkeit. So steht Er mit zierlichen Lotosfüßen vor mir, geschmückt mit einem Hirtenstab, einem Büffelhorn und einer Flöte.

Mein lieber Herr, die Menschen mögen sagen, ich sei der Meister des vedischen Wissens, und sie halten mich für den Schöpfer des Universums. Doch nun hat sich gezeigt, dass ich nicht imstande bin, Dich zu verstehen, der Du wie ein Kind vor mir stehst. Du spielst mit Deinen Freunden und Kälbern, und das könnte zu der Annahme verleiten, Du besäßest nicht einmal eine ausreichende Bildung. Du erscheinst vor mir wie ein kleiner Dorfjunge, der in seiner Hand etwas zum Essen hält und nach seinen verlorenen Kälbern sucht. Aber dennoch besteht zwischen Deinem Körper und meinem ein so großer Unterschied, dass ich nicht in der Lage bin, die Macht Deines Körpers zu ermessen. Wie ich bereits in der *Brahma-saṁhitā* gesagt habe, ist Dein Körper nicht materiell."

In der *Brahma-saṁhitā* erklärt Brahmā, dass der Körper des Herrn vollkommen spirituell ist. Es besteht kein Unterschied zwischen dem Körper des Herrn und Ihm selbst. Jedes Seiner Gliedmaßen kann die Funktionen aller anderen ausführen. Der Herr kann mit Seinen Händen sehen, mit Seinen Augen hören; Er kann mit Seinen Beinen Opfer annehmen und mit Seinem Mund Dinge erschaffen.

Brahmā fuhr fort: „Du erscheinst zum Wohl Deiner Geweihten als kleiner Hirtenjunge, und es war ein großes Vergehen gegen Deine Lotosfüße, Deine Freunde und Deine Kälber zu entführen. Doch mir wird klar, dass Du mir trotzdem Deinen Segen gewährt hast. Das ist Dein transzendentales Wesen: Du bist Deinen Geweihten sehr zugeneigt. Aber trotz Deiner großen Zuneigung zu mir bin ich nicht in der Lage, die Macht Deiner Taten zu ermessen. Wenn sogar ich, Brahmā, das höchste Wesen in diesem Universum, den kindesgleichen Körper des Höchsten Herrn nicht ermessen kann – wem sonst sollte es dann gelingen? Und wenn ich nicht einmal die spirituelle Macht Deines kindesgleichen Körpers zu ermessen vermag, wie könnte ich dann jemals Deine transzendentalen Spiele verstehen? Aus diesem Grunde wird in der *Bhagavad-gītā*gesagt, dass jeder, der nur ein wenig von den transzendentalen Spielen und dem transzendentalen Erscheinen und Fortgehen des Herrn weiß, sogleich in das Reich Gottes eingehen kann, nachdem er den materiellen Körper aufgegeben hat. Diese

Aussage wird auch von den Veden bestätigt. Es heißt dort: Einfach dadurch, dass man den Höchsten Herrn versteht, kann man dem Kreislauf von Geburt und Tod ein Ende machen. Ich rate daher allen von dem Versuch ab, Dich durch spekulative Überlegungen zu verstehen.

Die beste Methode, Wissen über Dich zu erlangen, besteht darin, dass man alles Spekulieren aufgibt und versucht, in ergebener Haltung über Dich zu hören. Man kann entweder von Dir selbst hören – denn Deine Lehren sind in der *Bhagavad-gītā* und ähnlichen vedischen Schriften niedergeschrieben – oder von einem erleuchteten *bhakta,* der Zuflucht bei Deinen Lotosfüßen gesucht hat. Man muss von einem *bhakta* hören, ohne das Gehörte nach eigenem Gutdünken auszulegen. Es ist nicht einmal notwendig, seine weltliche Position aufzugeben. Es genügt schon, einfach nur Deine Botschaft zu hören. Obwohl Du mit Hilfe der materiellen Sinne nicht verstanden werden kannst, kann man dennoch die Unwissenheit falscher Vorstellungen überwinden, indem man einfach über Dich hört. Nur durch Deine Gnade kann Dich ein *bhakta* verstehen. Es gibt keinen anderen Weg, zu Dir zu gelangen.

Philosophische Spekulation ohne zumindest eine Spur von hingebungsvollem Dienst ist nur Zeitverschwendung auf der Suche nach Dir. Hingebungsvoller Dienst ist so erhaben, dass man selbst durch die kleinste Bemühung auf die höchste Stufe der Vollkommenheit erhoben werden kann. Aus diesem Grunde sollte man niemals den Glück bringenden Vorgang des hingebungsvollen Dienens missachten und sich der Spekulation zuwenden. Durch die Methode der Spekulation kann man unter Umständen Wissen über einen Teil Deiner kosmischen Schöpfung erlangen, doch es ist unmöglich, Dich, den Ursprung alles Existierenden, auf diese Weise zu verstehen. Wer allein an spekulativem Wissen interessiert ist, vergeudet nur seine Zeit und Energie, so wie jemand, der aus leeren Hülsen Reis dreschen möchte. Man kann Reiskörner durch Dreschen enthülsen und so Reis gewinnen; wenn die Ähren jedoch schon leer sind, hat ein nochmaliges Dreschen keinen Sinn, selbst man noch so viele Hülsen bearbeitet. Das wäre eine völlig nutzlose Arbeit.

O Herr, in der Geschichte der Menschheit gibt es viele Beispiele von Personen, die die transzendentale Ebene nicht zu erreichen vermochten, sich dann aber mit Körper, Geist und Worten dem hingebungsvollen Dienst zuwandten und dadurch die höchste Stufe der Vollkommenheit erlangten – die Aufnahme in Dein Reich. Die Versuche, Dich durch Spekulation oder mystische Meditation zu verstehen, sind ohne hingebungsvollen Dienst vergebens. Man sollte Dir deshalb hingebungsvollen Dienst darbringen, sogar mit seinen alltäglichen Beschäftigungen, und man sollte ständig Deine Nähe suchen, indem man über Deinen transzendentalen Ruhm spricht und hört. Einfach dadurch, dass man Gefallen daran findet, über Deinen Ruhm zu sprechen und zu hören, kann man die höchste Stufe der Vollkommenheit erlangen und in Dein Reich eingehen. Wer mit Dir verbunden bleibt, indem er von Deinen ruhmreichen Taten und Spielen hört und sie preist und Dir zu Deiner Freude die Früchte seiner Arbeit darbringt, kann daher mit Leichtigkeit und unbeschwert in Dein ewiges Reich zurückkehren. Nur Menschen, deren Herz von jeglicher Verunreinigung befreit ist, können Dich erkennen. Und sein Herz kann man reinigen, indem man von Deiner Herrlichkeit hört und über sie spricht.“

Anhang

Die ersten Indologen

Die ersten Abendländer, die sich mit der vedischen Literatur befassten, waren die Engländer, die in der zweiten Hälfte des 18. Jahrhunderts mit ihren Studien begannen. Ihre Arbeit lässt sich am besten im historischen Zusammenhang der britischen Herrschaft in Indien verstehen.

Kurzer Abriss der Geschichte der Engländer in Indien

Zu den ersten Fremden, die in Indien eindrangen, gehörten die Perser (600 v. Ch.) und die Griechen unter Alexander dem Großen (300 v. Ch.). Das erste große Hindu-Reich in Indien, das Maurya-Reich, gegründet von Candragupta (300 v. Ch.), dehnte Kaiser Aśoka auf den ganzen Subkontinent aus, und es verhalf auch dem Buddhismus zu seiner Blüte. Nach Aśoka drangen verbündete Stämme aus dem Norden nach Indien ein und blieben dort bis zur Herrschaft einer weiteren Gupta-Dynastie, die einen Teil des Landes jahrhundertelang vereinigte. Im 7. Jahrhundert begannen die arabischen Moslems in Indien einzufallen, und verschiedene moslemische Herrscher errichteten ihre Reiche bis zur Zeit des Mogul-Reiches, dessen erster Fürst Akbar war. Während der Herrschaft von Akbars Sohn Jahangir (1605–1627) bauten die Engländer ihren ersten Handelsplatz in Indien auf. Die Portugiesen waren die ersten Europäer gewesen, die nach Indien kamen. Sie konkurrierten mit den Franzosen und Engländern um die Handelsvorherrschaft in den Hafenstädten. Durch Verträge mit den ansässigen Herrschern wurden die Handelsgesellschaften bald mächtiger als das Mogul-Reich, denn sie bekamen von ihren Regierungen offizielle Alleinverkaufsrechte und hielten sich riesige Söldnerheere. Durch einen Sieg über die indische Armee in der

Schlacht bei Plassey im Jahre 1757 gewann die britische East India Company schließlich die Oberherrschaft. Im Verlauf des 18. Jahrhunderts eignete sich die Gesellschaft durch Verträge und durch militärische Eingriffe Gebiete an; schließlich beherrschte sie ganz Indien und übergab das Land der britischen Regierung.

Zunächst war die britische Regierung vorsichtig und versuchte nicht, eine Änderung in der Religion der indischen Bevölkerung zu erzwingen. Diese Taktik schien sehr weise zu sein, um die Hunderte von Millionen starke Bevölkerung der Inder zu regieren, ohne einen Aufstand heraufzubeschwören. Folglich hatte unter Lord Cornwallis (1786–1793, 1805) das Laisser-faire-Prinzip die Haltung der East India Company gegenüber der indischen Lebensweise geprägt.[2] Durch eine Regelung der East India Company im Jahre 1793 hatte der Generalgouverneur versprochen, „die Gesetze der *śāstras* und des Korans zu bewahren und die Ureinwohner Indiens in der freien Ausübung ihrer Religion zu beschützen“.[3] Doch ein Jahr bevor diese Regeln in Kraft traten, schrieb Charles Grant: „Die Gesellschaft zeigte ein lobenswertes Bestreben, soweit es ihre Mittel erlaubten, die Botschaft des Evangeliums unter den heidnischen Stämmen zu verbreiten, in deren Gebiet sie ihre Fabriken baute.“[4] 1808 beschrieb der gleiche Autor die Eröffnung von christlichen Schulen und die Übersetzung der Bibel in indische Mundarten als „Hauptanstrengungen unter der Schirmherrschaft der britischen Regierung in Indien, den Eingeborenen das Christentum näher zu bringen“.[5]

Der Historiker Vincent Smith beschreibt drei Hauptrichtungen in der britischen Politik zu Beginn des 19. Jahrhunderts.[6] Die Konservativen waren daran interessiert, die indische Lebensweise zu verbessern, doch rieten sie aus Angst vor einer gewaltsamen Reaktion zu äußerster Vorsicht; sie sahen es als keine leichte Aufgabe an, die indische Tradition abzulösen. Die Liberalen sahen die Notwendigkeit, westliche Ideen und Werte einzuführen, doch hofften sie auf eine allmähliche Integration. Die Rationalisten unter der Führung von George Berkeley und David Hume gingen radikaler vor. Sie vertrauten darauf, dass Vernunft alle menschliche Unwissenheit zerstören könne. Und da der Westen der Vorkämpfer der Vernunft war, konnte der Osten von dieser Bekanntschaft nur profitieren.

Für die meisten Engländer des 18. Jahrhunderts (ob im Heimatland oder im Ausland) bedeutete Religion Christentum. Natürlich spielte auch Rassismus eine Rolle. „Diese Haltung der Europäer gegenüber den Indern war auf ein Gefühl rassischer Überlegenheit zurückzuführen – eine Überzeugung, die von jedem Engländer, vom höchsten bis zum niedrigsten, geteilt wurde."[7] Bei seiner Ankunft in Indien im Jahre 1813 schrieb daher der Generalgouverneur Marquis von Hastings: „Der Hindu scheint ein Wesen zu sein, das auf bloße tierische Funktionen beschränkt ist, und selbst bezüglich dieser scheint er recht abgestumpft zu sein … intellektuell steht er auf keiner höheren Stufe als ein Hund."[8]

Ohne die Sanktion der Regierung kamen christliche Evangelisten nach Indien und begannen die Einheimischen zu bekehren, um „den Aberglauben des Landes"[9] zu unterminieren. Alexander Duff (1806–1878) gründete das Scots College in Kalkutta, das er als „den Hauptsitz für eine groß angelegte Kampagne gegen den Hinduismus"[10] plante. Duff hoffte, die Eingeborenen mittels englischsprachiger Schulen und Hochschulen zu bekehren, und er legte großen Wert darauf, dass die christliche Lehre durch die englische Sprache gelehrt wurde. Ein anderer führender Missionar, ein Baptist namens William Carey (1761–1834), schmuggelte sich in Indien ein und begann mit solch leidenschaftlicher Überzeugung gegen die vedische Kultur zu predigen, dass die britische Regierung in Bengalen ihn als eine politische Gefahr betrachtete und ihm Einhalt gebot. Über die Konfiszierung eines Bündels von Flugblättern, die Carey in bengalischer Sprache hatte drucken lassen, schrieb Indiens Gouverneur Lord Minto: „Hier haben wir es mit skurrilen Schmähreden zu tun. … Ohne Argumente irgendwelcher Art sind sie von Höllenfeuer und noch heißerem Feuer erfüllt und denunzieren eine ganze Rasse von Menschen, nur weil sie an die Religion glauben, die sie von ihren Vätern lernten."[11] Duff, Carey und andere Missionare gewannen allmählich an Einfluss und wurden immer aggressiver. Schließlich bekamen sie die Erlaubnis, ihre Kampagnen ohne Bewilligung der Regierung durchzuführen. Die Missionare stellten sich offen gegen den Versuch der britischen Regierung, eine neutrale Haltung gegenüber der indischen Kultur einzunehmen, und arbeiteten mit Optimismus für eine völlige Bekehrung der Einheimischen. Sie zögerten nicht einmal, die vedischen Schriften als „blanken Unsinn zur Erheiterung von Kindern" zu bezeichnen.[12]

Der Historiker Arthur D. Innes schreibt: „Die Pädagogen verhüllten kaum ihre Erwartung, dass mit westlichem Wissen die heiligen Märchen des Ostens entmystifiziert werden würden und dass so den allgemein geschätzten Glaubensinhalten die Basis entzogen werden würde."[13] Der Verdacht religiöser Verfolgung belastete die britisch-indischen Beziehungen und löste 1857 den Aufstand von Sepoy (durch indische Söldner) aus.[14]

Die ersten Gelehrten

Dies waren die Voraussetzungen, unter denen die ersten Indologen auftraten. Diese ersten vedischen Gelehrten formten keine vereinigte politische oder akademische Partei; einige waren konservativ, andere liberal oder auch radikal. Sir William Jones, der erste Engländer, der die Sanskritsprache beherrschte und die Veden studierte, ließ sich von dem namhaften britischen Historiker James Mill dazu inspirieren, seine „Hypothese einer hoch entwickelten Zivilisation"[15] zu entwerfen. Typischerweise glaubte Mill, die Menschen Indiens seien nie fortgeschritten gewesen und daher sei ihr Anspruch auf eine glorreiche Vergangenheit (den einige der frühen Indologen unterstützten) eine historische Phantasterei. Auf jeden Fall aber förderten die Gelehrten das Prestige Indiens im Westen, indem sie die Veden für den westlichen Leser übersetzten und so den alten vedischen Genius zum Vorschein brachten. Andererseits war es aber auch so, wie Aubrey Menen beschrieb: „Man sollte sich erinnern, dass sie [die Engländer des 18. Jahrhunderts] nicht mit den fast heidnischen Engländern der heutigen Zeit zu vergleichen sind. Jeder war ein Christ, und es war die Pflicht eines Christen, die Heiden im Blut des Lamms zu waschen."[16]

> zunächst vom *guru* und dann von den Büchern. Ein gelehrter *brāhmaṇa* vertraut allein auf das, was er gelernt hat; er wagt es nie, unabhängige Gedankengänge zu verfolgen, sondern verlässt sich auf seine Erinnerung. Er zitiert Texte ohne Ende und mit außer Frage stehendem Vertrauen. Es wird schwierig sein, ihn davon zu überzeugen, dass die Veden menschliche und sehr gewöhnliche Schriftwerke und dass die Purāṇas modern und unauthentisch sind oder dass sogar die *tantras* keinen Respekt verdienen. Solange er der Vernunft Autorität entgegenstellt und die Kraft der Überzeugung durch die Aussprüche eines anerkannten Weisen erstickt, wird sich sein Verständnis kaum beeinflussen lassen. Es ist daher sicher, dass er sich auf seine Autoritäten berufen wird, und somit ist es für uns essenziell zu zeigen, dass seine Autoritäten wertlos sind.[24]

Wilson erklärte auch, dass die vedischen Nachfolger dazu neigten, einen „unbeugsamen Starrsinn" in Bezug auf ihre „spekulativen Glaubensinhalte" an den Tag zu legen, „insbesondere in Bezug auf das Wesen und den Zustand der Seele."[25] Aber er war hoffnungsvoll, dass durch inspirierte, umsichtige Bemühung und durch den „Ithuriel-Speer christlicher Wahrheit" gezeigt werden könne, dass das „trügerische vedische Gedankengut hinfällig und falsch" sei.[26] Als erster Inhaber des Lehrstuhls für Sanskrit an der Universität Oxford hielt H. H. Wilson öffentliche Vorlesungen, um seine Sache voranzutreiben. Er sprach in seinen Vorlesungen von der Absicht, „einen Preis von 200 Pfund Sterling auszusetzen … für die beste Widerlegung des hinduistischen Religionssystems."[27] In Wilsons Schriften wimmelt es von ähnlichen Passagen. So ist dort auch von einer detaillierten Methode die Rede, sich die vedische Psychologie der Einheimischen durch eine Art *guru*-Schüler-Beziehung zunutze zu machen. In Wilsons Fall gesellt sich zu dem Vorwurf des Vorurteils der Vorwurf unzulänglicher Gelehrsamkeit. Kürzlich erbrachte Natalie P. R. Sirkin den Nachweis, dass Wilson ein Plagiator war. Seine wichtigsten Veröffentlichungen waren gesammelte Manuskripte verstorbener Autoren, deren Autorenschaft er für sich selbst in Anspruch nahm, sowie Arbeiten, die er ohne Nachforschungen verfasste. „Er schrieb eine Analyse der Purāṇas, ohne diese gelesen zu haben.“[28]

Ein anderer bekannter Pionier unter den Indologen war F. Max Müller (1823–1900), der in Dessau geboren wurde und in Leipzig studierte. Er lernte Sanskrit und übersetzte den altertümlichen *Hitopadeśa,* ehe er 1846 nach England kam. Von der East India Company beauftragt, den *Ṛg Veda* zu übersetzen, lebte er in Oxford und schrieb viele Bücher über Mythologie und vergleichende Religionswissenschaft. Müller wurde am bekanntesten durch seine Serie *Sacred Books of the East,* ein fünfzigbändiges Werk, an dem er 1875 zu arbeiten begann.

> 1876 schrieb Müller an einen Freund: „Indien ist für das Christentum viel reifer, als es Rom und Griechenland zur Zeit des heiligen Paulus waren.“[29]

Er fügte hinzu, dass er nicht gern als Missionar nach Indien gehen würde, weil ihn das von der Regierung abhängig machte. Er schrieb: „Ich würde gerne zehn Jahre in aller Stille dort leben und die Sprache lernen, versuchen, Freundschaften zu schließen, und dann sehen, ob ich an der Mission teilnehmen könnte, deren Ziel es ist, die Ungerechtigkeiten der traditionellen indischen Priesterschaft zu beenden und das Tor für die einfachen christlichen Lehren zu öffnen.“[30] Müller betrachtete die vedische Philosophie als „arische Legende“ und „Mythos“, und er glaubte, dass die arischen Zivilisationen nur zur Evolution des Christentums beigetragen hätten. „Die Geschichte scheint zu glauben, die ganze menschliche Rasse brauche eine allmähliche Schulung, ehe sie in der Fülle der Zeit die Wahrheiten des Christentums aufnehmen könne.“[31] Müller fügte hinzu: „Gerade durch ihre Fehler scheinen die alten Religionen der Welt dazu gedient zu haben, den Weg Christi vorzubereiten.“[32]

H.H. Wilsons Nachfolger in Oxford war der in Bombay geborene Sir Monier Monier-Williams (1819–1899). Monier-Williams besuchte das College der East India Company und lehrte dort später auch. Nach seiner Ernennung zum Professor für Sanskrit in Oxford im Jahre 1870 gab er eine Einführungsvorlesung mit dem Titel: „Das Studium des Sanskrit in Beziehung zur Missionstätigkeit in Indien." Monier-Williams schrieb auch ein Buch mit dem Titel *Hinduism* (1894), das er durch die Gesellschaft zur Förderung christlichen Wissens veröffentlichen und verteilen ließ. Den Indologiestudenten des 20. Jahrhunderts ist er wohl am besten durch sein umfangreiches Sanskrit-Englisch-Wörterbuch bekannt. Fünfundzwanzig Jahre lang widmete er der Gründung eines Instituts in Oxford zur Verbreitung von Informationen über die indische Literatur und Kultur. Er hatte Erfolg, und dieses indische Institut wurde 1896 formell eröffnet. Monier-Williams verwarf Müllers Vorstellung, die vedischen *śāstras* hätten zur Evolution des Christentums beigetragen:

> Es gibt zweifellos keinen größeren Fehler, als diese nichtchristlichen Bibeln in eine Konformität mit einigen wissenschaftlichen Entwicklungstheorien zu zwängen und dann auf die heilige Bibel der Christen als das Krönungsprodukt religiöser Evolution hinzuweisen. Ganz im Gegenteil, all diese nichtchristlichen Bibeln sind Entwicklungen in die falsche Richtung. Sie alle beginnen mit einigen Blitzen wahren Lichts und enden in völliger Finsternis.[33]

Monier-Williams schrieb weiter: „Mir scheint, unsere Missionare sind bereits genügend von der Notwendigkeit überzeugt, diese Arbeiten zu studieren und sich mit ihren falschen Glaubensinhalten vertraut zu machen, um sie zu bekämpfen. Wie könnte eine Armee von Eroberern irgendeine Möglichkeit des Erfolges im Feindesland haben, ohne von der Lage und der Stärke der feindlichen Festungen zu wissen und ohne zu wissen, wie sie die besiegten Geschützgruppen des Feindes gegen diesen wenden kann?"[34]

Ein weiterer Pionier der Indologie war Theodor Goldstücker (1821–1872), der in Königsberg geboren wurde und der in seiner

Heimatstadt sowie später in Bonn studierte, wo er sich mit Sanskrit, Philosophie und orientalischen Sprachen befasste. Nachdem er sich 1850 in England niedergelassen hatte, wurde er zum Professor für Sanskrit am Londoner University College ernannt. Er behielt dieses Amt bis zu seinem Tode inne. Goldstücker schrieb eine Reihe von Büchern über die Sanskritliteratur und gründete die Gesellschaft zur Veröffentlichung von Sanskrittexten. Er nahm auch an vielen Schreib- und Forschungsprojekten teil, die sich mit Indien befassten. Das *Dictionary of Indian Biography* beschreibt ihn als eine Autorität im Bereich der alten Hindu-Literatur.[35] Goldstücker betrachtete die vedische Religion als eine Belastung der indischen Bevölkerung und meinte, sie habe ihr nur weltweite „Geringschätzung und Spott" eingebracht. Er schlug daher vor, die Inder mit europäischen Werten umzuerziehen. Goldstücker schrieb: „Die Mittel zur Bekämpfung jenes Feindes sind ebenso einfach wie unwiderstehlich: die richtige Unterweisung der heranwachsenden Generation über ihre alte Literatur."[36] In seinem Buch *Inspired Writings of Hinduism* stellt Goldstücker den Wert der vedischen Literatur in Frage. Sein Ziel war es, der neuen Generation der Anhänger der Veden zu zeigen, dass er ihre Schriften scholastisch vernichtet hatte und dass sie ihre Wertschätzung dadurch zum Ausdruck bringen sollten, dass sie europäische Werte annahmen und ihren Charakter verbesserten.

Es ist beklagenswert, dass diese sektiererische *Raison d'etre* die frühen Studien der vedischen Literatur trübte. Jedenfalls täten Studenten gut daran, beim Lesen der Theorien oder Analysen dieser ersten Indologen angesichts deren brillanter Gelehrsamkeit nicht deren Vorurteile zu vergessen.

Ihr Einfluss auf die moderne Indologie

Natürlich verleihen Sanskritinstitute westlicher Universitäten heutzutage keine Preise mehr für die „beste Widerlegung des Hinduismus". Wenn man die gegenwärtige Auswahl von Büchern vedischer Gelehrter untersucht, wird man sogar feststellen, dass die Autoren sich als „sympathisierende Außenstehende", „Freunde

Indiens“ oder „Bewunderer der Tradition der Toleranz in der indischen Religion“ bezeichnen.

Nichtsdestoweniger gelten nach wie vor einige der Hauptthesen der missionarischen Indologen als zeitlose Wahrheiten. Einfach aufgrund ihrer Stellung als Pioniere haben Wilson und Monier-Williams einen bleibenden Eindruck hinterlassen, wie man beim Studium der *śāstras* vorgehen sollte. „Die Grundlagen für die Wiederentdeckung der Vergangenheit Indiens wurden von bestimmten klassischen Gelehrten geschaffen, zu denen Sir William Jones, James Prinsep, H.T. Colebrooke und H.H. Wilson gehören … Wir stehen bei diesen Männern in tiefer Schuld.“[37]

Moderne vedische Gelehrte sind kaum mehr Missionare. Doch geben sie oft aus akademischer Gewohnheit vielen Schlussfolgerungen der ersten Indologen ihre schweigende Zustimmung. Zum Beispiel stellten die ersten Forscher die vedische Literatur als ein Gemisch unharmonischer Texte dar. Sir Monier Monier-Williams schrieb: „Nach einer lebenslangen Studie der religiösen Bücher der Hindus fühle ich mich geradezu dazu verpflichtet, öffentlich meine Meinung kundzutun. Sie beginnen durchaus viel versprechend mit Geistesblitzen von Wahrheit und Licht und enthalten gelegentlich erhabene Gedanken aus der Quelle aller Wahrheit und allen Lichts, enden jedoch in traurigen Verfälschungen und bedauerlichen Unreinheiten.“[38] Wie ihre Vorgänger, betrachten die heutigen Gelehrten die Purāṇas mit Geringschätzung, obwohl die vedischen *ācāryas* die Purāṇas auf gleicher Ebene mit den anderen vedischen *śāstras* anerkannten. Kürzlich äußerte ein Gelehrter, Müller sei bei dem Versuch gescheitert, den Hinduismus zu „einer neueren und reineren Form“ zu wandeln, überlebt aber habe – wenngleich in modifizierter Form – seine Auffassung von der Geschichte des Hinduismus, die den Widerspruch zwischen deren vedischer und deren so genannter puranischer Form aufdecke.[39] Darüber hinaus lehren viele der heutigen Gelehrten immer noch, dass die Veden hauptsächlich mythologische Geschichten sind und dass die Purāṇas nicht einmal mit der vedischen Mythologie einhergehen. Mit anderen Worten: Die Gelehrten lehnen ab, was die *ācāryas* bestätigen – dass nämlich die vedischen Schriften ein kohärentes Ganzes bilden und dass die Purāṇas ihre Kulmination darstellen. Da es aber die Purāṇas sind, die den Monotheismus begründen, entgeht uns ein Teil des vedischen Bildes von der Absoluten Wahrheit, wenn wir sie nicht zu würdigen wissen.

Wie zu erwarten, denken viele der heutigen Studenten, es fehle der vedischen Literatur an Klarheit und Schlüssigkeit. Zu Beginn seiner indologischen Studien hört der Student oft, dass die vedische Autorität dubios, ewige Existenz nur der Wunsch nach Selbstverwirklichung und dass Gott und die Halbgötter *ipso facto* Mythen seien. Der Verfasser der Veden, Vyāsadeva, wird oft nicht einmal namentlich erwähnt. Moritz Winternitz schreibt, dass die Namen der Autoren der vedischen Literatur uns unbekannt sind und dass manchmal „ein mythischer Seher primitiver Zeiten als Autor genannt wird".[40]

Die vedischen Quellen jedoch erklären Vyāsadeva eindeutig als den eigentlichen Verfasser der vedischen Literatur: „Danach, in der siebzehnten Inkarnation Gottes, erschien Śrī Vyāsadeva im Leib Satyavatīs, der Gattin Parāśara Munis, und unterteilte den einen Veda in mehrere Sparten und jede dieser Sparten wiederum in verschiedene Wissenszweige."[41] Nichtsdestoweniger erklärt Winternitz: „Die orthodoxen Hindus ... glauben, der gleiche Vyāsadeva, welcher die Veden verfasste und das *Mahābhārata* zusammenstellte, sei auch zu Beginn des Kali-yuga, des gegenwärtigen Weltalters, der Autor der achtzehn Purāṇas gewesen. Dieser Vyāsadeva jedoch ist eine Erscheinungsform des erhabenen Gottes Viṣṇu."[42]

Damit ist für Winternitz von vornherein die Möglichkeit ausgeschlossen, dass Vyāsadeva der Autor war, und er kommt auf andere mögliche Autoren zu sprechen, denn da die Purāṇas Vyāsadeva zum *avatāra* erklären, könne er unmöglich je gelebt haben. Auf diese Weise werden vedische Persönlichkeiten und Aussagen suspekt oder sogar „mythologisch", nur weil sie überweltlich sind. Der Student der Veden sollte einfach verstehen, dass die Veden tatsächlich das Überweltliche beschreiben und dass eine Ablehnung ihrer Aussagen auf dieser Grundlage widersinnig ist. Man sollte den Veden offen gegenübertreten und sie für sich selbst sprechen lassen. Ansonsten werden sie ein Sammelsurium von

„traurigen Verfälschungen und bedauerlichen Unreinheiten“ bleiben.

Auch heute noch halten viele Gelehrte daran fest, den existenziellen und transzendentalen Wert der Veden zu gering zu schätzen, oft sogar ohne eine Erklärung, warum empirisches Wissen den Vorrang vor *śabda,* Wissen auf der Grundlage von Autoritäten, haben soll. So haben die modernen indologischen Gelehrten auf subtile, aber eindeutige Weise die Vorurteile der Pioniere übernommen, und obwohl die Vorurteile heute nicht mehr „missionarisch“, sondern „empiristisch“ sind, sind sie gleichermaßen unstimmig und laufen aufs Gleiche hinaus. Mit aller Hochachtung vor den lobenswerten Bemühungen der Empiristen schlagen wir vor, dass der Student versuchen möge, die vedische Literatur in einem neuen Licht zu sehen, nämlich durch die Augen der Veden selbst. Indem der neue Student der vedischen Literatur das Vermächtnis der britischen indologischen Pioniere einen Augenblick beiseite lässt, wird er durch die Rückkehr zu den Hauptquellen – den ursprünglichen *śāstras* und den Kommentaren der *ācāryas* – seinen Nutzen gewinnen. Auf diese Weise wird der Student – ohne vorgefertigte Meinungen – das kohärente und vielschichtige Wissen, das die Veden bieten, wohl besser wertzuschätzen wissen.

Anmerkungen

Die Quellenangaben (Seitenzahl, Bandangabe usw.) für Zitate aus den Büchern von A. C. Bhaktivedanta Swami Prabhupāda beziehen sich auf Ausgaben, die im Literaturverzeichnis der englischen Originalausgabe dieses Buches angegeben sind. Da jedoch inzwischen viele der englischen Originaltexte vom Bhaktivedanta Book Trust übearbeitet wurden, beruhen die deutschen Übersetzungen der Zitate sowie der gesamten Leseproben auf der jeweiligen aktuellen englischen Ausgabe. In einigen Fällen gibt es daher geringfügige Unterschiede zwischen der zitierten englischen Quelle und der deutschen Übersetzung.

KAPITEL EINS

1) Moritz Winternitz sagt, die Purāṇas seien heilige Schriften zweiten Ranges. F. Max Müller kommt zu dem Schluss, sie stünden im Gegensatz zu den Veden und seien primitiv und von geringem Wert. Horace H. Wilson schreibt die Autorenschaft des *Bhāgavata Purāṇa* dem Grammatiker Vopadeva zu. Dies sind einige Beispiele dafür, dass vedische Schriften außerhalb der vier Veden als nichtautoritativ oder als spätere Niederschriften eingestuft werden.
2) A. C. Bhaktivedanta Swami Prabhupāda, *Śrīmad-Bhāgavatam, First Canto,* Bd. 1, S. 210 (auch bekannt als *Bhāgavata Purāṇa;* im Folgenden kurz *Bhāgavatam* genannt).
3) Karl H. Potter, *Presuppositions of India's Philosophics,* S. vii.
4) Sarvepalli Radhakrishnan und Charles A. Moore, S. xxiii.
5) Heinrich Zimmer, *Philosophies of India,* S. 4.
6) A.C. Bhaktivedanta Swami Prabhupāda, *Bhagavad-gītā As It Is,* S. 630 (13.8–12) (im Folgenden kurz *Gītā* genannt. Die Kapitel- und Versangaben, wie z. B. „13.8–12", werden angegeben, damit die vollständige, in den Leseproben enthaltene *Bhagavad-gītā* genutzt werden kann.
7) *Indian Thought and Its Development*, Mrs. Charles E. B. Russell (Üb.), S. 1.
8) Bhakti Śrī Rūpa Siddhānti Gosvāmī u. a. (Üb.), *Vedānta-sūtra* (von Kṛṣṇa Dvaipāyana Vyāsa), S. 45.

9) Bhaktivinoda Ṭhākura, „Aruṇodaya-kīrtana", *Songs of the Vaiṣṇava Ācāryas,* zusammengestellt von Acyutānanda Svāmī, S. 29.
10) *Gītā,* S. 80.
11) Rai Bahadur Srisa Chandra Vasu Vidyarnava, (Üb.), *The Bṛhad-āraṇyaka Upaniṣad (of the White Yajur Veda),* S. 217.
12) Hiriyanna, Mysore, *Popular Essays in Indian Philosophy,* S. 14.
13) Ananda K. Coomerswamy, Hrsg., *Am I My Brother's Keeper?,* S. 55.
14) Bhakti Śrī Rūpa Siddhānta Gosvāmī u.a. (Üb.), *Muṇḍaka Upaniṣad (of the Atharva Veda),* S. 89.
15) Hiriyanna, Popular Essays, S. 13.
16) A.C. Bhaktivedanta Swami Prabhupāda, *The Nectar of Instruction,* S. 1.
17) A.C. Bhaktivedanta Swami Prabhupāda, *Caitanya-caritāmṛta, Ādī 1,* S. 255.
18) Narottama Dāsa Ṭhākura, „Nāma-saṅkīrtana", *Songs of the Vaiṣṇava Ācāryas,* zusammengestellt von Acyutānanda, S. 60–61.
19) Bhakti Śrī Rūpa Siddhānta Gosvāmī (Üb.), *Śvetāśvatara Upaniṣad (of the Black Yajur Veda),* S. 388.
20) A.C. Bhaktivedanta Swami Prabhupāda, *Kṛṣṇa, the Supreme Personality of Godhead,* Bd. 3, S. 75–76.
21) ebd., S. 76
22) Troy Wilson Organ, *Hinduism,* S. 57.
23) Hemchandra Raychandhuri, *Studies in Indian Antiquity,* S. 174.
24) Radhakrishnan und Moore, *A Sourcebook in Indian Philosophy,* S. 66.
25) Sarvepalli Radhakrishnan, *Indian Philosophy,* S. 57–59.
26) A.C. Bhaktivedanta Swami Prabhupāda, *The Teachings of Lord Kṛṣṇa Caitanya,* S. 30.

KAPITEL ZWEI

1) S. 1.
2) Sarvepalli Radhakrishnan und Charles A. Moore, *A Sourcebook in Indian Philosophy,* S. 355.
3) Sten Konow und Paul Tuxen, „The Indus Civilization", *Traditional India,* Hrsg. O.L. Chavarria-Aguilar, S. 28.
4) *A History of Ancient Sanskrit Literature As It Illustrates the Primitive Religion of the Brahmins,* S. 63.
5) Sarvepalli Radhakrishnan, *Indian Philosophy,* S. 57–58.
6) Moritz Winternitz, *A History of Indian Literature,* Band 1, Üb. S. Ketkar, S. 24.
7) ebd.
8) ebd.
9) ebd.

10) Kendrick Frazier, „Human Evolution“, *Science News,* Juli 1975.
11) Chavarria-Aguilar, *Traditional India,* S. 24.
12) Sir Mortimer Wheeler, *Civilizations of the Indus Valley and Beyond,* S. 78.
13) Chavarria-Aguilar, *Traditional India,* S. 11.
14) ebd.
15) Patty Jo Watson, Explanation in Archaeology, S. 22–23.
16) *Encyclopedia Brittanica,* unter „Prehistoric Religion“.
17) *Encyclopedia Brittanica,* unter „Linguistics“.
18) Stuart Piggot, *Prehistoric India to 7000 B.C.,* S. 249.
19) ebd., S. 248.
20) S. M. Natarajan, „Vedic Society and Religion“, *An Outline of the Cultural History of India,* Hrsg. Syad Latif, S. 14.
21) George Cardona, edit., *Indo-European and Indo-Europeans: Papers Presented at the Third International Indo-European Conference at the University of Pennsylvania,* S. 253.
22) Piggot, *Prehistoric India,* S. 248.
23) Cardona, *Indo-European and Indo-Europeans,* S. 1–2.
24) Charles F. Hockett, *A Course in Modern Linguistics,* S. 531.
25) ebd.
26) Richard Carbe, India and Christendom: *The Historical Connection Between Their Religions,* Üb. Lydia J. Robinson, S. 214–217.

KAPITEL DREI

1) A.C. Bhaktivedanta Swami Prabhupāda, *Śrīmad-Bhāgavatam, First Canto,* Bd. 1, S. 98 (auch bekannt als *Bhāgavata Purāṇa,* im Folgenden kurz *Bhagavatam* genannt).
2) Bhakti Śrī Rūpa Siddhāntī Gosvāmī et al., *Vedānta-sūtra* (von Kṛṣṇa Dvaipāyana-Vyāsa), S. 63.
3) *The Thirteen Principal Upaniṣads,* Üb. Robert Ernest Hume, S. 373.
4) Sarvepalli Radhakrishnan und Charles A. Moore, *A Sourcebook in Indian Philosophy,* S. 38.
5) Thomas Hopkins, *The Hindu Religious Tradition,* S. 39.
6) ebd., S. 37.
7) A.C. Bhaktivedanta Swami Prabhupāda, *Bhagavad-gītā As It Is,* S. 86, 98 (2.12; 2.20) (nachstehend als *Gītā* angeführt. Die Kapitel- und Versnummern in Klammern beziehen sich auch auf die Leseproben.).
8) ebd., S. 100.
9) ebd., S. 651 (13.25).
10) ebd., S. 330 (6.20–23).

11) ebd., S. 712 (15.15).
12) *Bhāgavatam, First Canto,* S. 131 (1.2.33).
13) *Gītā,* S. 293 (5.18).
14) ebd., S. 316, 341 (6.8; 6.32).
15) Bhaktisiddhānta Sarasvatī Gosvāmī Ṭhākura (Üb.), *Śrī Brahma-saṁhitā,* Hrsg. Bhaktivilāsa Tīrtha Gosvāmī, S. 124 (im Folgenden *Brahma-saṁhitā* genannt).
16) ebd., S. 128.
17) *Gītā,* S. 371 (7.7).
18) *Brahma-saṁhitā,* S. 1.
19) *Bhāgavatam,* S. 175.
20) A. C. Bhaktivedanta Swami Prabhupāda, *Caitanya-caritāmrta, Ādi 1,* S. 159.
21) *Brahma-saṁhitā,* S. 65.
22) *Gītā,* S. 430–431 (8.20–21).
23) ebd., S. 94 (2.17).
24) ebd., S. 95.
25) Radhakrishnan und Moore, *Sourcebook,* S. 508.
26) Troy Wilson Organ, *Hinduism,* S. 115.
27) Ruth Reyna, *Introduction to Indian Philosophy,* S. 61.
28) *Gītā,* S. 380 (7.14).
29) ebd., S. 380.
30) ebd., S. 381–382 (7.15).
31) Radhakrishnan und Moore, *Sourcebook,* S. 45.
32) *Gītā,* S. 380 (7.14).
33) ebd., S. 263 (4.37).
34) ebd., S. 789 (18.11).
35) ebd., S. 670 (14.7).
36) ebd., S. 671 (14.8).
37) ebd., S. 677 (14.14–15).
38) Satischandra Chatterjee, *The Fundamentals of Hinduism,* S. 40.
39) *Gītā,* S. 129 (2.45).
40) Swami Nikhilananda (Üb.), *The Upaniṣads: A Second Selection,* S. 133.
41) *Gītā,* S. 370 (7.6).
42) ebd., S. 369–370.
43) ebd., S. 367, 369 (7.4–5).
44) wie z. B. *Webster's New World Dictionary of the English Language,* S. 175.
45) Baron John S. Teignmouth, *Memoirs of the Life, Writings and Correspondence of Sir William Jones,* S. 362.
46) *Gītā,* S. 427, 429 (8.17–18).
47) *Brahma-saṁhitā,* S. 139.
48) A. C. Bhaktivedanta Swami Prabhupāda, *The Nectar of Devotion,* S. 103.
49) Louis Renou, *Hinduism,* S. 20.

KAPITEL VIER

1) Śrīdhara Svāmī, *Subodhinī-ṭikā,* Üb.: Nārāyaṇa D. Bhakti-sudhākāra, S. 2.
2) Thomas Hopkins, *The Hindu Religious Tradition,* S. 91.
3) A. C. Bhaktivedanta Swami Prabhupāda, *Bhagavad-gītā As It Is,* S. 28.
4) *Hinduism,* S. 33.
5) *Hinduism and Buddhism,* S. 5.
6) *Gītā,* S. 718–719 (15.20).
7) ebd., S. 835 (18.66).
8) Hopkins, *Hindu Religious Tradition,* S. 94.
9) V. D. Mahajan, *Ancient India,* S. 72.
10) Ruth Reyna, *Introduction to Indian Philosophy,* S. 16.
11) Sarvepalli Radhakrishnan und Charles A.Moore, *A Sourcebook in Indian Philosophy,* S. 355.
12) A. C. Bhaktivedanta Swami Prabhupāda, *Śrīmad-Bhāgavatam, First Canto,* Bd. 1, S. 44 (auch bekannt als *Bhāgavata Purāṇa;* im Folgenden kurz *Bhāgavatam* genannt).
13) ebd., S. 207–214.
14) Ainslee T. Embree, *The Hindu Tradition,* S. 5.
15) Sayana Acarya (Üb.), *Ṛg Veda,* S. 32.
16) *Gītā,* S. 772 (17.23).
17) ebd., S. 394 (7.22).
18) ebd., S. 127 (2.42–43).
19) A. C. Bhaktivedanta Swami Prabhupāda, *Śrī Īśopaniṣad,* S. 72–73.
20) Bhaktivinoda Ṭhākura und Bhakti Śrī Rūpa Siddhāntī Gosvāmī (Üb.), *Śrīmad Bhagavad-gītā with the Gītā-bhūṣaṇa commentary of Śrīla Baladeva Vidyābhūṣaṇa,* S. 769.
21) ebd., S. 770.
22) *Gītā,* S. 504.
23) ebd., S. 129 (2.45).
24) Hopkins, *Hindu Religious Tradition,* S. 39.
25) *Encyclopedia of Religion and Ethics,* unter „Vedic Religion".
26) Nalinimohan M. Sastri, *A Study of Saṅkara,* S. 22.
27) Swami Nikhilananda (Üb.), *The Upaniṣads: A Second Selection,* S. 99.
28) Swami Gambhirananda (Üb.), *Eight Upaniṣads,* S. 22.
29) Major B. D. Basu, I. M. S. (Hrsg.), *The Sacred Books of the Hindus,* Band 1, S. 128.
30) *Gītā,* S. 102.
31) A. C. Bhaktivedanta Swami Prabhupāda, *Śrī Caitanya-caritāmṛta, Ādi-līlā,* Bd. 2, S. 88.
32) ebd., S. 89.
33) ebd.

34) Dr. Nisikanta Sanyal, Bh. S., *Śruti-ratna-mālā,* S. 195.
35) Embree, *Hindu Tradition,* S. 214–215.
36) Mahajan, *Ancient India,* S. 13.
37) *Bhāgavatam,* S. 43–44.
38) ebd., S. 90.
39) ebd., S. 100.
40) George L. Hart III, *A Rapid Sanskrit Method,* S. iv.
41) *Gītā,* S. 227–228 (4.9).
42) *Bhāgavatam,* S. 166–167.

KAPITEL FÜNF

1) Troy Wilson Organ, *Hinduism,* S. 7.
2) A. C. Bhaktivedanta Swami Prabhupāda, *Śrī Caitanya-caritāmṛta, Madhya-līlā,* Band 7, S. 272.

KAPITEL SECHS

1) A. C. Bhaktivedanta Swami Prabhupāda, *Śrī Īśopaniṣad,* S. 1.
2) A. C. Bhaktivedanta Swami Prabhupāda, *Bhagavad-gītā As It Is,* S. 503, 690 (10.8, 14.27).
3) Mahārṣi Kṛṣṇa Dvaipāyana Veda-vyāsa, *Śrīmad-Bhāgavata Mahā-purāṇa,* S. 482.
4) Bhakti Śrī Rūpa Siddhāntī Gosvāmī u.a. (Üb.), *Kaṭha Upaniṣad (of the Black Yajur Veda),* S. 347.
5) *Gītā,* S. 86 (2.12).
6) *The Speaking Tree: A Study of Indian Culture and Society,* S. 362.
7) Bhaktivedanta, *Śrī Īśopaniṣad,* S. 62, 68 (oder siehe Leseproben).
8) ebd., S. 1 (oder siehe Leseproben).
9) A. C. Bhaktivedanta Swami Prabhupāda, *Śrī Caitanya-caritāmṛta, Ādi-līlā,* Bd. 2, S. 95–96.
10) ebd.,S. 95
11) Dinkar Vishnu Cokhale, edit., *The Bhagavad-gītā with the Commentary of Śrī Śaṅkarācārya,* S. 6.
12) ebd.
13) ebd.

KAPITEL SIEBEN

1) *The Hindu Tradition,* S. 8.
2) A. C. Bhaktivedanta Swami Prabhupāda, *Śrī Īśopaniṣad,* S. 4.

3) Finley P. Dunne, Jr., *The World Religions Speak on the Relevance of Religion in the Modern World,* S. 10.
4) A.C. Bhaktivedanta Swami Prabhupāda, *Śrīmad-Bhāgavatam, Fourth Canto,* Bd. 3, S. 931.
5) ebd., S. 932.
6) A.C. Bhaktivedanta Swami Prabhupāda, *Bhagavad-gītā As It Is,* S. 235 (4.13) (im Folgenden kurz *Gītā* genannt).
7) Munilala Gupta (Üb.), *Viṣṇu Purāṇa,* S. 228.
8) A. C. Bhaktivedanta Swami Prabhupāda, *Śrīmad-Bhāgavatam, First Canto,* Bd. 1, S. 102.
9) Max Weber, *The Religion of India: The Sociology of Hinduism and Buddhism,* Üb.: Hans Garth u. a., S. 61.
10) ebd., diverse Textstellen.
11) Richard Lannoy, *The Speaking Tree: A Study of Indian Culture and Society,* S. 353.
12) *Gītā,* S. 813 (18.43).
13) ebd. (18.44).
14) ebd., S. 486 (9.32).
15) ebd., S. 838–839 (18.68–69).

DIE ERSTEN INDOLOGEN

1) W. H. Moreland et. al., *A Shorter History of India,* diverse Textstellen.
2) J. Allan u.a., *The Cambridge Shorter History of India,* S. 557.
3) H. H. Dodwell (Hrsg.), *The Cambridge History of the British Empire,* Band 5, S. 122.
4) House of Commons (Hrsg.), *Observations on the State of Society,* S. 1.
5) Robert Chatfield, *The Rise and Progress of Christianity in the East,* S. 367.
6) Vincent A. Smith, *The Oxford History of India,* S. 579.
7) R.C. Majumdar et al., edits., *History and Culture of the Indian People,* Band 10, S. 348.
8) ebd., S. 337.
9) George Smith, Dictionary of National Biography. Band 6, S. 126.
10) ebd.
11) H. G. Rawlinson, The British Achievement in India, S. 53.
12) Christian Literature Society for India, *Hindu Series: Epic Poems and Puranas,* S. 140, 142.
13) Arthur D. Innes, *Shorter History of the British in India,* S. 303.
14) T. Walter Wallbank, India: *A Survey of the Heritage and Growth of Indian Nationalism,* S. 27.
15) Majumdar, *History and Culture,* S. 338.
16) Aubrey Menen, *The Mystics,* S. 118.

17) A. L. Basham, *The Wonder That Was India,* S. 5.
18) „Jones Tradition in British Orientalism", *Indian Arts and Letters* Band 20 (1946), S. 10.
19) Sir William Jones, *The Works of Sir William Jones,* S. 395.
20) ebd.
21) Richard Garbe, *India and Christendom: The Historical Connection Between Their Religions,* Üb.: Lydia J. Robinson, S. 214–217.
22) C.E. Buckland, *Dictionary of Indian Biography,* S. 455.
23) H.H. Wilson, Works, Band 2, S. 79–80.
24) ebd., S. 80–81.
25) ebd., S. 114.
26) ebd., S. 115.
27) „Horace Hayman Wilson", *Emminent Orientalists,* S. 71–72.
28) „H.H. Wilson and Gamesmanship in Indology", *Asian Studies,* Band 3 (1965), S. 303.
29) Nirad C. Chaudhuri, Scholar Extraordinary, S. 325.
30) ebd.
31) Vivekenanda Rock Memorial Committee, *India's Contribution to World Thought and Culture,* S. 167–168.
32) ebd.
33) Sir Monier Monier-Williams, *Religious Thought and Life in India,* S. 10.
34) ebd.
35) Buckland, *Dictionary,* S. 169.
36) Theodor Goldstücker, *Inspired Writings of Hinduism,* S. 115.
37) Wm. Theodore de Bary u.a. (Hrsg.), *Approaches to Asian Civilizations,* S. 29.
38) Monier-Williams, *Religious Thought,* S. 34–35.
39) Chaudhuri, *Scholar Extraordinary,* S. 327.
40) Moritz Winternitz, *A History of Indian Literatures,* Band 1, Üb.: S. Ketkar, S. 26.
41) A.C. Bhaktivedanta Swami Prabhupāda, *Śrīmad-Bhāgavatam, First Canto,* Bd. 3, S. 57.
42) Winternitz: *History,* S. 527.

Literaturverzeichnis

Acyutānanda Swami (Komp.): *Songs of the Vaiṣṇava Ācāryas,* The Bhaktivedanta Book Trust, New York 1974.

Allan, J. u.a.: *The Cambridge Shorter History of India,* S. Chand and Co., Delhi 1964.

Basham, A. L.: *The Wonder That Was India,* Sidgwick and Jackson, London 1954.

Basu, Major B. D., I. M. S. (Hrsg.): *The Sacred Book of the Hindus,* Bd. 1, Panini Office, Allahabad.

Bhaktisiddhānta Sarasvatī Gosvāmī Ṭhākura: *Śrī Brahma-saṁhitā,* Tridaṇḍī Śrī Bhaktiprajña Yati, Madras 1973.

Bhaktivedanta Swami Prabhupāda, A. C.: *Bhagavad-gītā As It Is,* Macmillan Co., New York 1972.

Bhaktivedanta Swami Prabhupāda, A. C.: *Kṛṣṇa, The Supreme Personality of Godhead,* Bd. 3, The Bhaktivedanta Book Trust International, New York 1974.

Bhaktivedanta Swami Prabhupāda, A. C.: *The Nectar of Devotion,* The Bhaktivedanta Book Trust, New York 1970.

Bhaktivedanta Swami Prabhupāda, A. C.: *The Nectar of Instruction,* The Bhaktivedanta Book Trust, The Bhaktivedanta Book Trust, New York 1975.

Bhaktivedanta Swami Prabhupāda, A. C.: *Śrī Caitanya-caritāmṛta, Ādi-līlā,* Bd. 1 und 2, *Madhya-līlā,* Bd. 8, The Bhaktivedanta Book Trust, New York 1974–1975.

Bhaktivedanta Swami Prabhupāda, A. C.: *Śrī Īśopaniṣad,* The Bhaktivedanta Book Trust, 1974.

Bhaktivedanta Swami Prabhupāda, A. C.: *Śrīmad-Bhāgavatam, First Canto,* Bd.1, *Fourth Canto,* Bd. 3, The Bhaktivedanta Book Trust, Los Angeles 1974.

Bhaktivedanta Swami Prabhupāda, A. C.: *Teachings of Lord Caitanya,* The Bhaktivedanta Book Trust, New York 1974.

Buckland, C. E.: *Dictionary of Indian Biography,* Swan Sonnerschein and Co., London 1906.

Cardona, George u.a. (Hrsg.): *Indo-European and Indo-Europeans: Papers Presented at the Third International Indo-European Conference at the University of Pennsylvania,* University of Pennsylvania, Philadelphia 1971.

Chatfield, Robert: *The Rise and Progress of Christianity in the East,* London 1908.

Chatterjee, Satischandra: *The Fundamentals of Hinduism,* University of Calcutta Press, Calcutta 1970.

Chaudhuri, Nirad C.: *Scholar Extraordinary,* London 1974.

Chavarria-agguilar, O. L. (Hrsg.): *Traditional India,* Prentice Hall, Englewood Cliffs, N. J., 1964.

Christian Literature Society for India: *Hindu Series: Epic Poems and Puranas,* London und Madras 1898.

Coomerswamy, Ananda K. (Hrsg.): *Am I My Brother's Keeper?,* John Day Co, New York 1974.

Coomerswamy, Ananda K.: *Hinduism and Buddhism,* Philosophic Library, New York 1974.

de Bary, William Theodore u.a., (Hrsg.): *Approaches to Asian Civilization,* Columbia University Press, New York 1964.

Dodwell, H.H. (Hrsg.): *The Cambridge History of the British Empire,* Cambridge University Press, Cambridge 1964.

Dunne, Finlay P. jun. (Hrsg.): *The World Religions Speak on the Relevance of Religion in the Modern World,* Dr. W. Junk N. V. Publishers, Den Haag 1970.

Embree, Ainslee T.: *The Hindu Tradition,* Vintage, New York 1972.

Eminent Orientalists, G. A. Natesan and Co., Madras 1922.

Encyclopedia Britannica, 30 Bände, Chicago 1974.

Encyclopedia of Religion and Ethics, 12 Bände, New York 1922.

Gambhirananda, Swami (Üb.): *Eight Upaniṣads,* Advaita Ashram, II. Calcutta 1966.

Garbe, Richard: *India and Christendom: The Historical Connection Between Their Religions,* übersetzt von Lydia B. Robinson, Open Court Publishing, La Salle, Illinois 1959.

Gokhale, Dinkar Vishnu (Hrsg.): *The Bhagavad-gītā with the Commentary of Śrī Śaṅkarācārya,* Oriental Book Agency, Poona 1931.

Gupta, Munilala (Üb.): *Viṣṇu Purāṇa,* Gita Press, Gorakha Pura.

Goldstücker, Theodor: *Inspired Writings of Hinduism,* Susil Gupta, Calcutta 1952.

Hart, George L. III.: *A Rapid Sanskrit Method,* University of Wisconsin Department of Indian Studies, Madison 1972.

„H. H. Wilson and Gamemanship in Indology", *Asian Studies* 3, 1965, S. 303.

Hiriyanna, Mysore: *Popular Essays in Indian Philosophy,* Kevalaya Publishers, Mysore 1952.

Hockett, Charles F.: *A Course in Modern Linguistics,* Macmillan Co., New York 1958.

Hopkins, Thomas: *The Hindu Religious Tradition,* Dickenson Publishing Company, Encino (Kalifornien) 1971.

House of Commons (Hrsg.): *Observations on the State of Society,* London 1823.

Hume, Robert Ernest (Üb.): *The Thirteen Principal Upaniṣads,* Oxford University Press, London 1934.

Innes, Arthur D.: *Shorter History of the British in India,* London 1902.

Jones, Sir William: *The Works of Sir William Jones,* London 1807.

„Jones Tradition in British Orientalism", *Indian Arts and Letters* 20 (1946), S. 10.

Lannoy, Richard: *The Speaking Tree: A Study of Indian Culture and Society,* Oxford University Press, London 1971.

Latif, Syad (Hrsg.): *An Outline of the Cultural History of India,* Institute of Indo-Middle East Cultural Studies, Hyderabad 1958.

Mahajan, V. D.: *Ancient India,* S. Chand and Co., New Delhi 1974.

Majumdar, R.C. u.a. (Hrsg.): *History and Culture of the Indian People,* Bharatiya Vidya Bhavan, Bombay 1965.

Menen, Aubrey: *The Mystics,* Dial, New York 1974.

Monier-Williams, Sir Monier: *Religious Thought and Life in India,* Oxford University Press, Oxford 1885.

Moreland, W. H. u.a.: *A Shorter History of India,* Longmans Green and Co., London 1957.

Müller, F. Max: *A History of Ancient Sanskrit Literature as It Illustrates the Primitive Religion of the Brahmins,* Chowkhambha Sanskrit Series Office, Varanasi 1968.

Nikhilananda, Swami (Üb.): *The Upaniṣads: A Second Selection,* Phoenix House, London 1954.

Organ, Troy Wilson: *Hinduism,* Barron's Educational Series, Woodbury (NY) 1974.

Piggot, Stuart: *Preistoric India to 1000 B.C.,* Cassell and Co., London 1962.

Potter, Karl H.: *Presuppositions of India's Philosophies,* Prentice Hall, Englewood Cliffs, N. J. 1963.

Radhakrishnan, Sarvepalli und **Moore, Charles A.:** *A Sourcebook in Indian Philosophy,* Princeton University Press, Princeton (N. J.) 1957.

Radhakrishnan, Sarvepalli: *Indian Philosophy,* Macmillan Co., NY 1923.

Rawlinson, H. G.: *The British Achievement in India,* Hodge, London 1948.

Raycharidhuri, Hemchandra: *Studies in Indian Antiquity,* Calcutta University Press, Calcutta 1958.

Renou, Louis: *Hinduism,* Washington Square Press, New York 1969.

Reyna, Ruth: *Introduction to Indian Philosophy,* Tata McGraw-Hill Publishing Co., New Delhi 1964.

Śaṅkarācārya: *Viveka-cuḍāmaṇi,* Advaita Ashram, Mayavati (Indien) 1926.

Sanyal, Dr, Niskanta, Bh. S. (Komp.): *Śruti-ratna-mālā,* Sundara Vidyāvinoda, Nadia (Westbengalen) 1941.

Sastri, Nalinimohan S.: *A Study of Śaṅkara,* Calcutta University Press, 1942.

Sayana, Acarya (Üb.): *Ṛg Veda,* Vedanuragi Acarya Gopala Prasada, Mathura (Indien) 1868.

Schweitzer, Albert: *Indian Thought and Its Development,* Ceacon Press, Boston 1936.

Siddhāntī Gosvāmī, Bhakti Śrī Rūpa u.a. (Üb.): *Kaṭha Upaniṣad,* Sārasvata Gauḍīya Mission, Kalkutta 1971.

Siddhāntī Gosvāmī, Bhakti Śrī Rūpa u.a.: *Muṇḍaka Upaniṣad,* Sārasvata Gauḍīya Mission, Kalkutta 1971.

Siddhāntī Gosvāmī, Bhakti Śrī Rūpa (Hrsg.): *Śrīmad Bhagavad-gītā with the Gītā-bhūṣaṇa Commentary of Śrīla Baladeva Vidyābhūṣaṇa,* Sārasvata Gauḍīya Mission, Kalkutta 1967.

Siddhāntī Gosvāmī, Bhakti Śrī Rūpa u.a. (Üb.): *Śvetāśvtara Upaniṣad,* Sārasvata Gauḍīya Mission, Kalkutta 1971.

Siddhāntī Gosvāmī, Bhakti Śrī Rūpa u.a. (Üb.): *Vedānta-sūtra,* Sārasvata Gauḍīya Mission, Nadia (Westbengalen) 1968.

Sirkin, Natalie P. R.: „H. H. Wilson and Gamesmanship in Indology", *Asian Studies* 3, 1958.

Smith, Vincent A.: *The Oxford History of India,* Oxford University Press, Oxford 1958.

Smith, George: *Dictionary of National Biography* (21 Bände), Oxford University Press, Oxford 1950.

Śrīdhara Svāmī: *Subodhinī-ṭīkā* (zur *Bhagavad-gītā*), Gauḍīya Mission, Kalkutta 1946.

Teignmouth, Baron John S.: *Memoirs of the Life, Writings and Correspondence of Sir William Jones,* J. Hatchard, London 1804.

Vedavyāsa, Kṛṣṇa Dvaipāyana: *Śrīmad-Bhāgavata Mahā-Purāṇa,* Gita Press, Gorakh Pura (Indien).

Vidyarnava, Rai B. S. C. Vasu (Üb.): *Bṛhad-āraṇyaka Upaniṣad,* The Painini Office, Allahabad 1933.

Vivekananda Rock Memorial Committee: *India's Contribution to World Thought and Culture,* Madras 1970.

Wallbank, T. Walter: *India: A Survey if the Heritage and Growth of Indian Nationalism,* Henry Holt and Co., New York 1948.

Watson, Patty Jo: *Explanation in Archaeology,* Columbia University Press, New York 1971.

Weber, Max: *The Religion of India:* The Sociology of Hinduism and Buddhism, übersetzt von Hans Garth u.a., The Free Press, Glencoe (Illinois) 1958.

Webster's New World Dictionary of the American Language, The World Publishing Co., Cleveland 1964.

Wheeler, Sir Mortimer: *Civilizations of the Indus Valley and Beyond,* Thames and Hudson, London 1966.

Wilson, H. H.: *Works,* Trubner and Co., London 1862.

Winternitz, Moritz: *A History of Indian Literature,* Bd. 1, Universität Kalkutta, Kalkutta 1927.

Zimmer, Heinrich, *Philosophies of India,* Pantheon Books, New York 1951.

Glossar

Ācārya—jemand, der durch sein eigenes Beispiel lehrt; spiritueller Lehrer, der in den heiligen Schriften bewandert ist; *guru.*

Acintya—unfassbar, unvorstellbar, d.h. jenseits unseres materiellen Begriffsvermögens, jenseits der Erkenntnis und Wahrnehmung der materiellen Sinne und des Verstandes; nur durch spirituelle Erkenntnis verständlich.

Agni—der Gott des Feuers.

Akarma—Handlungen, die selbstlos für Gott ausgeführt werden und somit keine karmische Reaktion hervorrufen.

Anumāna—in der vedischen Epistemologie der Pfad, durch induktive Schlussfolgerungen Wissen zu entwickeln.

Arjuna—der berühmte Bogenschütze, dem Bhagavān Kṛṣṇa in Form der *Bhagavad-gītā* vollkommenes spirituelles Wissen offenbart.

Artha—wirtschaftliche Entwicklung. Auf dem allmählichen Pfad zur Befreiung *(mokṣa)* nach der Stufe des *dharma* (Religiosität) und vor *kāma* (Sinnenbefriedigung) gelegen.

Āśramas—die vier Einteilungen der spirituellen Entwicklung des Menschen auf dem Pfad zur Vollkommenheit: *brahmacarya* (Zölibat und Studium der Schriften, *gṛhastha* (Familienleben), *vānaprastha* (Ruhestand) und *sannyāsa* (Entsagung).

Ātmā—das Selbst. Wenngleich das Wort *ātmā* in bestimmten Zusammenhängen den Körper, den Geist oder den Verstand bezeichnen kann, ist damit im Allgemeinen die ewige individuelle Seele gemeint.

Avatāra—(wörtlich: „jemand, der herabsteigt“) eine vollständige oder partielle Inkarnation Gottes, der in der materiellen Welt erscheint, um eine bestimmte Mission zu erfüllen.

Bhagavad-gītā—die vorrangige heilige Schrift der vedischen Tradition, die die Lehren Kṛṣṇas an Arjuna beinhaltet und in der

Hingabe an Gott als der beste Pfad zu spiritueller Vollkommenheit dargelegt wird.

Bhagavān—(*bhaga*–Reichtum; *vān*–jemand, der besitzt) Gott, die Absolute Wahrheit, die erkannt wird als die Höchste Person, die alle über alle Herrlichkeit verfügt: Schönheit, Kraft, Ruhm, Reichtum, Wissen und Entsagung).

Bhakti—selbstlose spirituelle Hingabe (an Gott).

Bhārata-varṣa—der traditionelle Name Indiens (wörtlich: „das Land Bharatas"). Bharata war ein Großkönig im alten Indien.

Brahmā—das ersterschaffene Lebewesen im Universum, zuständig für die Erscheinungsweise der Leidenschaft *(rajo-guṇa)*. Brahmā erschafft unter der Oberaufsicht Viṣṇus die Vielfalt der Lebensformen im Universum.

Brahmacārī—zölibatärer Student der Veden, der unter der Aufsicht und Anleitung eines spirituellen Mentors lebt.

Brahmacarya—der erste von vier *āśramas* (spirituelle Einteilungen des menschlichen Lebenszyklus). Während des *brahmacarya* hält der junge Student (von 5 bis 25 Jahren) das Zölibat ein und studiert unter der Anleitung eines *guru* die Veden.

Brahman—1) die spirituelle Natur; 2) der unpersönliche, alldurchdringende Aspekt des Höchsten; 3) das Höchste Wesen.

Brāhmaṇa—Angehöriger des höchsten der vier *varṇas* (berufliche und soziale Klassen der vedischen Gesellschaft); spirituell geschulte Person mit der Qualifikation, als Lehrer oder Priester tätig zu sein.

Brāhmaṇas—die Teile der Veden, in denen umfangreiche Anweisungen zur Ausführung von rituellen Opfern enthalten sind.

Cit-śakti—die spirituelle Energie der Absoluten Wahrheit, die die spirituelle Welt (Vaikuṇṭha) hervorbringt.

Dharma—Pflicht, Religion. *Sva-dharma* ist die weltliche, berufliche Pflicht, *sanātana-dharma* hingegen ist die ewige Natur des Lebewesens, d.h. Hingabe an Gott.

Gopīs—Kuhhirtinnen; die Mädchen von Vṛndāvana, deren reine

Liebe im *Bhāgavata Purāṇa* und anderen devotionalen Werken beschrieben wird.

Gṛhastha—1) der zweite der vier *āśramas* (spirituelle Einteilung des menschlichen Lebenszyklus). Als *gṛhastha* tritt man ins Familienleben ein und geht einem Beruf nach. 2) Jemand, der sich in diesem *āśrama* befindet.

Guṇas—(wörtl.: Seile) die drei Erscheinungsweisen der materiellen Natur – Tugend *(sattva)*, Leidenschaft *(rajas)* und Unwissenheit *(tamas)* –, die die bedingten Seelen in Illusion versetzen und sie an die materielle Welt binden.

Guṇa-avatāras—die drei Gottheiten, die für die drei Erscheinungsweisen der Natur zuständig sind. Śrī Viṣṇu gebietet über die Erscheinungsweise der Tugend *(sattva)*, Brahmā über die Erscheinungsweise der Leidenschaft *(rajas)* und Śiva über die Erscheinungsweise der Unwissenheit *(tamas)*.

Guru—spiritueller Lehrer und Meister.

Indra—der oberste Herrscher der himmlischen Planeten und die Gottheit des Regens.

Indraloka—der Planet in der himmlischen Region, auf dem Indra zu Hause ist.

Īśvara—Herrscher; insbesondere der höchste Herrscher *(parameśvara)*, Bhagavān.

Jīva—die ewige, individuelle Seele.

Kali-yuga—das gegenwärtige Zeitalter (der vierte und letzte Zyklus von sich wiederholenden Weltaltern). Das Kali-yuga ist durch fortschreitenden Rückgang spirituellen Wissens und eine gleichzeitige allgemeine Degeneration der Menschheit gekennzeichnet. Gemäß vedischer Eschatologie sind von seinen insgesamt 432 000 Jahren bereits 5000 Jahre verstrichen.

Kāma—Sinnnenbefriedigung; folgt *dharma* (Religiosität) und *artha* (wirtschaftlicher Entwicklung) auf dem fortschreitenden Pfad in Richtung *mokṣa*.

Karma—1) gewinnorientertes Handeln nach den Anweisungen der

Schriften; 2) die materiellen Reaktionen auf die Handlungen, die jemand ausführt; 3) das Gesetz, das Handlungen und ihre Reaktionen regelt.

Karma-kāṇḍa—der Teil der Veden, der sich mit karmischen Werken befasst, die die ausführenden (materialistischen) Menschen allmählich läutern und auf die spirituelle Ebene erheben sollen.

Karma-yoga—der Pfad der spirituellen Erhebung durch selbstlose, uneigennützige Handlungen, die dem Höchsten gewidmet sind.

Kṛṣṇa—die ursprüngliche Form Bhagavāns, des Sprechers der *Bhagavad-gītā;* die Höchste Person (Puruṣottama).

Kṣatriya—Angehöriger des zweiten von vier *varṇas* (berufliche und soziale Klassen der vedischen Gesellschaft); ein Krieger, Staatsmann oder Politiker.

Mahābhārata—die große historisch-epische Erzählung des antiken Indien, deren Autorenschaft Vyāsadeva zugeschrieben wird und die die *Bhagavad-gītā* enthält.

Mahātmā—(wörtl.: große Seele) ein großherziger, geistig aufgeschlossener Mensch.

Mantras—Silben, Wörter oder Verse, die vorgetragen oder vorgesungen werden oder über die man meditiert, um spirituelle Einsicht oder Erkenntnis zu gewinnen.

Māyā—Illusion; die Energie des Höchsten, die das Lebewesen in den Schleier des Vergessens seines wahren, spirituellen Wesens hüllt.

Mokṣa—Befreiung vom Kreislauf der Geburten und Tode in der materiellen Welt.

Nārāyaṇa—Name für die persönliche Gestalt der Absoluten Wahrheit; die vierarmige Erscheinungsform Śrī Kṛṣṇas.

Parabrahman—die höchste spirituelle Wesenheit; der Höchste Herr; Bhagavān.

Paramātmā—die Überseele; die vierarmige Gestalt Śrī Viṣṇus, die alle Lebewesen begleitet, die in der materiellen Welt im Kreislauf von Geburt und Tod gefangen sind.

Prakṛti—(wörtl.: das, was beherrscht wird) die Energien des Herrn, von denen es zwei gibt: *parā* (die höhere) *prakṛti* und *aparā* (die niedere) *prakṛti* (die materielle Natur, die tote Materie).

Pratyakṣa—in der vedischen Epistemologie der Pfad, sich durch die materiellen Sinne Wissen anzueignen; Empirismus.

Purāṇas—die achtzehn epischen Texte, die die Lehren der Veden anhand von historischen Geschichten oder allegorischen Erzählungen erläutern.

Puruṣa—(wörtl.: der Genießer) 1) der höchste Herrscher oder Genießer (der *prakṛti*), d.h. Bhagavān. 2) der individuelle *jīva* (Lebewesen) als Herrscher und Genießer des materiellen Körpers.

Rajo-guṇa—(*rajas*-Leidenschaft; *guṇa*-Modus, eine der drei Erscheinungsweisen) die materielle Erscheinungsweise der Leidenschaft, gekennzeichnet durch eigennütziges, profitorientiertes Handeln und den Wunsch nach Sinnenbefriedigung.

Ṛṣi—Weiser.

Śabda—(wörtl.: Klang) in der vedischen Epistemologie der Pfad der Wissensaneignung mit Hilfe offenbarter Schriften.

Sac-cid-ānanda—Ewigkeit, Wissen und Glückseligkeit, die spirituellen Eigenschaften des Höchsten Herrn (Bhagavān) und der winzigen, ewigen Lebewesen *(jīvas)*.

Sādhu—Heiliger.

Saṁhitās—Teile der Veden, die Gebete und Hymnen enthalten, die zum Lobpreis verschiedener Halbgötter rezitiert werden.

Sampradāya—das „Rad" der wiederholten Geburten und Tode in der materiellen Welt, von dem sich das Lebewesen durch verschiedene spirituelle Disziplinen befreien kann.

Sāṅkhya—das analytische Studium der Elemente der materiellen Welt; gipfelt in der Erkenntnis, dass die Seele transzendental zur materiellen Natur ist.

Sannyāsa—der vierte und letzte der vier *āśramas* (spirituelle Einteilungen des menschlichen Lebenszyklus). Auf der Stufe des *sannyāsa* entsagt man jeglicher Bindung an Familie und Gesellschaft und widmet sich ausschließlich dem spirituellen Fortschritt.

Sannyāsī—Mönch auf der Lebensstufe des *sannyāsa.*

Śāstras—offenbarte Schriften (die Veden und die vedische Literatur).

Sattva-guṇa—(*sattva*–Tugend; *guṇa*–Modus, Erscheinungsweise) die materielle Erscheinungsweise der Tugend, gekennzeichnet durch Läuterung und spirituelles Wissen.

Siddhānta—philosophische Schlussfolgerung.

Siddhis—besondere Kräfte, die durch das Praktizieren von mystischem *yoga* erreicht werden; z. B. die Fähigkeit zu fliegen, auf dem Wasser zu laufen, usw.

Śiṣya—Schüler eines *guru.*

Śiva—der Halbgott, der für die Erscheinungsweise der Unwissenheit *(tamo-guṇa)* zuständig ist und der am Ende von Brahmās Leben den materiellen Kosmos zerstört.

Smṛti—offenbarte Schriften in der geistigen Nachfolge der Veden, wie z. B. die *Purāṇas,* die *Bhagavad-gītā* und das *Mahābhārata.*

Soma-rasa—besonderer Trank der Halbgötter auf den himmlischen Planeten, der dazu dient, ihre Lebensspanne zu verlängern und ihren Sinnengenuss zu steigern.

Śrīmad-Bhāgavatam (Bhāgavata Purāṇa)—das populärste der achtzehn Purāṇas; verkündet den Pfad der *bhakti* (Hingabe) an Śrī Kṛṣṇa; besonders bekannt für den zehnten Canto, in dem die Spiele Kṛṣṇas beschrieben werden.

Śruti—(wörtl.: das, was gehört wird [von Nārāyaṇa, Gott]) die vier Veden: *Ṛg, Sāma, Yajur* und *Atharva.*

Śūdra—Angehöriger des vierten von vier *varṇas* (berufliche und soziale Klassen der vedischen Gesellschaft); Arbeiter oder Handwerker.

Svāmī—(wörtl.: Meister der Sinne) Titel für *sannyāsīs* (Mönche und Lehrer auf der Lebensstufe der Entsagung).

Tamo-guṇa—(*tamas*-Unwissenheit; *guṇa*-Modus, Erscheinungsweise) die materielle Erscheinungsweise der Unwissenheit, gekennzeichnet durch Unwissenheit, Lethargie und Verrücktheit.

Upaniṣad—eine Klasse vedischer Schriften *(śruti),* die aus 108 metaphysischen Texten besteht.

Upāsanā-kāṇḍa—Teil der Veden, der sich mit der Verehrung von Halbgöttern befasst.

Vaikuṇṭha—(wörtl.: ohne Angst) die ewige spirituelle Welt jenseits des materiellen Kosmos.

Vaiṣṇava—*bhakta;* Verehrer Viṣṇus, Kṛṣṇas oder einer anderen Erscheinungsform Bhagavāns.

Vaiśya—Angehöriger des dritten von vier *varṇas* (berufliche und soziale Klassen der vedischen Gesellschaft); Bauer oder Kaufmann.

Vānaprastha—dritter der vier *āśramas* (spirituelle Einteilungen des menschlichen Lebenszyklus); die Lebensstufe, die auf *gṛhastha* (Familienleben) folgt. Im *vānaprastha*-Leben zieht man sich vom aktiven Familienleben und von gesellschaftlichen Bindungen zurück und unternimmt Pilgerreisen zu heiligen Orten, um sich auf die letzte Lebensstufe, *sannyāsa* (Entsagung), vorzubereiten.

Varṇas—die vier sozialen und beruflichen Klassen der vedischen Gesellschaft, d. h. *brāhmaṇas* (Priester und Lehrer), *kṣatriyas* (Krieger und politische Beamte), *vaiśyas* (Bauern und Kaufleute) und *śūdras* (Arbeiter und Handwerker).

Varṇāśrama-dharma—das vedische Gesellschaftssystem, das in vier *varṇas* (berufliche und soziale Klassen und vier *āśramas* (spirtuelle Lebensstufen) unterteilt ist.

Vedānta-sūtra—philosophische Abhandlung von Śrīla Vyāsadeva in Form von kurzen, prägnanten Aphorismen, in denen die Bedeutung der Upaniṣaden dargelegt wird.

Veden—die vier ursprünglichen offenbarten vedischen Schriften (*Ṛg, Sāma, Yajur* und *Atharva*), die vom Höchsten Herrn ausgehen und später von Weisen Vyāsadeva schriftlich niedergelegt wurden.

Viṣṇu—Erscheinungsform Bhagavān Śrī Kṛṣṇas, normalerweise mit vier Armen dargestellt; zuständig für die Erscheinungsweise der Tugend *(sattva-guṇa);* der Ursprung Brahmās und Śivas. Viṣṇu, erweitert sich in viele weitere Erscheinungsformen, die alle ein und dieselbe Höchste Person sind.

Vyāsadeva (Kṛṣṇa Dvaipāyaṇa Vyāsa)—die „literarische Inkarnation Gottes". Gemäß orthodoxer vedischer Geschichtsschreibung hat er die Veden und Upaniṣaden zusammengetragen und das *Vedānta-sūtra,* die Purāṇas und das *Mahābhārata* verfasst.

Yajña—Opferzeremonie.

Yoga—spiritueller Pfad, um sich mit dem Höchsten zu verbinden (z. B. *karma-yoga, jñāna-yoga* und *bhakti-yoga*).

Yogī—jemand, der *yoga* praktiziert.

Anleitung zur Aussprache des Sanskrits

Die in Indien geläufigste Schreibweise des Sanskrits wird *devanāgarī* genannt. Das *devanāgarī*-Alphabet besteht aus achtundvierzig Buchstaben, nämlich dreizehn Vokalen und fünfunddreißig Konsonanten, und wurde gemäß präzisen linguistischen Prinzipien zusammengestellt. Das System der Umschrift, das in diesem Buch gebraucht wird, entspricht einem System, das Gelehrte fast einheitlich angenommen haben, um die Aussprache der einzelnen Sanskritlaute anzugeben.

Der kurze Vokal **a** wird wie das **a** in h**a**t ausgesprochen, das lange **a** wie das **a** in h**a**ben und das kurze **i** wie das **i** in r**i**tten. Das lange **ī** wird wie das **i** in B**i**bel ausgesprochen, das kurze **u** wie das **u** in B**u**tter und das lange **ū** wie in H**u**t. Der Vokal **ṛ** wird wie das **ri** in **ri**nnen ausgesprochen. Der Vokal **e** wird wie das **ay** im engl. w**ay** ausgesprochen; **ai** wie in w**ei**se; **o** wie im engl. **go** (**ou**) und **au** wie in H**au**s. Der *anusvāra* (**ṁ**), der ein reiner Nasallaut ist, wird wie das **n** im franz. bo**n** ausgesprochen, und *visarga* (**ḥ**), welches ein starker Hauchlaut ist, wird als ein nachhallendes **h** am Ende des Wortes ausgesprochen. So wird also **aḥ** wie **aha** ausgesprochen und **iḥ** wie **ihi**.

Die gutturalen Konsonanten – **k, kh, g, gh** und **ṅ** – werden in ähnlicher Weise wie im Deutschen von der Kehle aus gebildet. **K** wird ausgesprochen wie in **k**ann, **kh** wie in E**ckh**art, **g** wie in **ge**ben, **gh** wie in we**gh**olen, und **ṅ** wie in si**ng**en. Die Gaumenlaute – **c, ch, j, jh** und **ñ** – werden vom Gaumen aus mit der Mitte der Zunge gebildet. **C** wird ausgesprochen wie das **tsch** in **Tsch**eche, **ch** wie im engl. staun**ch-h**eart, **j** wie das **dsch** in **Dsch**ungel, **jh** wie im engl. he**dge-h**og und **ñ** wie in Ca**ny**on. Die retroflexen Konsonanten – **ṭ, ṭh, ḍ, ḍh** und **ṇ** – werden gebildet, indem man dic Zungenspitze nach oben und gegen die Gaumenkuppel richtet. **Ṭ** wird ausgesprochen wie in **t**önen, **ṭh** wie in Sanf**th**eit, **ḍ** wie in **d**ann, **ḍh** wie in Sü**dh**älfte und **ṇ** wie in **N**uss. Die dentalen Konsonanten – **t, th, d, dh** und **n** – werden in gleicher Weise gebildet wie die retroflexen, aber, bei ihnen stößt die Zungenspitze an die Zähne. Die labialen Konsonanten – **p, ph, b, bh** und **m** – werden mit den Lippen gebildet. **P** wird ausgesprochen wie in **p**ressen, **ph** wie im engl. Wort u**ph**ill, **b** wie in **B**utter, **bh** wie in Gro**bh**eit und **m** wie in **M**utter. Die Halbvokale – **y, r, l** und **v** – werden ausgesprochen wie in **Y**oga, **r**oden, **l**ieben und **V**ene.

Die Zischlaute – **ś, ṣ** und **s** – werden jeweils ausgesprochen wie in **sch**warz, **sch**ön und fa**s**ten. Der Buchstabe **h** wird ausgesprochen wie in **helfen.**

Stichwortverzeichnis (Essays)

Dieses Buch enthält zwei Stichwortverzeichnisse. Das erste bezieht sich auf Kapitel 1 bis 7 sowie auf den Artikel „Die ersten Indologen“. Das zweite Stichwortverzeichnis, das auf Seite 295 beginnt, bezieht sich auf die Leseproben der vedischen Literatur.

Stichwortverzeichnis (Leseproben)